民国学风

刘克敌 著

九州出版社 JIUZHOUPRESS ｜全国百佳图书出版单位

图书在版编目（CIP）数据

民国学风 / 刘克敌著. -- 北京 : 九州出版社,
2019.8

ISBN 978-7-5108-8275-3

Ⅰ．①民… Ⅱ．①刘… Ⅲ．①文化－名人－人物研究
－中国－民国 Ⅳ．①K825.4

中国版本图书馆CIP数据核字(2019)第190355号

民国学风

作　　者	刘克敌
丛书策划	李黎明
责任编辑	李黎明
封面设计	吕彦秋
出版发行	九州出版社
地　　址	北京市西城区阜外大街甲 35 号 （100037）
发行电话	（010）68992190/3/5/6
网　　址	www.jiuzhoupress.com
电子信箱	jiuzhou@jiuzhoupress.com
印　　刷	三河市兴博印务有限公司
开　　本	880 毫米 ×1230 毫米　32 开
印　　张	10
字　　数	210 千字
版　　次	2019 年 10 月第 1 版
印　　次	2019 年 10 月第 1 次印刷
书　　号	ISBN 978-7-5108-8275-3
定　　价	68.00 元

博采雅集，文苑英华
——《大观丛书》缘起

作为知识的一种载体，延续千年之久的印刷图书正面临挑战，甚至有夕阳之忧，越来越多的人正在疏远纸书。然而，我们相信，纸书是不会消亡的，精品总会留下来。当前出版界看似繁荣，却多为低质量重复，好书仍然缺乏，原创的有分量的作品更少。因此，我们逆流而上，披沙拣金，竭诚出版优质图书，为读书人提供一种选择，遂有此《大观丛书》。

这是一套开放式丛书，于作者和作品不拘一格。

作者可以是作家、学者、撰稿人、读书人，可以是名家，也可以是名不见经传者，尤其欢迎跨界写作者。但求文字流畅，无学术腔，拒绝无病呻吟，表达必须精彩。

体裁以随笔为主，不拘泥于题材和内容，包罗文学、历史、思想、艺术……可以观自我，观有情，观世界；只要有内涵，有见地，言之有物，举凡优秀之作，皆文苑英华，即博采雅集。清人周中孚《郑堂札记》云："博采群书，洋洋乎大观哉！"

冀望这套丛书，能给读者提供新知识、新思想，以及看问题的新角度，唯愿您在愉快的阅读中，得到新的收获。王羲之《兰亭集序》称颂的境界，也是我们的追求："仰观宇宙之大，俯察品类之盛，所以游目骋怀，足以极视听之娱，信可乐也。"

亲爱的读者，期待您与这套丛书相遇！

本书作者

　　刘克敌，文学博士，杭州师范大学中文系教授。关注的领域有：中国近代与现代文化及文学研究、20世纪中国学术思想史、陈寅恪学术思想以及当代大众文化与网络文学研究等，尤其对陈寅恪学术思想和清华学派有非常深入的研究。著有《陈寅恪与中国文化》《陈寅恪和他的同时代人》《章太炎与章门弟子》《梁漱溟的最后39年》等十几部。

扉 页 题 词

当年也曾气干云，一朝消散人已昏。

昔日理想皆抛我，眼前苟且方为真。

暗夜卧听风吹雨，明朝笑看溪绕村。

大道朝天各自行，既在江南更不闻。

（注：丁酉年江南梅雨时，闻北方亦大雨。）

目　录

第一辑　雪月花时最思友

　　日常生活之所以值得关注，不仅仅是因为它潜藏有审美的种子和诗意的空间，更是因为它就是构成现实人生不可或缺的重要部分，就在于它对世人精神情感世界的影响无时无处不在。

同时代人眼里的陈寅恪

作为清华国学院"四大导师"（当时人们称国学院的教授为"导师"）之一的陈寅恪，在 1925 年被清华聘任之时，其实还在德国留学。他留学欧美多年，既没有获得什么博士硕士学位，也没有发表什么有重大影响的论著。迄今我们看到的陈寅恪最早发表的具有学术意义的论文，不过是 1923 年刊登在《学衡》上的《与妹书》（节选），寥寥数百字而已。而彼时其他三位导师的学术声望及成就，却都远超陈寅恪。其中梁启超自不必说，仅凭他和康有为的师生关系以及戊戌变法的重要策划与参与者身份，就足以获得中国知识界的认可和尊重，至于其学术成就虽然也很出色，却只是锦上添花，因为人们对他的认可已不需要他再做什么。王国维虽然算是梁启超的后辈，也没有梁启超的显赫政治功绩，但确是凭借一系列具有划时代意义的学术成就，赢得当时学术界的高度赞誉——《人间词话》《宋元戏曲考》《流沙坠简》等皇皇巨著，随便哪一部都是中国学术史上的奠基之作，都可以保证王国维跻身于 20 世纪中国学术界第一流学者之列。至于赵元任，虽然年龄比陈寅恪还小两岁，却是不折不扣的大"学霸"，不仅自小学习成绩优异，学术兴趣广泛，而且当陈寅恪 1918 年底赴美国哈佛大学留学时，他已经获得哈佛的博士学位，并经常获得奖学金，在当时中国留学生中算是知名人士。他次年即在美国康奈尔大学任教，后又回清华大学任教——这样至少在学历和资历上大大优于陈寅恪。事实上陈寅恪到清华后，由于名气不大和治学领域及研究方向过于冷僻，愿意接受其指导的学生很少。当时他的成果也没有大量问世，自然不易引起人们关注。因此陈寅恪就任清华之后两年间，较之其他几位导师一直算是默默无闻。直到 1927 年王国维自杀以及梁启超患病去世之后，陈寅恪才被推到前台，成为国学院的中坚人物。

那么，当初陈寅恪为何还能被清华聘任呢？这自然和他一生最好的朋友吴宓坚持不懈的大力推荐有关，因彼时吴宓正负责清华国学院的筹备工作。至于在学术界一直流传甚广的所谓梁启超向清华校方推荐陈寅恪的说法，有人考证只是一个传说。姑且把这个传说录在下面：

（民国）十五年春，梁先生（向曹云祥）推荐陈寅恪先生。曹问：他是哪一国博士？梁答：他不是博士，也不是学士。曹又问：他有没有著作？梁答：也没有著作。曹说：他既不是博士，又没有著作，这就难了。梁先生生气了，说：我梁某人也没有博士学位，著作可算是等身了，但总共还不如陈先生寥寥数百字有价值。好吧，你不请，就让他在国外吧。接着梁先生提到了柏林大学、巴黎大学几位名教授对陈先生的推誉。曹一听，既然外国人都推崇，就请。

这是陈哲三的《陈寅恪先生轶事及其著作》其中一段，原文载入《谈陈寅恪》一书，最早由台湾传记文学出版社于 1978 年出版。至于具体的文字表述还有一些版本，但意思都大同小异。显而易见，原作者陈哲三也是作为逸闻趣事记录下来，并未肯定这就是事实，只是后来大家转相引述，慢慢就信以为真了。其实真正对推荐陈寅恪起到关键作用的，应该是吴宓。吴宓早在陈寅恪 1919 年赴美留学时就与陈结识，而且很快认定陈寅恪是最博学之人，是中国学术发展的希望，从此与陈保持了持续一生的"亦师亦友"关系，这从吴宓日记中可以找到很多记录。不过，尽管吴宓的推荐确实给力，也还是需要陈寅恪有被推荐的资本。既然没有显赫的学术成就和资历，那么陈寅恪能够被推荐的唯一理由就是"口碑"，即当时中国留学生界和国内学术界对他近乎一致的口头赞誉。

先看吴宓对推荐陈寅恪一事的回忆。据卞僧慧先生的《陈寅恪先生年谱长编》，当时清华国学院已经聘定梁、王、赵三位教授，吴宓又向校方推荐陈寅恪。当时任教务长的张彭春认为陈寅恪留学多年，学问也好，但一无学位二无著作，不符合聘任教授条件，不同意聘请。吴宓则极力为陈寅恪辩护，其中就提到陈寅恪在《学衡》发表的那一篇《与妹书》。吴宓说虽然该文仅数百字，却"已足见其学问之广而深，识解之高而远。学校为已聘定三教授，为院荐贤，职责所在，安能荐一人而尚不得"。但无论怎样推荐，事情还是暂时搁置下来。不过吴宓并不甘心，就趁一次宴会机会直接向校长曹云祥推荐陈寅恪，甚至不惜以他个人的去留相争，曹云祥才同意聘任。吴宓当即用铅笔拟一电报，让曹云祥签字后发出。不料陈寅恪收到电报后，并未同意立刻就职，说还要在国外继续研究两年，并提出让清华采购必要的图书资料。吴宓怕此事夜长梦多，对陈寅恪多少有些埋怨，在其日记中有"陈寅恪复信来。（一）须多购书；（二）家务，不即就聘。……介绍陈来，费尽气力，而犹迟疑，难哉"的文字。好在吴宓说服校方同意陈寅恪可以不马上应聘的要求，不但给他预支两千元的薪金，而且还让校方给陈寅恪汇去购书款两千元，可见吴宓对陈寅恪到清华之事，确实是竭尽全力。而他之所以这样做，就是认为陈寅恪值得如此，当得起国学院"四大导师"的名头。如今看来，吴宓称得上是陈寅恪的伯乐，仅凭他大力推荐陈寅恪入清华国学院一点，就已经成就斐然。

自然，在当时和吴宓一样认为陈寅恪很有学问者大有其人。先看同为四大导师的赵元任及夫人杨步伟的回忆，在他们所写的《忆寅恪》一文中，对还在德国留学的陈寅恪这样评价："那时在德国的学生们大多数玩的乱的不得了，他们说只有孟真和寅恪两个人是宁国府大门前的一对石狮子。"同样的话在杨步伟写的《杂记赵家》中也出现过，只是在"一对石狮子"后加了"是最干净的"几个字，褒赞之意更加明确。

如果说这"石狮子"的说法只是对他们二人道德品质的称赞，则说他们是最有希望的读书种子就是对其学习方面的称赞。著名学者毛子水在《记陈寅恪先生》一文中就说："那年夏天傅孟真也从英国来柏林，我见到他时他便告诉我：在柏林有两位中国留学生是我国最有希望的读书种子，'一是陈寅恪。一是俞大维。'"此处由于是傅斯年本人所说，故另一人变成了俞大维。类似的说法在其他人的回忆中也出现过，只是这"两人"是陈寅恪和傅斯年，还是陈寅恪和俞大维的差异而已。

要说这俞大维，和陈寅恪的关系那是非同一般。他生于

1897 年，浙江绍兴人。1922 年他获美国哈佛大学哲学博士学位，后进德国柏林大学深造。虽为哲学博士，却精通军事，还是弹道学专家，也因此历任国民政府军政部少将参事、军政部次长、交通部部长等职。1949 年后，曾任台湾"国防部"部长。1993 年 7 月 8 日在台北去世，享年 97 岁。俞大维的母亲曾广珊为曾国藩孙女，其大伯俞明震为晚清著名诗人、教育家，曾任南京江南水师学堂督办（即校长），鲁迅赴日留学就是他带着去的，同船者就有陈寅恪的大哥陈衡恪，所以鲁迅和陈衡恪是留日同学，后来又都在教育部任职，关系极为密切，鲁迅日记中就有很多两人交往的记录。俞大维的妹妹俞大綵是傅斯年的妻子，其姑丈就是陈寅恪的父亲陈三立，所以陈寅恪是其表哥，另一表哥就是陈衡恪。陈衡恪是民国时著名画家，彼时连齐白石都不如他名气大，而齐白石也正是在陈衡恪大力推荐后才逐渐为世人所知。俞大维表姐曾宪植的丈夫是叶剑英，俞大维还与蒋经国是儿女亲家，其子俞扬和娶蒋经国之女蒋孝章为妻。如今我们常说某人是名人之后或者什么世家子弟，其实这话不是随便说也并非随便什么人都能当得起的。

总之，在当时留学欧洲的中国留学生中，陈寅恪是得到近乎最高评价的人，加上此前他留学哈佛时被称为"哈佛三杰"，说陈寅恪是当时中国留学生中的佼佼者绝对没有问题。那时国内学者到欧美访问者日益增多，他们极可能将听到的这些信息带回国内，无形中提高了陈寅恪的知名度。此处不妨列举三个例证。一个是后来被鲁迅视为死敌的陈源（陈西滢），他在《西滢闲话》中描述对陈寅恪的印象："一九二二年的春天，在我柏林寓中，第一次听到陈寅恪先生的妙论。我不记得他怎样说的了。他好像是说平常人把欧亚作东西民族性的分界，是一种很大的错误。欧洲人的注重精神方面，与印度的比较相近些，只有中国人是顶注重物质、最讲究实际的民族。这在我当时是闻所未闻的奇论，可是近几年的观察，都证实他的议论，不得不叫人惊叹他的见解的透彻了。"陈源不是一个轻易相信别人的学者，而且当时他正在德国攻读博士，对中西文化应有很多了解，却对陈寅恪的议论如此佩服。

还有一位是李思纯，这位著名历史学家比陈寅恪小三岁，也曾在欧洲留学多年。1922年在柏林时曾与陈寅恪交往，对后者有很深印象："昨与陈寅恪君谈，陈君亦云'机械物质之学，顷刻可几者也。哲学、文学、音乐、美术，则精神之学，育于环境，本于遗传，斯即吾国之所谓礼乐是也。礼乐百年而后兴'。纯窃味乎其言，非欲阻国人以勿治西洋文学，但欲求吾国'出版新诗一册'之文学家，宜审世事之艰难耳。"

此外，据北京大学有关史料记载，1920年4月30日，北京大学教授评议会开会讨论有关事宜，其中有一条就是同意学校资助陈寅恪一千元，条件是后者回国后要到北大任教，说明早在1920年，正留学海外的陈寅恪就已经给这些北大教授留下深刻印象，不然他们不会议决"照行"通过。至于陈寅恪为何后来没有任教北大而是去了清华，可能和清华国学院的成立有关。

那么在陈寅恪留学期间，那些欧美的大学教授和学者，对陈寅恪是否如前面提到的梁启超推荐陈寅恪传说中那样，有过很高的评价呢？应该说，至今没有找到明确资料证明有欧洲的大学者对留学欧洲期间的陈寅恪有高度评价。不过在留学哈佛期间，据《在西方发现陈寅恪》一书作者陈怀宇的考证，著名梵文学者兰曼教授对陈寅恪十分欣赏，但陈寅恪只是一个不拿学位的留学生，也就不会真正得到哈佛校方的高度关注。倒是著名的人文主义大师白璧德对陈寅恪有很高的评价，只是这评价不是针对陈寅恪一个人，出处则见于1921年正月十七日至二月一日的吴宓日记："巴师谓于中国事，至切关心。东西各国之儒者，Humanists 应联为一气，协力行事，则淑世易俗之功，或可冀成。故渠于中国学生在此者，如张、汤、楼、陈及宓等，期望至殷云云。"而赵元任、杨步伟夫妇所写之《忆寅恪》中也有一段提及哈佛大学对陈寅恪有所了解的文字：1924年，元任收到了张彭春信，要他回清华办研究院。那时元任在哈佛教书。……主任说："你一定要回国，必须找到相当资格的人来代替。"主任并暗示："找陈寅恪如何？"元任就写信到德国，因其时陈寅恪正在柏林，但他的回信好玩得很，说"我不想再到哈佛。我对美国留恋的只是波士顿中国饭馆醉香楼的龙虾"。这是陈寅恪少有的显示其风趣幽默的文字。

　　看来，仅凭陈寅恪在留学生中的口碑和个别外籍学者的评价，似乎还不足以说明他为何能被清华聘为导师。这里有一点值得注意，就是陈寅恪被聘并非清华的首选，他只是作为候补才被考虑。清华最初想聘请的是"旧学"代表人物章太炎，但章氏一来自视清高，二来对到高校任教一直持怀疑态度，当然拒绝。然后清华想聘请"新学"的代表人物胡适，但胡适很谦虚说自己不够格，转而推荐梁启超和王国维。至于赵元任，按照现有说法，和张彭春的推荐有关，这在前面赵元任的回忆文章中也有提及。张彭春是1910年清华第二届"庚款"留学生，同胡适、赵元任等 71 人一起赴美深造，所以他推荐赵元任完全可能，而且其中可能也有胡适的作用。有意思的是，他 1915年获哥伦比亚大学文学硕士及教育学硕士学位，后为适应国内教学要求，再次赴美入哥伦比亚大学研究院攻读博士学位，其导师就是著名教育家杜威，其中是否有胡适的影响，因未有直接证据不好断定。

另有一点值得一提，就是在 1924 年，身份还是留学生的陈寅恪，却已引起日后成为大史学家的顾颉刚的注意。彼时的顾颉刚在北京大学研究所国学门任助教，在一次讲演中提到当时"国学的趋势"，就把陈寅恪归为东方言语学及史学一派："法人伯希和、英人斯坦因、中国罗福成、张星烺、陈寅恪、陈垣等都是这一派的代表。"陈垣比陈寅恪大十岁，当时因"古教四考"等论著早已名满天下，却被顾颉刚置于陈寅恪之后，无论这是否有意，都反映出顾颉刚对陈寅恪的重视以及陈寅恪的学术观点已被国内史学界关注这一事实。

综上所述，陈寅恪以一留学生却未有任何学位之身份，能够被清华国学院聘为教授，成为"四大导师"之一，既与当时清华校方的开明大度和吴宓等人的极力推荐有关，也和当时国内学术界对陈寅恪之学术水平已有比较一致的认可有关，而这些认可基本都是各方面对陈寅恪的印象和口头评价。不过还有一点不能不提，那就是陈寅恪的家世为其增分甚多。且不说祖父陈宝箴当年与康梁等人的变法经历及在湖南的改革功绩，仅仅父亲陈三立的民国大诗人身份和大哥陈衡恪的大画家身份，就能让外人对陈寅恪格外尊重。而来自与陈三立多有交往的一些外国传教士和民国遗老如陈宝琛、沈曾植、夏曾佑、郑孝胥对陈寅恪的评价，自然也对陈寅恪"学问很好"这一点大有好处。在某种程度上，来自外国人士和旧学权威的评价，比来自治"新学"者的评价可能更为世人认同，特别是在"学问"这方面。例如早在1902年陈寅恪随其大哥陈衡恪第一次赴日留学时，在上海见到李提摩太，用陈寅恪的话说就是："忆壬寅（1902）春随先兄师曾等东游日本，遇李教士于上海，教士作华语曰：'君等世家子弟，能东游，甚善！'故诗中及之，非敢以乌衣故事自况也。"李提摩太是英国传教士，与康有为、梁启超、张之洞、李鸿章等都来往密切，是那时来华传教士的代表人物，所以他对陈寅恪即便只是出于客气的赞许之词，也会引起国人的关注。

至于旧学权威的推崇也很多，如俞大维晚年曾提及陈寅恪和夏曾佑交往的一件事，说陈寅恪1912年第一次由欧洲回国，拜访他父亲的老友夏曾佑先生。"夏曾佑对他说：'你是我老友之子。我很高兴你懂得很多种文字，有很多书可看。我只能看中国书，但可惜都看完了，现已无书可看了。'寅恪告别出来，心想此老真是荒唐。中国书籍浩如烟海，哪能都看完了。等到陈寅恪七十岁左右，我又见到他。他说：'现在我老了，也与夏先生同感。中国书虽多，不过基本几十种而已，其他不过翻来覆去，东抄西抄。'我很懊悔当时没有问他到底是那（哪）几十种书。"这回忆出自俞大维口述的《给女作家陈荔荔的一封信》，曾发表于1984年1月25日的台湾《中央副刊》上。不过这回忆在时间上有问题，就是陈寅恪1949年后一直在大陆，而俞大维在台湾，两人似乎没有机会相见。但当时一些所谓的"封建遗老"或者说好听一点就是旧学殿军式人物对陈寅恪的学问都给予褒赞，倒是确实。作为佐证，不妨再说一个罗振玉对陈寅恪的评价。1927年王国维去世后，王国维的临终托付"书籍可托陈、吴二先生处理"以及陈寅恪所写《王观堂先生挽词并序》等文字，让学术界认为陈寅恪是王的"后继"。罗振玉也致书陈寅恪说："忠悫（清帝溥仪赐给王国维的谥号）以后学术所寄，端在吾公矣。"又据日本学者仓石武四郎日记："五月二十七日晚宣南广和居徐、赵、钱三先生招宴，坐者吉川、加藤、玉井而外，孙蜀丞、陈寅恪，真一时雅会。陈氏论如利刀断乱麻，不愧静庵（王国维）先生后起矣。"虽然罗振玉此言写于1927年，但如果陈寅恪在此之前一点名气没有或者学术上没有任何值得罗振玉重视的东西，那罗振玉不会对陈寅恪有如此高的评价和期待。

　　当然，陈寅恪的名气之大，也离不开治"新学"者的认可甚至鼓吹，其中胡适的意见当然非常关键，因他就是"新学"代表。公开的评价且不说，只看胡适日记中对陈寅恪的评价："读陈寅恪先生的论文若干篇。寅恪治史学，当然是今日最渊博、最有识见、最能用材料的人。但他的文章实在写的不高明，标点尤嫩，不足为法。"虽然这是1937年的日记，那时陈寅恪的学术地位早已确立，不过胡适连用三个"最"字表明他对陈寅恪的学问确实佩服，此外就只能从标点用法等处找陈寅恪的缺点了。

　　那么，在陈寅恪刚从国外回来任教清华前后，胡适对陈寅恪有无评价呢？目前，从胡适日记中似乎没有找到这方面的文字。至于他们的第一次见面其实很晚，那是在1929年梁启超逝世之时。按照胡适的说法就是"一月二十日，任公的遗体在广惠寺大殓。在君、叔永、陈寅恪先生、周怡春先生和我都去送他入殓……"在这种场合，不知两人是否有交谈，但出于礼貌的打招呼应该会有，毕竟他们早就熟悉。当1919年新文化运动如火如荼之日，正是陈寅恪在哈佛求学之时，从吴宓日记中，可以看到很多他们对这一运动的非议之词。他们不赞成胡适、陈独秀等人的激进主义学说，主张昌明国粹，融化新知，在现有的基础上完善改进。吴宓又说当时在哈佛习文学诸君，学深而品粹者，均莫不痛恨胡、陈。当然，陈寅恪对胡、陈的主张不赞同，并不等于他对胡适个人有多么反感。相反，在《王观堂先生挽词》中，陈寅恪说"鲁连黄鹞绩溪胡，独为神州惜大儒"，所指就是胡适推荐王国维任清华国学院导师一事，其实是陈寅恪对胡适这一行为表示称赞。后来，两人的交往就逐渐多起来。1928年，陈寅恪将其新著《童受〈喻鬘论〉梵文残本跋》寄给胡适，后来胡适在《白话文学史》附记中说"他（陈寅恪）举的证据都很可贵，故我摘录此跋的后半，作为本章的附录"。

1929年5月20日，胡适写信给陈寅恪："承寄示大作，感谢之至。前两篇我太外行了。不配赞一辞。最后一篇——大乘义章书后——鄙见以为精当之至。论判教一段，与年来的鄙见尤相印证。判教之说自是一种'历史哲学'，用来整理无数分歧的经典，于无条件系统之中，建立一个条理系统，可算是一种伟大的工作。此种富有历史性的中国民族始能为之。判教之说不起于天台，诚如尊论。……鄙意吾兄作述学考据之文，印刷时不可不加标点符号；书名、人名、引书起讫、删节之处，若加标点符号，可省读者精力不少，又可免读者误会误解之危险。此非我的偏见，实治学经济之一法，甚望采纳。"此处胡适对陈寅恪的学术评价是否公允姑且不论，单说胡适建议陈寅恪写文章时注意标点符号，即可与其日记中说陈寅恪不会用标点之文字相互对应，说明胡适对此点确实极为重视，而陈寅恪对"标点"也确实有些"不够重视"吧。但陈寅恪之后似乎并无怎么改正，这只能说明他有他的想法而已。

不过，陈寅恪回国之后那个时期，胡适虽然没有正面肯定其学术研究的文字发表，同样也没有任何批评文字。与此态度差不多的是另一位新文化运动代表人物，那就是鲁迅。对于吴宓、梅光迪及其《学衡》，胡适和鲁迅都曾写文章给予讽刺批判，却对王国维、陈寅恪这样的"遗老遗少"放过不提，相反，鲁迅还称赞王国维的国学研究才是真正的"国学"，这态度其实有些耐人寻味。如果说鲁迅不批评陈寅恪有"遗少"情结可能和他与陈衡恪的友谊有关的话，则胡适对于王国维、陈寅恪等人，其实是首先看重其学问然后才是所谓的"政治态度"吧。陈寅恪姑且不论，在日记中胡适对王国维的学问就极为佩服。1917 年，胡适回国后即认为中国近几年的学术界"文学书内，只有王国维的《宋元戏曲史》是很好的"。他还在日记中写道："读王国维先生译的法国伯希和一文，为他加上标点。此文甚好。"看来为名人加标点或者提醒名人注意标点，还真是胡适的一个情结。也是在这一年 8 月，胡适又写道："现今的中国学术界果真凋敝零落极了。旧式学者只剩王国维、罗振玉、叶德辉、章炳麟四人；其次则半新半旧的过渡学者，也只有梁启超和我们几个人。内中章炳麟是学术上已半僵化了，罗与叶没有条理系统，只有王国维最有希望了。"也正因为胡适对王国维的学问极为敬佩，才会有后来向清华国学院大力推荐之举动。

　　说来说去，尽管陈寅恪的学问在刚到清华任教时尚未为世人真正认同，但他很有学问且能潜心学术这一点已经得到学术界认同。而来自方方面面的甚至来自文化理念截然对立一方的一致好评，诸如对陈寅恪的"读书很多""很有学问"以及是"世家子弟""名人之后"等评价，其实就在人们口口相传之中，无形中抬高了陈寅恪的声望。此外，无论新文化提倡者还是旧文化维护者，五四之后在复兴国学或"整理国故"这一点上竟然态度一致，这样的学术氛围才致使陈寅恪的任教清华，虽然遭到一些怀疑和挫折，但最终还是得以实现，而清华国学院"四大导师"之聚集所出现的国学院鼎盛阶段也得以呈现，实乃中国现代学术之幸事也。

道不同亦可为谋

——陈寅恪与新文学作家交往漫谈

孔子有曰"道不同，不相为谋"。若用来形容陈寅恪与20世纪上半叶新文学作家关系，不但应补上司马迁的一句"亦各从其志也"，而且似乎"亦可为谋"。

有些人常以现代人思维方式看待那时的文人交往，认为既然陈寅恪思想相对保守，被视为"文化遗民"，又主要从事中古历史和古代文学研究，理应和新文学作家"老死不相往来"，他们的文化观和文学观也必然对立。

其实不然。陈寅恪与胡适、鲁迅、傅斯年、俞平伯、朱自清、许地山、戴望舒等很多新文化运动代表人物和著名作家都有过较为密切的交往，有些如傅斯年、俞平伯、许地山等甚至可称为莫逆之交。就他们而言，思想和学术上的分歧并不妨碍私交，而是否值得交往的最重要因素就是这个学人的人品和学问如何——当然如果在治学上有共同语言或交叉之处就更容易交往了。就陈寅恪而言，他判断一个学人是否值得交往除却上述两点外，还有就是家世如何或者是否学有渊源，也就是极为看重这个学人的家学或师承传统。

首先说陈寅恪和鲁迅的交往，陈寅恪常被视为民国时期遗老遗少人物，而鲁迅是新文化运动领袖，他们好像水火不相容才是。但事实并非如此，而且鲁迅与陈寅恪关系非同寻常。1902年与鲁迅同船赴日本留学者就有陈寅恪和其大哥陈衡恪，而带领他们出洋者是陈寅恪的大舅俞明震，他曾在鲁迅上学的矿物学堂任总办，自然是鲁迅的老师。此人思想开明，属于新派人物，鲁迅在《朝花夕拾》中这样描述他："但第二年的总办是一个新党，他坐在马车上的时候大抵看着《时务报》，考汉文也自己出题目，和教员出的很不同。有一次是《华盛顿论》，汉文教员反而惴惴地来问我们道：'华盛顿是什么东西呀？'"鲁迅后来弃医从文，应该与受到俞明震影响有一定关系，鲁迅在日记中也一直称其为"俞师"。鲁迅与陈寅恪兄弟到日本后又同在东京弘文学院学习日语，直到1904年毕业。鲁迅和陈衡恪回国后，又同为教育部职员，此时陈衡恪在书画方面已颇有名气，但和鲁迅一直保持密切交往。后来陈衡恪成为民国有名的大画家，甚至齐白石也是在其推荐下才逐渐被世人所知，所以齐白石曾多次表示陈衡恪才是他的知音和伯乐，不过陈衡恪和鲁迅却一直保持好友关系，直至其患病去世。鲁迅日记中有很多他与陈衡恪一起逛古玩店、书店、互赠礼品和吃饭的记录，鲁迅甚至请陈师曾代写寿联，竟"携至部捕陈师曾写讫送去"，这一个幽默的"捕"字就充分表现他们两人的亲密关系。至于陈寅恪，由于小鲁迅九岁，鲁迅大概一直视其为小弟弟，不过周氏兄弟翻译的《域外小说集》第一册和第二册出版后，鲁迅还是送给陈寅恪一套，并郑重记入日记。后来陈寅恪远赴欧美留学多年，鲁迅则在五四前后投入新文化运动并成为领袖人物，两人交往自然停止。尽管陈寅恪无论公开还是私下对新文化运动持有异议，却从未对鲁迅其人其作有任何评价。但他们的缘分并未结束——陈寅恪任教清华期间已是大龄青年，恰好有人把唐筼介绍给他，两人相识不久，即很快结为夫妻。除却两情相悦因素外，其实也和陈寅恪一直看重的出身门第有关，因为唐筼说起来也是名门之后，其祖父唐景崧曾为台湾省巡抚，而陈寅恪祖父陈宝箴曾为湖南巡抚，恰好算是门当户对。且说唐筼毕业于金陵女校体育专业，后执教于北京女高师，曾是许广平的老师，算起来还是鲁迅的同事，真是冥冥之中自有定数吧。20世纪50年代，许广平南下香港途经广州时，还特意去中山大学看望唐筼，此为后话。

鲁迅一生冷嘲热讽骂人无数，却没有骂俞明震，也没有骂过陈寅恪。当年吴宓主持的《学衡》杂志发表过陈寅恪几篇文章，鲁迅也曾撰文对吴宓和《学衡》百般嘲讽，却对陈寅恪的文章保持沉默。究其原因，与他和陈氏兄弟的早年交往肯定有关。不过，这也不能完全解释鲁迅为何没有讽刺陈寅恪，因为对同时代的很多老乡、老友，鲁迅都会因思想见解上的分歧进行批评甚至与其彻底决裂，如钱玄同、林语堂等，所以陈寅恪和鲁迅早年的一些交往，不能成为鲁迅不批评陈寅恪的理由。在当时清华四大导师中，除了陈寅恪其余三人都曾遭到鲁迅的辛辣嘲讽，尽管他们或者是鲁迅青年时崇拜的对象，或者是鲁迅的同乡兼国学大师。看来，鲁迅没有批评嘲讽陈寅恪，除了早年的交往因素外，除了陈寅恪的学问和人品无可挑剔外，也与两人精神气质上很是相似有关。已有学者指出，20世纪精神上最痛苦的两个文人，就是鲁迅和陈寅恪。而他们的内心世界都有着终生挥之不去的悲凉，也即鲁迅在评价宝玉时所说的

"悲凉之雾，遍被华林，然呼吸而领会之，唯宝玉而已"。

此外，就学术专长而言，鲁迅虽主要成就在创作，却以一部《中国小说史略》奠定了他在古典小说研究领域的开创者地位。而陈寅恪虽主要研究中古历史，却也曾对古代小说演变有精深研究，在这方面两人有一定交叉甚至互相影响，只是这种影响并未公开，而是采取一种我称之为"潜对话"或"间接对话"方式呈现，对此笔者曾在拙著《陈寅恪与中国文化》中有所论述，此处只简单提及。例如，陈寅恪曾撰写系列文章论述佛教传入中国后对中国小说发展的影响，并多次指出自己的研究"于治小说文学史者傥亦一助欤"，"以告世之研究小说源流者"，等等，这些话显然并非泛泛而谈，而是别有所指。陈寅恪这些文章大都发表于20世纪20年代末和30年代初，此时鲁迅的《中国小说史略》已经问世，而胡适等也在从事有关中国古代小说的考证工作，他们二人也是那时研究中国古代小说成就最大者，所以陈寅恪应该是以委婉方式建议他们注意自己的研究，或者说对他们研究中的某些观点提出异议。

至于陈寅恪和胡适、傅斯年以及朱自清的友情，相关文章已经很多，此处不赘，单说陈寅恪和俞平伯、戴望舒、许地山等人的交往。

俞平伯是晚清文化大师俞樾的曾孙，俞樾当年科举应试时曾以一句"花落春仍在"博得曾国藩赏识，认为这一句是当时中国文化发展趋势的极佳象征，遂力排众议将俞樾拔为第一，俞樾为此终生感激，并将自己的书房命名为"春在堂"。而俞樾的得意门生之一就是章太炎，尽管两人思想上有分歧，但学术上，毫无疑问，章氏才是俞樾最佳的继承者，而鲁迅就是章太炎的弟子。当年俞樾曾和曾孙俞平伯合影，后俞平伯把此照片复制件托人转赠给鲁迅，此事极具象征意义——如此从曾国藩到鲁迅这数代中国文人之发展脉络就已贯通，而他们之命运又几乎与一百多年来中国社会发展变迁同步，说来令人嗟叹不已。

说到陈寅恪和俞平伯的交往，则可追溯到20世纪20年代他们同在清华任教之时。俞平伯有《读陈寅恪〈秦妇吟校笺〉》一文回忆道："昔于戊辰（一九二八）春，与陈寅恪共读韦庄《秦妇吟》，寅恪属（嘱）我写一横幅张诸壁间，以备讽咏，又作一文载一九三六年《清华学报》，后于庚辰（一九四〇）四月在昆明印为单行本，改名《秦妇吟校笺》。其中论点多与畴昔倾谈有关者。"其实他们的相识本应更早，即在1920年俞平伯和傅斯年等同船赴欧洲留学之时，那时的陈寅恪也在欧洲留学。不料俞平伯到英国没有几天，竟思家心切要返回国内，傅斯年赶到船上劝阻也没有用，为此傅斯年还在写给胡适的信中表示愧疚。其实这对俞平伯而言并不奇怪，他自幼到大学毕业从未单独在外生活，独立能力很差，所以他返回国内后一两年又去美国，结果不到一个月同样是提前返回。

后来，陈寅恪和俞平伯的交往还因俞樾的《病中呓语》更加紧密——那是俞樾临终之际写的一组预言诗，其中对二百年来的时局预测很是准确，一时引起世人惊奇。1928年，陈寅恪应俞平伯之请，为俞樾的《病中呓语》写了一篇跋，其中写道："曲园先生病中呓语不载集中，近颇传于世。或疑以为伪，或惊以为奇。疑以为伪者固非，惊以为奇者亦未为得也。天下之至赜者莫若人事，疑若不可以前知。然人事有初中后三际（借用摩尼教语），犹物状有线面体诸形。其演嬗先后之间，即不为确定之因果，亦必生相互之关系，故以观空者而观时，天下人事之变，遂无一不为当然而非偶然。既为当然，则因有可以前知之理也。此诗之作，在旧朝德宗皇帝庚子辛丑之岁，盖今日神州之世局，三十年前已成定而不可移易。当时中智之士莫不惴惴然睹大祸之将届，况先生为一代儒林宗硕，湛思而通识之人，值其气机触会，探演微隐以示来者，宜所言多中，复何奇之有焉！"最后，陈寅恪极为感慨地说："尝与平伯言：吾徒今日处身于不夷不惠之间，托命于非驴非马之国，其所遭遇，在此诗第贰第陆首之间，至第柒首所言，则邈不可期，未能留命以相待，亦姑诵之玩之，譬诸遥望海上神山，虽不可即，但知来日尚有此一境者，未始不可以少纾忧生之念。然而其用心苦矣。"

再说陈寅恪与著名的"雨巷诗人"戴望舒的交往。1941年，困居香港的陈寅恪，在阅读戴望舒主编的《星岛日报》之《俗文学》周刊上刊登之吴晓铃的《〈青楼集〉作者姓名考辨》一文后，给戴望舒写信称赞该文"论据精确，钦服至极"。当时，戴望舒在香港主持《星岛日报》的《俗文学》周刊，在第一期《编者致语》中说明了办刊目的及取稿原则："一、本刊每周出版一次，以中国前代戏曲小说为研究主要对象，承静安先生遗志，继鲁迅先生余业，意在整理文学遗产，阐明民族形式。二、本刊登载诸家对于戏曲小说研究最近之心得，以及重要文献，陈说泛论，概不列入，除函约诸专家执笔外，并欢迎各界寄稿。"当时的香港集聚了一大批著名学者如陈寅恪、容肇祖、孙楷第、柳存仁、赵景深、吴晓铃、冯沅君等，《俗文学》也就成为他们发表文章的阵地。而陈寅恪和戴望舒的交往除却后者当时是编辑这一因素外，也和戴望舒在中国古代小说研究方面的成就有关，其成果在戴望舒去世后由吴晓铃整理编成《小说戏曲论集》，由作家出版社1958年出版。吴晓铃为此评价戴望舒"从遗稿里可以看得出来他的心细如发的、一丝不苟的、严肃认真的态度和精神"，"他是在跟随着鲁迅先生的《小说旧闻钞》和《古小说钩沉》的步伐在前进着"。

吴晓铃为辽宁绥中县人，自幼酷爱古典小说和戏曲。1935年由燕京大学医学预科转入北大中文系，1937年毕业后留校任教。他1938年受聘于西南联大中文系，在战争环境下依然撰写了许多专业论文，《〈青楼集〉作者姓名考辨》就是在当时很有影响的一篇。在此信中，陈寅恪指出《青楼集》序中所谓"商颜黄公之裔孙"，其实就是指《青楼集》的作者元代的夏庭芝，因为"商山四皓"中有夏黄公一人，所以夏庭芝自然可以视为其后裔。夏庭芝，字伯和，号雪蓑渔隐。据书前的序，雪蓑渔隐姓黄，名字不详，应为明朝官宦子弟。因元朝异族"百年未已，世运中否，士失其业，志则郁矣"，故作此书，使"历历青楼歌舞之妓，而成一代之艳史传之"。该书记录了元大都、金陵及江浙一带歌妓、艺人百十余人的事迹，特别是她们在杂剧、诸宫调、舞蹈和器乐方面的才能，同时还记录了她们与当时一些达官显贵、文人雅士的应酬和交往，从一个侧面反映了元代戏曲的繁荣状况及艺人生活情景。按照陈寅恪的说法，也该算是一部"颂红妆"之作。后陈寅恪写《论再生缘》和《柳如是别传》，当在某种程度上受到此书的影响。如其中"张怡云"条，所写张氏才华俨然与陈端生、柳如是不相上下：

（张怡云）能诗词，善谈笑，艺绝流辈，名重京师。赵松雪、商正叔、高房山皆为写《怡云图》以赠，诸名公题诗殆遍。姚牧庵、阎静轩每于其家小酌。一日，过钟楼街，遇史中丞，中丞下道笑而问曰："二先生所往，可容侍行否？"姚云："中丞上马。"史于是屏驺从，速其归携酒馔，因与造海子上之居。姚与阎呼曰："怡云今日有佳客，此乃中丞史公子也！我辈当为尔作主人。"张便取酒，先寿史，且歌"云间贵公子，玉骨秀横秋"《水调歌头》一阕。史甚喜。有顷，酒馔至，史取银二定酹歌。席终，左右欲彻酒器皆金玉者，史云："休将去，留待二先生来此受用。"其赏音有如此者。又尝佐贵人樽俎，姚、阎二公在焉，姚偶言"暮秋时"三字，阎曰："怡云续而歌之。"张应声作《小妇孩儿腔》，且歌且续曰："暮秋时，菊残犹有傲霜枝，西风了却黄花事。"贵人曰："且止。"遂不成章。张之才亦敏矣。

　　所谓"商山四皓"，指秦末汉初（公元前200年左右）的东园公唐秉、角里先生周术、绮里季吴实和夏黄公崔广四位著名学者。他们不愿出仕，遂长期隐居在商山（今陕西省商洛市境内），待出山时都八十岁有余，眉毛皆白，故称为"商山四皓"。不过，据陈寅恪此信所言，他认为其实"绮里季"应为"绮里季夏"，"夏黄公"应为"黄公"，属于断句之误，如此则《青楼集》序中称作者夏庭芝为"商颜黄公之裔孙"其实错了。至于出现此类现象原因，当与古人抄书时手民误植有关。此外，陈寅恪还拈出《陈留志》和《崔氏谱》，说夏黄公当为崔姓。不过陈寅恪也指出，这些其实与吴晓铃此文所关注问题无关，可以"置之不论"，"不必多赘"也。笔者以为陈寅恪写此信，很有可能是"商山四皓"的隐士身份引起其吊古伤今之情。再就是下面这篇《青楼集·序》大概会引起他的关注，特别是在社会动荡、文人多受颠沛流离之苦时代：

君子之于斯世也，孰不欲才加诸人，行足诸己。其肯甘于自弃乎哉！盖时有否泰，分有穷达，故才或不羁，行或不掩焉。当其泰而达也，园林钟鼓，乐且未央，君子宜之；当其否而穷也，江湖诗酒，迷而不复，君子非获已者焉。我皇元初并海宇，而金之遗民若杜散人、白兰谷关已斋辈，皆不屑仕进，乃嘲风弄月，留连光景，庸俗易之。用世者嗤之。三君之心，固难识也。百年未几，世运中否，士失其业，志则郁矣。酤酒载严，诗祸巨测，何以纾其愁乎？小轩居寂，维梦是观。商颜黄公之裔孙曰雪蓑者，携《青楼集》示余，且征序引。其志言读之，盖已详矣，余奚庸赘？窃惟雪蓑在承平时，尝蒙富贵余泽，岂若杜樊川赢得薄幸之名乎？……惜乎天夺将相之权，弗使究其设施，回翔紫薇，文空言耳！扬州旧梦，尚奚忆哉。今雪蓑之为是集也，殆亦梦之觉也。不然，历历青楼歌舞之妓，而成一代之艳史传之也。……黄四娘托老杜而名存，独何幸也！览是集者，尚感士之不遇。时至正甲辰六月既望观梦道人陇右朱经谨序。

笔者以为，这序言也许会引起处于困厄之境的陈寅恪的感慨吧。彼时的陈寅恪，英国牛津去不成，云南西南联大回不去，生存条件之恶劣，其平生从未有过。更重要的在于，尽管"时有否泰，分有穷达"，陈寅恪却不能如很多元代文人那样"才或不羁，行或不掩"，所以才会倍感痛苦。联想到前面陈寅恪对自己从事学术研究所需之基本生活环境的慨叹，我们不能不对那个时代的文化大师表示由衷的同情和敬意。

最后说一下《落花生》的作者许地山和陈寅恪的交往。很多读者都因一篇《落花生》知道现代文学史上的许地山，知道他是新文学的代表作家之一，却可能不太清楚许地山还是一位杰出的学者，在宗教研究方面成就斐然，他的《道教思想与道教》《摩尼之二宗三际论》《道教源流考》等论著都是研究宗教学的开创性学术成果，并得到陈寅恪的高度评价。陈寅恪曾撰《论许地山先生宗教史之学》一文，对其宗教史研究极为推崇："寅恪昔年略治佛道二家之学，然于道教仅取以供史事之补证，于佛教亦止比较原文与诸译本字句之异同，至其微言大义之所在，则未能言之也。后读地山先生所著佛道二教史论文，关于教义本体俱有精深之评述，心服之余，弥用自愧，遂捐弃故技，不敢复谈此事矣。"至于两人的私下交往，则首推许地山向香港大学推荐陈寅恪任教一事。那是在 1940 年，陈寅恪应英国牛津大学汉学教授之聘，从昆明赴香港，准备由此转赴英国，但由于战乱被迫滞留香港，一时连生计也成问题。许地山获知此事，即亲自到宾馆看望陈寅恪，见其女儿有病就马上把她们带到自己家照料，然后极力向港大校方推荐陈寅恪为中文系客座教授，以解决陈寅恪的生计问题。他在写给港大校长的英文信中说，陈寅恪是著名学者，其中、外文著作不时出现于美国和日本等国的重要学术刊物上，并指出陈寅恪可以为本科生讲授唐史专题以及作学术演讲，等等。等陈寅恪应聘港大后，许地山又特意主持了欢迎陈寅恪的聚会。尽管陈寅恪在香港时间不长，但他的重要著作之一《唐代政治史述论稿》就是在香港大学完成。后来，陈寅恪要到西南联大任教，但妻子唐筼患病无法同往，陈寅恪只好把妻子和女儿托付给许地山照料，后来陈寅恪大女儿对这一段港大生活有极为感人的回忆，其中充满对许地山及家人的感激之情。也正因为他们两人有这一段患难之交，所以当许地山去世后，陈寅恪特意撰写了感情真挚的挽联："人事极烦劳，高斋延客，萧寺属文，心力暗殚浑未觉；乱离相倚托，娇女寄庑，病妻求药，年时回忆倍伤神"。其下联所提及就是陈寅恪将妻女托付给许地山之事。至于上联的"萧寺属文"，是说许地山喜欢待在幽静的寺院看书撰文，常去地方包括香港的青山和大屿山的寺院。彼时陈寅恪从香港返回内地后不久，恰逢七夕，陈寅恪触景生情，联想到许地山去世，曾赋诗一首悼念：

壬午桂林雁山七夕

香江乞巧上高楼，瓜果纷陈伴粤讴。
羿彀旧游余断梦，雁山佳节又清秋。
已凉天气沉沉睡，欲曙星河淡淡收。
不是世间儿女意，国门生入有新愁。

说到这里，其实他们两人还有一件发生在寺院的趣事。据陈寅恪的弟子蒋天枢回忆，当年他在清华国学院学习时，有一次，伴随陈寅恪游览北京西郊的大觉寺，这大觉寺又称西山大觉寺或大觉禅寺，始建于辽代咸雍四年（1068），称清水院，后改名灵泉寺，明重建后改为大觉寺。当蒋天枢随陈寅恪进到大觉寺正殿中，发现有一人"攀援屋栋旁，正在端详审视，若甚用思者"。等到此人跳下来才知道是许地山，而许地山看到陈寅恪及蒋天枢后也不禁大笑起来。原来，那时许地山正在研究古代建筑内部结构以及一些装饰特点等，所以才会爬到上面进行观察。之后许地山即陪同陈寅恪继续游览西山各处景点，直到傍晚数人才返回市内。由于这是蒋天枢第一次看到作为老师的许地山有如此奇怪之举动，所以印象极深，并终于在数十年后将此事写入《师门往事杂录》之中。

总之，本文题目所谓"道不同亦可为谋"，就是说那个时代的知识分子，即便学术上有分歧，文学上流派不同，但那些真正的大师级人物，依然既可以维持很好的私交，又在学术上互相切磋质疑——却不会互相贬低甚至恶意中伤，更不会以诬陷他人、踩着别人往上爬混迹于学界。他们尽管见解不同，却都因高尚的人格和气节，博得后人的尊重和敬仰。就陈寅恪而言，他对五四时期的白话文运动和新文学运动有所非议，这是事实，但并不代表他就必然轻视那些用白话创作者，事实上，对于学术和人品俱佳者，陈寅恪也乐于与之交往。而如果这些从事新文学创作者又能在学术研究上有所创获，则更能引起陈寅恪的重视乃至尊重，鲁迅是如此，胡适是如此，其他如俞平伯的红学研究、许地山的宗教研究、朱自清的古代文学研究以及戴望舒的古代小说研究均属这种情况。加之他们的人品或者说私德值得佩服，陈寅恪与其交往甚至成为挚友就很自然了。

嗟夫，"百年未几，世运中否，士失其业，志则郁矣"，诚哉斯言！

从挚友到对手
——胡适与梅光迪

    胡适与梅光迪，这两个安徽老乡兼留美同学本是相交多年的知己，却因在提倡白话诗方面意见针锋相对，终于渐成陌路。在某种程度上，正是梅光迪坚决和持续的反对态度促成胡适逐渐坚定用白话创作诗歌的决心并最终付诸实践，那篇令胡适暴得大名的《文学改良刍议》以及那本《尝试集》就是这样问世的。自然，在胡适尝试用白话创作诗歌的过程中，他与梅光迪的几个朋友如任叔永、杨杏佛和陈衡哲等也起到非常重要的"陪衬人"作用，他们或反对或赞同，最终成就了胡适的一世英名。不过胡适自己承认，还是梅光迪的反对最为重要。如胡适晚年曾对唐德刚说，他的白话诗歌试验正是由于梅光迪的不断反对，才把他"逼上梁山"，而事情的起因也和梅光迪有关（可参看《胡适口述自传》中有关内容）。在此，我们仅就他们二人民国初年的交往历史特别是在美国留学时的交往情形进行梳理，其中特别值得关注者，是这一阶段胡适对包括梅光迪在内友人意见的态度以及胡适在生活中所受一些日常小事刺激所导致的有关心理变化，以发现这种同学老乡兼好友关系的日常交往活动以及日常生活状况，如何制约和影响了文人的文学观念及文学实践。

胡适与梅光迪的最初相识，按照梅光迪的说法是在1909年的上海。其居间介绍者是他们的安徽老乡胡绍庭："自余寄迹吴淞江上，同游中颇与绩溪胡绍庭意相得。绍庭数为余言其宗友适之负异才，能文章。余心至之而未有一识其面也。去秋，适之过淞视绍庭，时余与绍庭同舍而居，因得由绍庭以介于适之。今年仲夏，余约一二友人北上应游美之试，遇适之于舟中，彼此惊喜过望。由是，议论渐畅洽，而交益以密。"梅光迪此处之"今年"即1910年，由此推知他们相识是在1909年。不料，梅光迪此次落榜，次年才被录取为清华教会学校官费留学生。而胡适考取并于当年赴美留学，也因此他们失去同年赴美的机会。好在梅光迪次年顺利考取，胡适得知消息后极为兴奋："见北京清华学堂榜，知觐庄与钟英皆来美矣，为之狂喜不已"（《胡适留学日记》），此为1911年8月18日。

此时的胡适与梅光迪，对很多问题看法基本一致。实际上，从他们的书信及日记中可知，1915年之前，胡、梅二人虽然在对中国古代思想学术的现代阐释上存在分歧，但基本上属于思想学术之争，没有影响到他们的友谊。对于胡适的思想才华与学术见识，梅光迪很早就发现并予以充分的肯定。"中人在此者不下三十余，求其狂妄如足下万一者，竟不可得，正所谓梦梦我思之者也。""足下论阴阳极透彻，论打通小康亦详尽，谓孔子不论来生，以为诚实不欺，尤令吾叹赏。"这一时期，胡适留学日记中涉及梅光迪处也很多：

梅觐庄月前致书，亦言女子陶冶之势力。余答觐庄书，尚戏之，规以莫堕情障。觐庄以为庄语，颇以为忤。今觐庄将东来，当以此记示之，不知觐庄其谓之何？（1914 年 6 月 8 日）

发起一会日读书会，会员每周最少须读英文文学书一部，每周之末日相聚讨论一次。会员不多，其名如下：

任鸿隽 梅光迪 张耘 郭荫棠 胡适（1914 年 7 月 18 日）

今夜同人有"社会改良会"之议，君倡之，和之者任叔永、梅觐庄、陈晋侯、杨杏佛、胡明复、胡适之也。（1914 年 8 月 14 日）

梅觐庄携有上海石印之《白香山诗集》，乃仿歙县汪西亭康熙壬午年本，极精。共十二册，两函。有汪撰年谱，及宋陈直撰年谱。汪名立名，吾徽清初学者。（1915 年 8 月 3 日）

梅光迪此时没有日记，从其回复胡适的信中，可以看出他与胡适之间在 1915 年之前，尽管某些方面存在分歧，但还是能相互启发、相互理解。不过从梅光迪信中也可发现，其性格比较自负，好胜好强，似乎任何问题都要与胡适争论，至少也要辩解清楚，这无形中就埋下了日后与胡适就白话诗问题要一争到底的种子。且看此时他致胡适信中的几段：

来书所言极是，足下既以为吾两人所争非重要，自此可不必争矣。然迪仍有数语欲贡诸左右，非敢言争也。寸衷之所执，欲就有道君子以商可否耳。

迪一生大病，全在气盛。气盛则不能下人，而忌者中伤之术乘隙以售，一生吃亏全在于此。

（此文中梅氏引文均见于《梅光迪文录》）

看来梅光迪对于自己的毛病很清楚，正是性格使然所以好胜好辩。就上面所引第一段而言，既然梅光迪已经坦承"可不必争矣"，就该不再谈论，但他还是用了该信的绝大多数篇幅为自己辩护。第二封信更是如此，彼时梅光迪与一留美同学争吵乃至动手，为怕胡适误解自己动手打人，梅光迪此信有上千字几乎都是在解释和辩解，同时不忘攻击那位与他争吵的同学。所以后来他与胡适在白话诗问题上意见不一致是可以预料的，因为他们都是必欲战胜对方而后快之人。

就胡适而言，他承认是在明确要以白话创作诗歌后才遭到梅光迪的坚决反对，之后两人友谊逐渐淡漠，由亲密变为客气。随着胡适 1917 年在《新青年》上刊出《文学改良刍议》暴得大名后，他们的关系更是日渐恶化。后来胡适先于梅光迪回国在北大任教，曾致信梅光迪要他也到北大，但被梅光迪拒绝，原因即在他对胡适以及《新青年》的倡导文学革命持反对态度：

足下所主张无弟赞一辞之余地，故年来已未敢再事哓哓。盖知无益也……足下向称头脑清楚之人，何至随波逐澜……吾料十年廿年以后，经有力有识之评论家痛加鉴别，另倡新文学。

不过梅光迪并未完全断绝去北大任教念头，毕竟这是国内最高学府，而且他对胡适也没有绝望，认为他们的友谊可以让他即便到了北大，也能不至于因为学术见解不同而遭受排挤：

> 弟来北大授课事究竟为足下所欢迎否？弟朴诚人，决不愿挟朋友之情而强足下以所难。若足下真能容纳"异端"，英文科真需人，则弟自愿来，否则不必勉强也。

此时，东南大学的文科是梅光迪留美好友刘伯明主持，其文学见解与梅光迪接近，所以梅光迪回国后决定任教东南大学。根据吴宓日记中的说法，梅光迪决定召集一帮志同道合之人，办刊物写文章，与胡适大战一场。为此他力邀尚在美国留学的吴宓提前回国参战。据吴宓日记，吴宓接到邀请后几乎没有犹豫，即放弃在北京高校任职的机会，而毅然到东南大学与梅光迪等一起创办《学衡》，为此甚至不惜接受很低的报酬。之后，梅光迪与胡适自然还有交往，但已逐渐沦为客气乃至生分。

查胡适留学日记，可知他由思考中国语言改革问题转而思考"文学革命"问题并最终尝试写白话诗，实在是出于偶然，即钟文鳌给中国留学生寄主张"废除汉字改用拼音"的传单，此举引发胡适写信嘲讽一事。对此胡适有很多论述，可参看其留学时期日记、后来所作之《四十自述》《逼上梁山》等叙述。但偶然的背后又有很多必然性因素，例如胡适的性格抱负决定了他不愿继续学些农科最终转为哲学，并拜在实用主义大师杜威门下，等等。

首先，就胡适个人在 1915 年下半年和 1916 年的留学生活而言，笔者以为其日记中有这样一些"小事"值得注意：

（1915 年）那个夏天，任叔永（鸿隽），梅觐庄（光迪），杨杏佛（铨），唐擘黄都在绮色佳，我们常常讨论中国文学的问题。从中国文字问题转到中国文学问题，这是一个大转变。这班人中，最守旧的是梅觐庄，他绝不承认中国古文是半死或全死的文字。因为他的反驳，我不能不细细想过我自己的立场。他越驳越守旧，我倒渐渐变得更激烈了。（着重号为引者所加）我那时常提到中国文学必须经过一场革命；"文学革命"的口号，就是那个夏天我们乱谈出来的……

这一年秋天，梅光迪从美国的西北大学转到哈佛求学，胡适在 9 月 17 日写了一首长诗送他，诗中第一次出现了"文学革命"的口号：

梅生梅生毋自鄙。
神州文学久枯馁，
百年未有健者起。
新潮之来不可止，
文学革命其时矣。

请注意日记中加着重号部分，当笔者利用书信日记等考察胡适与梅光迪两人这场重要争辩时，逐渐确认这场争辩之所以发生，与其说是和两人的文学观念不同有关，不如说和他们两人都具备的不服输和争强好胜性格有关。只是胡适相比于多少更趋于空谈的梅光迪，更愿意深入思考也更愿意做一些具体的实践也即尝试写白话诗，所以辩论的结果从一开始就可想而知。

（1916 年）1 月 4 日：吾国古谚曰，"死马作活马医"。言明知其无望，而不忍决绝之，故尽心力而为之是也。吾欲易之曰，"活马作死马医"。活马虽有一息之尚存，不如斩钉截铁，认作已死，然后敢拔本清源，然后忍斩草除根。若以其尚活也，而不忍痛治之，而不敢痛治之，则姑息苟安，终于必死而已矣。

此段已隐约可见胡适对文言之态度，那就是"活马作死马医"。其实，之后他与梅光迪争论的焦点就是如何看待文言，由此可知他与梅光迪已不可能调和。

1 月 27 日：我们为什么要在意"别人"对我们之看法呢？如何准确地评价我们自己（如果不是更行的话），我们不是和他们一样能行吗？

此段见于胡适写给一位美国妇女的信，被他收入日记，可见他对此信的重视，由此段也可看出胡适的自负和抱负所在。

1 月 29 日：近来作诗颇同说话，自谓为进境，而张先生甚不喜之，以为"不像诗"。适虽不谓然，而未能有以折服其心，奈何？

这一段也极为重要，说明胡适已经有意无意地在作诗过程中追求通俗易懂，只是暂时得不到他人的理解而已。如果有了合适的契机，胡适当然就会把自己用白话写诗的力量释放出来——胡适是幸运的，因为此时他离这个契机已经不远。

这一年的 2 月 3 日，胡适在日记中提到与梅光迪讨论"诗界革命"，主要就语言问题展开，也就是所谓的"诗界革命何自始，要须作诗如作文"。参阅梅光迪的回信，可知二人对诗歌的语言问题已经有不同意见。其分歧的关键处在于梅光迪认为文学中的"文之文字"与"诗之文字"截然不同，而胡适对此不以为然，认为梅光迪这样的看法"未达吾诗界革命之意也"。胡适在同日就翻译外国名著一事写给陈独秀的信中，还提出了如果要创造中国新文学，"宜从输入欧西名著入手"，先让本国作家模仿，"然后乃有自己创造之新文学"的建议。如此种种迹象，说明胡适已经"蠢蠢欲动"，内心潜藏的"以白话入诗"念头就要开始实施了。

自然，正如很多事件的爆发需要导火索一样，胡适写白话诗也需要一个契机。在契机未到之前，胡适还是要继续积攒力量，同时经受其他一些日常生活中有关联事件的刺激。此处笔者根据胡适日记，仅把比较重要者列在下面并给予简单的分析。

1916 年 2 月 29 日，胡适收到母亲来信，得知其大哥大姐竟然于两日之内先后去世，胡适极为悲痛，发出"吾家骨肉凋零尽矣! 独二哥与吾犹漂泊天涯一事无成耳"的感慨。显然，胡适对自己留学在外多年彼时尚一事无成极为不满，因为他一向自负且极自信。这样的心理自然会触动他去寻找可以尽快获得成功的机会，这对他后来不顾几乎一切同学朋友的反对坚持写白话诗，应该是一个内在的动力。对此可以从胡适不久之后的日记中找到证据。3 月 26 日的日记中，胡适将自己过去所写一首诗赠与一日本留美学生，其中有"词人慢说柳条弱，也向西风舞一回"之句。该日本同学看后说日本有谚语"雪压不断杨柳条"，正与胡适诗句之意相同。胡适"大喜"，将此事记入日记。这件事说明，胡适潜意识之中，已经意识到他不久后要从事的白话诗创作，可能会受到来自各方的压力，对此他已做好了心理准备。

而且事实上，胡适与梅光迪就"文学革命"的看法在一开始其实是一致的：

1916 年 3 月间，我曾写信给梅觐庄，略说我的新见解。指出宋元的白话文学的重要价值。觐庄究竟是研究过西洋文学史的人，他回信居然很赞成我的意见。他说：

来书论宋元文学，甚启聋聩。文学革命自当从"民间文学"入手，此无待言。惟非经一番大战争不可。骤言俚俗文学，必为旧派文学家所讪笑攻击。但我辈正欢迎其讪笑攻击耳。（3 月 19 日）

这封信真叫我高兴，梅觐庄也成了"我辈"了！

有些文学史研究者往往有意无意忽视这一段所传达的信息，其实无论是梅光迪的原信还是胡适的复述都很清楚，那就是梅光迪赞同来一场"文学革命"，这革命必须是从"民间文学"入手，必须提倡"俚俗文学"，而且梅光迪已经做好了迎接保守派"讪笑攻击"的准备。这说明梅光迪本来完全有可能与胡适一起走到历史的前台，去提倡白话、成为五四文学革命的倡导者而非反对者！那么，是怎样的阴差阳错，使他由胡适的同道者走向反对者呢？还是先看胡适的有关日记，再看梅光迪的有关回应。

在 1916 年 4 月 5 日日记中，胡适用大量篇幅，就中国历史上的几次"文学革命"进行分析评价，最后得出了"惜乎五百余年来，半死之古文，半死之诗词，复夺此活文学之席，而半死文学遂苟延残喘，以至于今日"的结论。显而易见，胡适是在为自己即将从事的白话诗试验从历史上寻求支持。

　　该年 4 月 13 日，胡适第一次将《沁园春·誓诗》记入日记，其中有"要前空千古，下开百世，收他臭腐，还我神奇。为大中华，造新文学"的句子，俨然一副拯救中国文学救世主姿态。值得注意的是，这样一首词，胡适竟然修改了五次，且每次都记入日记，对比一下他修改的内容，还是很有意思的。例如初稿中的"为大中华，造新文学"在第二次修改稿中还有，但后面三次就不见了，取而代之的是强调"言之有物"，尽管具体表述不同，但几次修改一直保留这样的表述。其次，胡适的几次修改都似乎是在自我激励，强调"更不伤春，更不悲秋"，"但求似我，何效人为？"其背后潜藏的似乎还是有些底气不足，所以才要如此鼓励自己吧。

　　接下来，胡适日记中还有一些事件值得注意，我们关注的不仅是这些事件本身与胡适后来的白话诗试验之间的关系，而且还在于胡适为何将这些事件写入日记，又怎样折射出胡适内心的想法。

　　该年 4 月 30 日，胡适在日记中列举了一些中国古代文学中他认为是"活文学"的例子，主要是摘取一些元杂剧和话本小说的段落。

　　该年 6 月 9 日的日记中，胡适为马君武感到遗憾，认为他"十年以来，似无甚进步。其于欧洲之思想文学，似亦无所心得。先生负国中重望。大可有为，顾十年之预备不过如此，吾不独为先生惜，亦为社会国家惜也"。这里值得注意的是"不过如此"一词以及为马君武遗憾的态度，如果胡适指责他人没有做好某事，那么他自己为了避免也受到他人指责，则必定会倾全力于某事并务求其成功才是，从这个角度看，此时的胡适显然已经决心要为社会国家做一件大事了吧。

几十年后，胡适在其《胡适口述自传》中对这几个月的思想变化特别是关于白话诗问题有这样的评述：

今日回思，在1916年2、3月之际，我对中国文学的问题发生了智慧上的变迁。我终于得出一个概括的观念：原来一整部中国文学史，便是一部中国文学工具变迁史——一个文学或语言上的工具去替代另一个工具。中国文学史也就是一个文学上的语言工具变迁史。

不过，胡适尽管有了这样的想法，但还是需要一个契机来引发他的行动，特别是需要有人站在对立面来公开反对他。就胡适与梅光迪之间而言，本来他们的很多意见是一致的，只是在如何看待文言上有所分歧。而导致他们开始持续论争的导火索，竟然是1916年7月8日发生的一件小事。事后看来，这件甚至不值得当事人回忆的日常小事，竟然成为促成胡适尝试写白话诗的动力并进而引发胡适与梅光迪之间愈辩愈认真的论争，确实极为偶然，但也说明任何日常生活事件，其实都孕育有触发成为历史事件的种子。

这一年的7月8日，胡适的几个好朋友任鸿隽、莎菲（陈衡哲）、梅光迪和杨铨等人在绮色佳的凯越嘉湖上划船游玩，突然暴雨将至，他们急忙划向岸边，情急之中几乎将船弄翻，最终还是被雨水淋得狼狈不堪。事后，任鸿隽就写了一首题为《泛湖即事》的小诗并寄给胡适请求批评。胡适看了这首四言古诗后大为不满，认为诗中所使用的一些句子如"言棹轻楫，以涤烦痾"等都是一些陈腐的表述，是"三千年前之死语"，所以回信指责任氏，任鸿隽不服遂与胡适展开辩论。如果事情到此为止，也许就不了了之了。不过，他们两人的辩论引起梅光迪的兴趣，他当即加入论争并毫不犹豫地站在任鸿隽一边，很快写了一封十分激动的信反驳胡适。于是，20世纪中国文学史上也许是最重要的好友之间的论争正式拉开帷幕，也许胡适与梅光迪两人都没有想到，他们的往来书信，由此成为中国现代文学史上最重要的史料之一，而白话诗的创作也由于他们的论争不断深入，最终由胡适付诸实施。当胡适冠以"尝试"之名的白话诗集问世后，他们两人其实已经在历史舞台上成功扮演了历史赋予他们的角色。

就梅光迪此封信而言，应该强调的有两点，第一，梅光迪是赞同"文学革命"的，只是责怪胡适"言之过激"。第二，梅光迪认为胡适把改革文字看得过于容易，文字改革远非将古代文字看作死文字、将白话俗语看作活文字那样简单，因为文字是世间最保守的事物，对其进行改革一定要慎之又慎，何况胡适要改革的还是文学语言——因为文学语言更有特殊的要求。对于梅光迪的信，胡适毫不掩饰其不满，从收入《梅光迪文录》的此信中可以看到胡适很多的眉批，其意见之尖锐及与梅光迪的对立态度极其鲜明且不可调和。此外，胡适还写了一首长达一百句的白话诗来嘲笑梅光迪，进一步引发了后者的不满，论争由此进入白热化阶段。

多少令胡适感到有些灰心的是，他的主张在他这些最好的朋友那里几乎遭到众口一词的反对，只有莎菲一人表示赞同，而且还用创作白话小说的方式给予胡适最大的支援。胡适在留学生朋友那里得不到支持，自然转而向国内谋求同道，于是他把文章寄给《新青年》就是顺理成章的行为了。

在整个论争期间，梅光迪与胡适由好友之间的坦诚相对到虽然意见对立尚不失和气直到最后的几乎要断绝关系，每一个环节其实都是在刺激和激励胡适，也就是他一定要尝试成功，用事实回击对方。且看梅光迪信中的一些多少有些意气用事的表述或者说不够冷静的嘲讽之语，读者可以据此揣度胡适看到这些话后的反应：

足下谓诗国革命始于"作诗如作文"。迪颇不以为然……一言以蔽之，吾国求诗界革命，当于诗中求之，与文无涉也。

鄙意"诗之文字"问题，久经古人论定，铁案如山，至今实无讨论之余地。然足下欲翻成案，驾诗界革命第一大家 Wordworth 而上之（因此老欲翻案而未成功）。迪方惊骇不知所措，又何从赞一词。

读来书，甚喜足下之辩才，惟足下亦恐犯"无的放矢"之病耳。弟虽至顽固，岂如足下所推测者……以深知我如足下乃误会如是，殊可浩叹！

读大作如儿时听"莲花落"，真所谓革尽古今中外诗人之命者，足下诚豪健哉！

……忝于知交之列，故不辞厌烦再披愚忠，此为最后忠告。

读致叔永书，知足下疑我欲与足下绝，甚以为异。足下前数次来片，立言已如斩钉截铁，自居为"宗师"，不容他人有置喙之余地耳。夫人之好胜，谁不如足下。足下以强硬来，弟自当以强硬往。处今日"天演"之世，理固宜然。

再看胡适日记中有关文字，但日期不一定逐一对应：

觐庄大攻我"活文学"之说，细析其议论，乃全无真知灼见，似仍是前此少年使气之梅觐庄耳。

觐庄治文学有一大病：则喜读文学批评家之言，而未能多读所批评之文学家原著是也。此如道听途说，拾人牙慧，终无大成矣。

我最恨"耳食"之谈，故于觐庄来书论"新潮流"之语痛加攻击。

觐庄有长书来挑战，吾以病故，未即答之。觐庄闻吾病，曰，"莫不气病了？"

从一开始针对对方观点反驳的直言不讳，到最后大肆攻击嘲讽乃至几乎绝交，梅胡二人为白话诗问题针锋相对，双方毫不退让，多年友情因此几乎破裂。在为他们如此伤害情感之辩论感到惋惜的同时，笔者也由衷佩服他们为捍卫自己所认为的真理和事业而不惜一切的勇气和决心。

在胡适一方，既然梅光迪等人集中攻击胡适白话可以入诗的观点，既然双方的立场最后已不可调和甚至到了友谊破裂的程度，胡适意识到再争论下去已经没有意义，他最该做的就是抓紧试验，如果成功，则对方的观点不攻自破。所以在1916年8月4日，胡适这样回答任叔永："我此时练习白话韵文，颇似新习一国语言，又似新辟一文学殖民地。可惜须单身匹马而往，不能多得同志，结伴同行。然吾去志已决。公等假我数年之期。倘此新国尽是沙碛不毛之地，则我或终归老于'文言诗国'，亦或可知。倘幸而有成，则辟除荆棘之后，当开放门户迎公等同来莅止耳。"

之后数月，胡适果然集中精力创作白话诗，其中包括一些打油诗。至于水平如何，文学史早有定论。我们所知道的是，胡适自己的白话诗虽然不能算是成功，白话新诗至今也还不能说是完全成功，但他所开启的白话诗运动——仅仅作为一种文学思潮而言，确实是成功了。至于由此引发的五四新文学革命，更是成为数千年中国文学史上一个具有划时代意义的事件，在这一点上说胡适是成功者，毫无问题。至于站在胡适对立面的以梅光迪为首的一些胡适留美的朋友，也不好简单地称他们是失败者。其实，正是他们不断的而且是有很高水准的反对意见，才迫使胡适以"逼上梁山"的勇气和毅力深入思考白话如何取代文言问题并坚持"尝试"写"白话诗"，仅仅在这个意义上，梅光迪等人就值得我们尊敬。更何况他们的很多反对意见不仅在当时确实击中了胡适的要害，即便今天看也还是很有价值。只是历史老人让胡适站在了引领时代和社会潮流前进的方向，而梅光迪等自然就是逆流而动者。但在他们最终决定各自扮演的角色时,其实有很多偶然,而他们日常生活中的一些点滴小事以及他们之间交往的一些细微末节,就成为导致他们各自走向各自文学立场的隐形刺激因素。时过境迁之后,看看影响他们当年是如何一步步走向各自立场的那些生活细节,再结合分析他们当时的思想文化观念,读者也许会对当年的那场论争有新的感悟吧。

最后,有两点至少得说一说。其一,就胡适而言,这极为重要的一年他确实极为忙碌,这既值得赞美,也替他惋惜。他到哈佛这一年,精力超群,学业之外,又积极参与很多学生社团活动与社区活动,还要思考白话诗问题并拼命作诗。此外,交往颇多,书信往来更是惊人。据其日记统计,1915 年 9 月至 1916 年 9 月一年间,他收到来信 999 封,写信 874 封,无怪乎他要发出"甚矣,无谓酬应之多也"的感慨了。而且,在促成其尝试写白话诗的过程中,如果说梅光迪是从反对角度刺激胡适,则陈衡哲(莎菲)、韦莲司等人的鼓励就是正面动力,而任叔永等人后来偶尔写写白话诗,也会让胡适感到欣慰。所以,胡适说自己是孤身一人其实是不太准确的。自然,这里主要分析胡适与梅光迪的论争,所以没有引入这些因素。

其二,就梅光迪而言,如果不是他性格过于好强和极端自负心理,他本来是有可能站在胡适一边,成为鼓吹白话之最早倡导者之一的,如此,他在 20 世纪中国文学史上的地位恐怕是要重写的吧。那么,是否因为胡适已经早于他自己提出了"文学革命"和以白话取代文言的主张,使得一向不甘人后的梅光迪认为,既然不能做提倡白话的第一人,那么索性做反对的第一人?加之胡适的不断反驳,梅光迪自己也就只能继续坚持自己的反对立场？如此可以做一个大胆的假设，假如是胡适写了那首被他大肆攻击的任叔永作的文言诗，而梅光迪是否会转过来加以嘲讽，从而使得他们的立场来一个对换？笔者思考了很久，也许答案还是不可能，因为早在1915年之前，胡适的思想立场就已确立，特别是在受到杜威的哲学思想影响后，他已经不可能走到保守的立场去。如美国学者周明之就注意到胡适对于著名新闻记者黄远庸有关"提倡新文学"的一段论述曾多次引用，而这段论述写于1915年，彼时黄远庸在美国的旧金山，胡适可能在那时就知晓此人。但从梅光迪这方面看，其实真的是有与胡适一起提倡文学革命之可能性的，可惜他自己的性格等因素使得他宁愿走向反面。而一件日常生活中发生的游湖之事，竟然催生出20世纪中国文学史上的重大事变，也确实值得人们一再关注。

仰承先师学业，不妨分道扬镳
——朱希祖与章太炎

在章太炎众多弟子中，普通读者最为熟悉的自然是鲁迅，然后大概是周作人、钱玄同和黄侃。其实说到纯粹学术上的传承，则章太炎最为看重的是黄侃，事实也的确如此，以致如今人们早已把他们师生二人的学问合称为"章黄之学"。不过，就精神气质上的传承而言，则周氏兄弟应是与章氏最为接近者，这也早已为众多学者认同，曹聚仁、王元化等都有这方面的评价。如曹聚仁在《我与鲁迅》一文中写道："章师推崇魏晋文章，低视唐宋古文。季刚自以为得章师真传。我对鲁迅说：'季刚的骈散文，只能算是形似魏晋文；你们兄弟俩的散文才算是得魏晋的神理。'他笑着说，'我知道你并非故意捧我们的场的。'"

相对于这几位同门，朱希祖则较少为人所知，虽然他是 20 世纪著名的史学家，是中国史学会的发起者，也是章氏所谓"五大天王"之一的"西王"（即天王黄侃、东王汪东、北王吴承仕、翼王钱玄同，为"四大天王"，后章氏又封朱希祖为西王，遂称为"五大天王"）。此虽章氏戏谑之语，却反映出他心目中对其弟子的看法。朱希祖本人，对于这"四大"或"五大"天王的说法也很看重，在其日记中专门有记载并评价说："黄、钱、汪皆传师之文字学，吴传经学，称为'四子'较是……余则独治史学，非传自师，应不在'四子'之列。余之治文字学、经学，皆以史学治之，与师法皆异，其不列入'四子'甚是。"（见其1939年12月7日日记）章太炎在其《自撰年谱》中虽未用"四大天王"的说法，却从学术上对朱希祖给予特别肯定："弟子成就者，蕲黄侃季刚，归安钱夏季中，海盐朱希祖逖先。季刚、季中皆明小学，季刚尤善音韵文辞。逖先博览，能知条理。其他修士甚众，不备书也。"当章氏撰此年谱之时，汪东已入章门，但章太炎并未将其列入，而吴承仕入门更晚，自然也属于"不备书"之列。众多弟子中章氏仅仅评说了三个人，而朱希祖就名列其中，无怪乎他在日记中发出"余对先师终有知己之感"这样的感叹了。

也因此，朱希祖日记中有很多对章太炎言行的记录和评价就不足为奇。中华书局所出版之《朱希祖日记》（上、中、下三册）始于1906年，也是在这一年，日记中开始出现与章太炎有关的信息。这年12月2日，有"至神田锦辉馆观章炳麟及孙文演说"一句。文字虽然简略，却很有意味，首先，对其演说不是用"听"而是"观"，有既听演讲又要看人之意，与当今之追"星"类似。其次，将章太炎置于孙中山之前，其顺序排列当看出他们二人当时在中国留学生心目中的地位。

由于缺少1907年的日记，有关朱希祖与章太炎进一步交往信息出现在朱希祖1908年日记中。该年3月，朱希祖听章太炎、刘师培等讲演，并记下自己听后的想法。到这一年的4月4日，已经有"下午，至清风亭请章先生讲《段注说文》"的文字，而且朱希祖在听后也开始按照章太炎的观点"立古音二十二部表目录"了。此后数日，朱希祖再次"至帝国教育会听章太炎讲《说文序》"。这并不是指当年在东京与鲁迅、周作人、钱玄同等七人一起听章太炎讲课一事，那要等到这一年的7月11日。由此开始朱希祖与章太炎长达数十年的师生关系，应该是确定无疑。

现存朱希祖日记中，有关章太炎的记录很多，其中较重要者有1913年朱希祖与鲁迅、许寿裳等提议注音字母一事，当年1月，教育部在北京召集国语读音统一会，朱希祖奉派出席。会议代表们审核音素、采定字母时众说纷纭，久争不决。朱希祖主张以章太炎所定的采古文篆籀经省之形为字母；既采其形，复符本音；凡声母四十二，韵母十二，介母三，名为"注音字母"。代表们讲过激烈讨论，最终决议通过。朱希祖由此声名大振，直接影响就是北京大学马上聘为预科教员，并兼清史馆编纂。对此朱希祖极为自豪，在日记中写下"从此简字不能通行于中国，希祖与有微力也"之自我表扬之句。此时，章太炎正在东北任袁世凯政府东三省筹边使，闻此事也极为高兴，给朱希祖写信大加称赞，这自然也被朱希祖纳入日记之中："闻以读音统一会事入京，果为吾道张目，不胜欣跃。"

1936年6月，章太炎去世，此事自然对朱希祖刺激甚大，在其日记中也多有文字记叙，从中不难看出朱希祖的悲痛以及与章太炎的深厚师生之情。当时朱希祖正在南京中央大学任教，而章太炎住在苏州，所以朱希祖常去看望章氏并在章氏所办之国学讲习会讲课。该年6月5日晚，朱希祖到苏州，"至章宅适太炎师病，造卧室问安，即睡"。一个"适"字，说明朱希祖事先并未获知章氏患病，而次日朱希祖按计划讲课并和"师母汤夫人"等一起外出游览，也说明章氏病情并不严重。事实上，朱希祖 6 月 7 日再次冒雨外出游览太湖，并且是和六十位国学讲习会学员一起同游，晚上又和章氏一起吃饭，也说明章氏病情不重，或者并未引起重视。但等到 6 月 9 日朱希祖离开苏州之前与章氏闲谈时，则已注意到"先生面色瘦削而惨白，病容颇深……午后二时，辞先生回京，先生因病倚沙发而坐，临行先生尚起立而送"。显然，章太炎的病情正在加重，但既然还可以"起立而送"，朱希祖也就无论如何不会想到，仅仅几天之后就收到章太炎去世的消息吧。

6 月 14 日这一天，朱希祖上午先是到内政部开会，下午四时散会后又去参观文物展览。"六时回寓，接苏州章宅来电，报告吾师太炎先生于十三日上午八时逝世。"得此噩耗，朱希祖无比震惊和悲痛："鸣呼！相违五日，竟尔永诀，悲哉！"不过朱希祖虽然悲痛至深，但并未影响其学术研究活动，当日晚他依然继续"抄《西魏赐姓考》"，为撰写反驳陈寅恪有关李唐统治集团可能有胡人血统之说的论文做准备。有关这方面具体情况，笔者另有文详述，不赘。

当然，章氏既然去世，朱希祖必然会尽弟子的职责。一方面，他赶去苏州吊唁。6 月 15 日他乘火车到苏州，随即参与吊唁及处理章氏后事，并撰写了悼念其师的挽联：

一代通儒尊绛帐，千秋大业比青田

上联"绛帐"典出《后汉书·马融传》："融才高博洽，为世通儒，教养诸生，常有千数……居宇器服，多存侈饰。常坐高堂，施绛纱帐，前授生徒，后列女乐，弟子以次相传，鲜有入其室者。"后世遂以"绛帐"为师门、讲席的敬称。显然这上联是称赞章太炎的教育功业，桃李满天下。下联以"青田"代指明朝开国元勋刘基，而章太炎平生最倾慕之人正是刘基，章氏甚至想死后葬于刘基墓旁，为此还曾写信给刘氏后人。这实际上显示了章太炎一生极为自负，且心中总有一个所谓的"帝师"情结。不过，朱希祖将章氏与刘基相提并论，也算是贴切。

有关章太炎去世这几日朱希祖的活动内容，日记中所录甚多。其中值得注意的有这样几件事情，首先是同门马宗霍所提及的章太炎对曾国藩、王闿运和章氏自己文章的评价："王闿运文长于雅。曾国藩文长于俗（俗，非俚俗之俗，乃指能记载人事），余在雅俗之间。"王闿运之"雅"，从其诗可以观之。民初汪国垣作《光宣诗坛点将录》列他为诗坛头领，冠于一代诗人之首也是明证。至于文，其他不必说，单由其撰《湘军志》即可看出其"雅"。不过，说曾国藩文为"俗"，则是章氏的高明之处，因他看出曾国藩文不尽空谈而能有对世俗人事的记录，实为难得，这里的"俗"其实是对曾国藩的褒奖。至于章氏以"雅俗之间"评定他自己的文章，虽为自负之语，倒也大致不差。

其次是在参与处理章氏后事之际，朱希祖以在日记中转录当时报纸对章氏弟子学问评价的方式，不但对自己位列"五大天王"一事感到欣慰，且再次强调自己治史学并未"相传师业"一点，既有对章氏看重自己的感激之情，也有宣示自己治学独立性的意味。

最后可注意者，就是在章氏去世后，其所办国学讲习会是否应该继续的问题。从日记中可知，朱希祖及其同门马宗霍、汪东等均不赞成续办，且朱希祖有"劝师母停办国学讲习会"的想法。不料汤国梨"力主续办"，不但让朱希祖等人继续为讲师，且向前来吊唁者募款以维持学会。对此朱希祖深表不满，但限于情面，也只有"唯唯而退"。此处信息似乎透露出汤国梨与章氏一些弟子之间的矛盾，联系到当初章太炎在京被袁世凯软禁时，章氏派人请汤国梨赴京，汤氏居然不去，则章氏与其夫人之间关系大概颇有些微妙。而朱希祖当年即将这些记入日记，是否暗示着早在那时，在章氏弟子特别是朱希祖、黄侃、汪东等这些最早的章氏弟子与汤国梨之间，就已存在某些不和谐之处？

就朱希祖而言，即便与汤国梨在某些方面意见不一致，也并未影响他对章太炎的景仰之情，去国学讲习会讲课事也一直继续。在章氏去世之后的日记中，朱希祖依然不时有对章氏的怀念和赞美文字。如果说在报刊发表文章纪念章氏可能是应景之作，则朱希祖亲自手抄章氏自撰年谱，就明确表现出对章氏的真挚情感。

不过，在章氏去世后，其众多弟子也确实面临一个如何将章氏学问发扬光大的问题。在这方面，被朱希祖录入日记的写给潘景郑的一封信值得注意。此信朱希祖在 1936 年 7 月 19 日开始写，次日又改写，可见朱氏对此信内容尤其重视。据朱氏此信可知，其内容为"道扬先师期望之命以相敦勉"，大概希望朱希祖在团结诸位同门、弘扬师说方面能为众弟子做出表率，毕竟在众多章氏弟子中，朱希祖是最年长者且又是最早入师门之一，所以朱希祖此信也就必然要给出自己的意见。首先是对章太炎学术成就的评价："先师学术文章，自汉以后，罕见其匹。"这评价不可谓不高，却也大致不错。然后朱希祖转述了章氏当年所说一段话："先师尝言经史小学传者有人，光昌之期庶几可待，文章各有造诣，无待传薪，惟示之格律（此处当指基本规律、原则等），免入歧途可矣。惟诸子哲理恐将成广陵散耳。"由章氏此言，可知他对诸弟子所长均极为了解，认为就学术而言，诸弟子可以将其所长发扬光大。至于文章风格，则各有特色，只要"格律"不错即可。章氏所遗憾的是"诸子哲理"恐将失传，而章氏最为赞赏的就是老庄之学。由此不禁联想到，章氏对鲁迅的不甚看重甚至不将其列入自撰的"弟子录"，是否源于对鲁迅的某些失望之情？章太炎晚年曾自撰一份"弟子录"，上面列出他所认可的章门弟子数十人。据钱玄同1933 年 7 月 3 日日记："晨得检斋信知已于七月一日回平了。并寄来二十二年三月所印章门弟子录一份，其中竟有启明。十时访检斋。"名单中有周作人却没有鲁迅，这本身很能说明问题——因为作为早在东京期间就同时拜在章太炎门下的周氏兄弟二人，无论如何章太炎也不该只记得弟弟而忘记哥哥的，无怪乎连钱玄同也觉得奇怪，用了一个"竟"字。事后钱玄同曾当面询问章太炎，章氏的回答却是仅凭记忆，没有"深意"。其实章氏众多弟子中，与章氏一样对老庄既有兴趣且在文章风格及精神气质上与老庄相似者就是鲁迅，而章太炎曾手书庄子的一段话赠给鲁迅，也表明他对鲁迅和庄子有相通之处的认可以及对鲁迅的厚望。而鲁迅后来的转向白话文学创作和思想渐趋激进，大概会让章氏失望并将鲁迅"打入冷宫"，从此不再提及吧？

当然，由此说章太炎反对新文化运动和新文学似乎也不准确，事实上，已有学者认为钱玄同参与白话文运动和写信大力支持陈独秀、胡适，正是受到章太炎有关思想的影响。虽然没有明确证据说明章太炎赞同钱玄同的行为，但他对于钱玄同一系列惊世骇俗之观点如"废除汉字"等没有公开表示过反对倒是事实。其实，在新文化运动中，章门弟子尽管学术观点不同，但在支持新文化运动方面倒是能够团结一致。朱希祖本来对新文化运动有些不以为然，但在钱玄同等人上门做工作之后，就欣然改弦易辙，撰写并在《新青年》上发表了赞同新文化运动的几篇文章如《白话文的价值》《非"折中派"的文学》等，尽管观点比较平实，但还是对新文学运动给予坚定的支持，这在当时其实起到很大作用。事实上，当时的《新青年》因系同人刊物，外来投稿者有限，朱希祖的加入无形中等于增加了新文学一派的阵营"厚度"，对此从其日记和钱玄同日记中可以看到其清晰的思想转变线索。

至于如何评价章太炎的学术成就，按照朱希祖此信中转引汪东的看法，则章氏成就以文章为第一。理由是经世哲理之说虽然深奥，但通过努力勉强可以达到境界，而文章则"既须天才，又需学力，此难学之至也"。黄侃和汪东二人都对自己的文章极为自负，但章太炎却评价不高，所以朱希祖认为文章之道"难矣"。朱希祖认为："吾侪仰承先师学业，不妨分道扬镳，各造其极，而文章一道，皆当努力造作，非必欲以翰墨为勋绩，辞赋为君子。而立言要有法度，庶不颓其师声。此后当互相挤摭利病，同臻奥境。吾兄当亦有意于斯也。"

对于理解章氏弟子的学术发展以及各自特点，朱希祖此信确实极为重要。事实上，就纯粹学术而言，黄侃的过早去世以及钱玄同的改崇白话，已经让章氏的小学和经学后继乏人。而鲁迅本来最有可能继承和光大章氏的文章风格和文学成就，但稍后的鲁迅去世自然断绝了这方面的可能。至于朱希祖，则自认为"文笔冗杂，颇难自拔于俗，且年行已老，大恐终无所成就"。此虽为谦辞，但就文采气度而言，却也有几分事实。其实朱希祖不仅在史学领域成就卓著，而且在文学方面也多有建树。很多人都知道五四时期著名的社团文学研究会，却大概不会注意朱希祖就是十二个发起人之一。还有当同门鲁迅、钱玄同等提倡白话文时，朱希祖也在《新青年》上数次撰写文章给予支持。所有这些，都可以从朱希祖日记中找到相应的记叙，有些珍贵的资料，更是可以弥补文学史叙述简略的不足。

从朱希祖有关章太炎以及他与同门一些交往的日记记叙中，我们不难看出，在那个时代，章太炎及其弟子确实在学术、文学及高等教育领域占据重要地位，而同门之间的交往以及与章太炎的师生往来，也从一个侧面反映出那个时代的文坛和学术圈子的真实状况。对此，假如将这些文化名人的日记书信作详细的对比式阅读，当可发现一些在公开发表文章中没有披露或者不便公开的一些信息如同门内部的矛盾等。而一部20世纪中国学术和文学史，也许因此有所改写的吧。

文人领袖蔡元培的"朋友圈"

民国时期的浙籍文人群体，在当时几乎每一个学术和文学领域以及很多高校中都占据重要甚至领军地位，自然引人注目甚至遭人妒忌，最常用之讽刺性称呼就是"某籍某系"。大凡读过鲁迅杂文的人，当对这个"某籍某系"不会陌生，因为在陈西滢与鲁迅的论战中，不止一次提到这个词。"某籍"指的是浙籍，"某系"自然是指北大的国文系。其实在浙籍文人群体中，还可划分出几个小群体，除却影响最大且势力最大的章门弟子外（章门弟子也可分为很多小群体，如周氏兄弟就各有自己的弟子群），至少还有几个浙籍文人群体值得关注，例如以李叔同、丰子恺等为代表的群体，以马一浮及其弟子为代表的群体，以及以施蛰存、穆时英和戴望舒等为代表的现代派群体等。不过毫无疑问的是，在促成民国初年浙籍文人形成群体并成长壮大的过程中，蔡元培起到十分关键的作用。在一个相当长时期，蔡元培都是浙籍文人的领袖人物，而章太炎则更多扮演浙籍文人精神导师的角色。

蔡元培从少年时代就决心通过科举进入上流社会，相对那些人数众多的失意者，他属于幸运者。1872 年，虚岁六岁的蔡元培入私塾学习，并开始使用"蔡元培"之名。因为家境不好，蔡元培的求学之路较为艰辛，但科举应试之路倒比较顺利。十七岁那年蔡元培考中秀才，具备了进入更高层次竞争的资格。这一时期，蔡元培无论所读之书还是所接触之文人，基本还是限于传统范围，但他已对主张变通的今文经学产生兴趣。1889年，在两次乡试失败后，蔡元培终于考中浙江省第23名举人。而且他不仅博得主考大人李文田的赏识，其风格奇特的"怪八股"文也引起很多学子的竞相模仿。在北京做高官的浙籍文人李慈铭查阅该年浙籍文人举人榜单时，曾特意将蔡元培的名字录入日记，说明蔡元培已经引起京城一流学者的关注，这也为他进入更高等级的文人圈子打下一个初步基础。

1890年蔡元培入京参加会试，又顺利考中第81名贡士，并在1892年考取为第34名进士。短短四年间，蔡元培就完成了很多文人需要多年甚至一生也无法实现的目标：乡试、会试成功并得以进入翰林院。这样的成功自会引起京城文人领袖的关注，最好的例证就是翁同龢在蔡元培登门拜访后，将其姓名、籍贯和简历记入日记，且给予"隽才也"这样的佳评。身为"帝师"的翁同龢有如此评价，也对蔡元培顺利进入京城文人圈子产生一定影响。

科举之路成功后，蔡元培趁机游历国内名山大川，不仅对晚清时国内局势有了更深刻了解，而且由于开始接触廖平和康有为的著作，对其今后的学术思想和文化观念也产生深刻的影响。

1894年，蔡元培结束游历回到绍兴，随即从绍兴到北京参加散馆考试，这是对翰林院庶吉士进行甄别决定如何任用的考试，之后他被授为翰林院编修。与此同时，他应同乡李慈铭的邀请担任其家庭教师，现存蔡元培日记就是从这一年农历六月开始。在那个时代，担任名人高官的家庭教师，往往是得以进入上流社会和文人圈子的起点，而"同乡"这一因素对于蔡氏获得此种机会作用很大，且这种因素还会继续产生影响——不但使蔡元培被迅速接纳为京城最优秀文人群体的一员，而且对蔡元培形成自己的文人圈子产生潜在影响，钱玄同、许寿裳、鲁迅和周作人等浙籍文人的被蔡氏纳入麾下，就是例证。

查蔡氏 1894 年六月（现存第一个月）的日记，非常清晰地显示出刚刚开始"京官"生涯的蔡元培如何利用同乡、同门、同年关系，为自己顺利进入京城文人圈子奠定基础。根据蔡氏日记统计，仅仅这个月，蔡元培就与汤蛰先、王止轩等十几位同年聚会达十一次，形式有饮酒、品茗、登门拜访和相约游山玩水等，其中与同年吃饭饮酒之处就有大名鼎鼎的"广和居"。此为以南方菜为特色之餐馆，也是晚清民国时期文人墨客以及政府文职官员常常聚会之所，鲁迅日记中多有在此聚会的记载。此外，蔡元培还外出拜访师友九次，其中就有大名鼎鼎的江建霞（标），此人当时正在北京，但不久即去湖南，与陈宝箴、陈三立、梁启超等在湖南从事创办时务学堂等维新变革活动，是中国近代史上著名人物。至于该年七月后日记，也多见蔡元培的师友交往活动极为频繁。

之后数年，蔡元培得以结识晚清重臣张之洞、浙籍同乡张元济以及一些赞同维新变法的人士，并在好友刘树屏影响下学习日语。受友人以及在翻译日文著作中所受西方文化的影响，蔡元培对政治变革有了更深刻的认识，也意识到在中国实行变法的必要性和紧迫性。遗憾的是，戊戌变法的失败给蔡元培以极大打击，多位参与变法的好友受到迫害，使蔡元培对京官生活极为失望，也对政治改革丧失信心。他决定回绍兴办教育，走教育救国道路。但数年的京官生活，已经使得蔡元培进入了中国第一流的文人圈子，这对其之后的事业乃至日常生活，都会持续而深刻地产生影响。

1898 年，是维新变法之年，此年蔡氏在京。虽然他赞同维新变法，但在京数年，他已深知保守势力的顽固和改革的艰难，基本上采取置身事外的旁观态度。从蔡元培 1898 年在京时日记中，可以大致看出蔡元培此年与京城文人交往的基本情况。

在该年正月八日日记中，蔡元培特意将"己丑、庚寅、壬辰乡、会、殿试同年生及浙江同乡住址单"录入，说明他对建构自己的同学、同乡关系网络已有明确的意识。也是从这个月的日记中，我们得知蔡元培特意"进城贺年数十家，皆附致乙斋刺，城外百余家，皆托乙斋投刺"。"乙斋"是沈曾植的号，沈曾植是浙江嘉兴人，光绪六年中进士，历任训部主事、员外郎、郎中等职，晚号寐叟，卒于 1922 年。沈氏在京城早已是名流，且与张之洞等人往来密切，所以蔡元培借沈氏之名结识京城文人，联络情感，自然可以有很好的效果。

此外，从该年日记中，发现蔡元培热衷于参加同乡和同年举行的各种活动。仅在正月和二月，蔡元培就参加了"同乡京官公宴"一次和壬辰、庚寅、己丑"同年团拜"各一次，前面所述之蔡氏日记中所录同乡、同年资料看来已经有了实际应用。显而易见，这样的聚会对于蔡元培建立自己的师友交往圈子极为重要。对于沈曾植这样浙籍文人中的重量级人物，蔡元培更是一直保持密切交往，仅在该年二月份的日记中，有关"乙斋"

的家庭情况以及他们两人之间的交往就出现八次之多。至于另一位浙籍名流李慈铭，因蔡元培早在 1894 年六月就成为其家庭教师，此时关系早已密切。显然，蔡元培在京期间，必然有意无意地借助李慈铭和沈曾植的声望来提高自己的知名度。此外，蔡元培在 1894 年和文廷式等人联名上奏，以及甲午之战结束之后，他也与张之洞等有所交往，以上种种足以表明他此时已经进入中国文人群体的最高层次。

自然，蔡氏建立自己的师友关系网络并没有多少特殊之处，是那个时代文人差不多都会做的事情。但由于蔡氏后来在 20 世纪中国文化史上扮演了重要角色，所以对其科举中式后的师友关系之建立过程和具体情况，应该给予格外关注。可惜由于蔡氏这一时期日记往往不全，很难在统计学意义上进行研究，不过，仅从现有材料也可看出，蔡氏对于建立师友关系网络一事还是比较自觉。

如果说 1898 年之前，蔡元培所建构的师友关系是以传统文人和在京任职者为主的话，则戊戌变法失败后，蔡氏回到绍兴直到辛亥革命这一时期，就开始了他与那些主动学习和接受西方文化、立志教育救国之新式文人的交往过程。而且，他更加自觉和主动，这对他后来参与新文化运动和掌管北大，产生了较之与传统文人交往更加巨大的影响。目睹戊戌变法失败之后，蔡元培逐渐坚定了"以教育挽彼沦胥"的信念，随即在回绍兴一个半月后，就接受绍兴知府熊再莘和乡绅徐树兰的邀请，出任绍兴中西学堂的校长一职。熊再莘赞同变法维新，思想较为开明。徐树兰是绍兴人，光绪二年（1876）举人，曾授兵部郎中，后因母病告归。他曾与罗振玉等在上海创办农学会及《农学报》，不过他一生中最突出贡献，是捐资创办中西学堂和古越藏书楼。1897年，中西学堂成立后，他自任校董，设文学、译学、算学、化学等科，是地地道道的中西兼通学者。此后他又捐银33960余两，于1902年在绍兴城古贡院内创建古越藏书楼，将历年家藏书籍和为建书楼而新购置的书籍共7万余卷全部捐献，对外开放，也因此古越藏书楼被认为是近代中国第一个公共图书馆。在中西学堂的教师中，值得一提的还有杜亚泉、马用锡等人。据蔡元培自撰年谱，"子民与教员马用锡君、杜亚泉君均提倡新思想。马君教授文辞，提倡民权女权。杜君教授理科，提倡物竞争存之进化论。均不免与旧思想冲突。"其中尤以杜亚泉最为重要，他在五四新文化运动时期与陈独秀、胡适等《新青年》一派之间所展开的关于中西文化异同的论战，曾对20世纪中国文化的发展走向产生深远影响。

1900年，蔡元培离开中西学堂到杭州筹办师范学校。虽然最终没有结果，却因此结识不少浙江文化教育界人士，如养正书塾的教师林白水、陈介石、陈叔通等，并通过他们结识了该书塾的学生汤尔和、马叙伦等。后面我们会提到，这两人对于蔡氏掌管北大以及在北大的从政方针等均产生极大影响。也是在此期间，蔡元培结识另一位浙籍文人的精神领袖章太炎并曾登门拜访。1901年，蔡元培又到上海，进入南洋公学担任教员。而在此期间结识的学生有邵力子、胡仁源、谢无量、李叔同、黄炎培等，这些人均是20世纪中国文化史上的重要人物，蔡氏与他们的交往无疑会对此后的事业产生影响。例如，胡仁源不仅与蔡氏同为绍兴老乡，且在蔡氏之前担任北大校长，则他的意见对于当时的北洋政府在决定是否让蔡氏入主北大方面，自然具有一定的影响力。至于蔡元培在入主北大后，更是在很多重大问题的决策上，直接受到浙籍同乡的影响。请看蔡氏自己的回忆：

我到京后，先访医专校长汤尔和君，问北大情形。他说："文科预科的情形，可问沈尹默君；理工科的情形，可问夏浮筠君。"汤君又说："文科学长如未定，可请陈仲甫君；陈君现改名独秀，主编《新青年》杂志，确可为青年的指导者。"因取《新青年》十余本示我。我对于陈君，本来有一种不忘的印象，就是我与刘申叔君同在《警钟日报》服务时，刘君语我："有一种在芜湖发行之白话报，发起的若干人，都因困苦及危险而散去了，陈仲甫一个人又支持了好几个月。"现在听汤君的话，又翻阅了《新青年》，决意聘他。从汤君处探知陈君寓在前门外一旅馆，我即往访，与之订定。于是陈君来北大任文科学长，而夏君原任理科学长，沈君亦原任教授，一仍旧贯。乃相与商定整顿北大的办法，次第执行。

1911 年，辛亥革命爆发，正在德国留学的蔡元培结束四年留学生活，于当年 12 月返回祖国。正是由于早年与孙中山的交往，使得后者在酝酿教育总长人选时，在多位候选人中最终选定蔡元培。蔡元培上任后，就将许寿裳、周树人等浙籍老乡聘为教育部职员。蔡氏担任教育总长一职虽然仅有半年多，却对他以后出任北大校长有积极影响。1912 年 4 月，蔡元培担任唐绍仪政府的教育总长一职，湘人范源濂为其副手。本来他们两位的教育理念有很多不同，如在兴办教育的重点为何方面，蔡氏坚持优先发展高等教育，而范氏以为应先发展初等教育。范源濂的理由是：小学没有办好怎么能有好中学？中学没有办好怎么能有好的大学？所以我们第一步，当先把小学整顿好。而蔡元培则认为：没有好大学，中学师资哪里来？没有好中学，小学师资哪里来？所以我们第一步当先把大学整顿好。不过，教育理念的差异并没有妨碍他们的真诚合作，范源濂在后来担任教育总长后，就力荐蔡元培出任北大校长，并在其任职北大期间给予坚定的支持。当然，在蔡氏出任北大校长一事上，蔡氏当年在浙江兴办教育时所结识的老乡陈介石、马叙伦等人的鼓吹推荐也起到很大作用。

此外，如果考察鲁迅进入文坛的过程，可以发现以"同乡"为纽带的人际关系，为鲁迅提供了得以进入教育部和进入文坛的历史机缘，其中蔡元培起到关键性作用。鲁迅于1909年8月从日本回国，由于周作人结婚，家庭经济紧张，他"不能不去谋事，庶几有所资助"。于是经老乡许寿裳向杭州浙江两级师范学堂新任监督沈钧儒举荐，得以"一荐成功"。1912年2月初，又经许寿裳向时任南京临时政府的老乡蔡元培推荐，鲁迅得以在南京教育部任职，后随蔡元培北上，在北京教育部就职。许寿裳早在1902年以浙江官费派往日本留学时结识鲁迅，后来又同鲁迅一起拜于章太炎门下，两人结下深厚友谊。而蔡元培是在德国留学读到《域外小说集》时，就开始关注这位同乡。其日记中第一次出现鲁迅的名字，是在1911年4月3日的日记中："寄《中央文学报》（四月一日出）于周豫才"。在此之前，蔡氏日记中也曾出现"豫才"之名，当为他人，非指鲁迅。而周作人进入北大，更是与蔡元培的大力支持有关，对此早有很多史料证明，不赘。

至于直接推动鲁迅开始白话小说创作者，是他的老乡钱玄同。钱玄同为浙江吴兴人，与鲁迅相识于东京留学时期，也是章太炎的弟子。由此可见，如果没有蔡元培、许寿裳、钱玄同等浙江人际关系的援助，鲁迅可能不会在新文学发生期就得以名扬天下，而民国时期的"浙江潮"可能也会较晚才出现，或者根本形不成后来那样的浩大声势。

需要指出的是，尽管蔡元培在学术界的领袖地位自其掌北大后既已确立，尽管外界一直视他为浙籍文人的"掌门人"，但在浙籍文人内部，对他有意见者并不少。这是因为浙籍文人群体中以留学日本者居多，而他们大都奉另一位浙籍文化大师章太炎为师。蔡元培和章太炎之间，虽然有过和孙中山共同反清的合作历史，但也有过论争。例如，在20年代初，蔡元培在担任北京大学校长期间，就与孙中山担任大总统的广东军政府要员章太炎、张继等人打过一场"笔墨官司"。而浙籍文人的代表人物周氏兄弟，也曾在书信中表示对蔡氏不满。但从整体上看，浙籍文人对于蔡元培之领袖地位还是承认的，或者说也正因为他居于领袖地位，才会因其某些做法的可能不当遭到一些浙籍文人的不满。

纵观20世纪以来哲学研究的一个重大变化，就是理性向生活世界的回归，就是对日常生活和日常交往活动的关注。笔者以为，日常生活之所以值得关注，不仅仅是因为它潜藏有审美的种子和诗意的空间，更是因为它就是构成现实人生不可或缺的重要部分，就在于它对世人精神情感世界的影响无时无处不在。按照《日常生活》一书作者赫勒的说法，人总是带着一系列给定的特质、能力和才能进入世界之中，他最为关切的往往是他在直接的共同体中的生存（这首先表现为他的家庭以及他成长于其中的家族或团体的生活空间），他对自己的世界的理解和建立往往是以他的自我为中心，也因此，他特别注意培养那些有助于他在既定的环境中生存的特性与素质，这些特性包括特殊的禀赋、排他主义观点、动机与情感。显然，如果要对文人的艺术生活进行深刻的阐释，不可不注意其日常生活状况，不可不研究文人在日常交往过程中微妙而细腻的心理波动。

赫勒认为，人类的日常生活的结构和图式本身具有抑制创造性思维和创造性实践的趋势，即具有一种抵御改变的惰性。显然，把握这一点对于理解和研究主要从事创造性工作的文人更加重要，特别是由于文人的日常交往和其写作等创造性活动交织在一起，这一惰性也就必然对其创作和学术研究等产生更加复杂深刻的影响。因此，如何通过主体自身的改变去改造现存的日常生活结构，使得每一个个体的再生产由"自在存在"转为"自为存在"，使得每一个个体得以实现由自发向自由自觉的提升，是人类在面对日益异化的日常生活状况时所必须思考和解决的问题。作为人类社会中具有特殊职业特点的文人群体，作为一向以超越现实生活和对现实生活持批判态度的知识分子阶层的一员，应该对做出这样的转变负有更大的责任。在笔者看来，最理想的对文人之日常生活的研究应该是这样，通过对一个个富有鲜明个性和富于生命力之文人个案的解读，在逐渐明晰和逐步走进文人内心世界的同时，我们也希冀能够不断地接近对整个中国知识分子群体命运的把握，以及对20世纪中国文化变革进程的把握。

三位大师，两次论争

一、陈寅恪与张荫麟

身为"清华四大导师"之一的陈寅恪，不仅治学严谨，而且在与他人有学术分歧时，态度也极为谦和，一般并不直接写文章和对方论争，而是以不提名或者在他文中以"附记""注释"等方式间接表达，对此笔者称之为"间接对话"或"潜对话"。在此，就以陈寅恪和当时另外两位史学大家张荫麟、朱希祖之间的学术分歧以及双方极有礼貌的具体"对话"为例，看看那个时代的大师如何在"商榷"中共同推进学术研究，又如何通过"论争"反而增进彼此的了解和友谊，这对今天学人之间的一些不正常"论战"也许有一些启迪作用。

欲说陈寅恪与张荫麟的有关学术分歧，要先说一下张荫麟这位"史学天才"。1923 年，年仅十八岁、考入清华学堂仅半年的张荫麟，在《学衡》杂志发表处女作《老子生后孔子百余年之说质疑》，针对梁启超对老子事迹之考证提出异议，史学界一时震动，梁启超也对他大加赞赏。之后其论著不断问世，被目为史学界最有希望之天才，深受梁启超、陈寅恪、傅斯年、熊十力、冯友兰和贺麟等大家看重，如熊十力就说："张荫麟先生，史学家也，亦哲学家也。其宏博之思，蕴诸中而尚未及阐发者，吾固无从深悉。然其为学，规模宏远，不守一家言，则时贤之所夙推而共誉也。"而陈寅恪更是说出"张君为清华近年学生品学俱佳者中第一人，弟尝谓庚子赔款之成绩，或即在此人之身也"这样的溢美之词，向傅斯年等人郑重推荐。

至于分歧之由来，则要从陈寅恪对龚自珍一首诗的评价说起。陈寅恪不仅以文史研究闻名于世，其诗歌也自成一体，卓然大家。就艺术特色而言，不仅有其父陈三立之风，且深受晚清大诗人龚自珍影响。他对龚自珍的偏爱，可从下面这首诗中看出：

蒙自杂诗　和容元胎（其一）

少年亦喜定盦作，岁月堆胸久忘之。

今见元胎新绝句，居然重颂定盦诗。

此诗作于1938年陈寅恪在云南蒙自西南联大任教之时。容元胎即容肇祖，为国学大师容庚之弟，当时也在联大任教，与陈寅恪多有交往。此诗中陈寅恪不仅表示喜爱龚定盦诗歌，而且说容氏诗有龚氏风格，自然是褒赞之辞。

也许是善于从"诗史互证"角度看待文学，陈寅恪以为龚自珍诗多有借古讽今之作，他对其《汉朝儒生行》的评价就是如此。龚自珍此诗写于道光二年（1822），时龚氏正在京城。杨芳为清朝著名将领，字诚斋，曾于道光元年至三年任直隶提督，而龚氏好友魏源此时就在杨芳家坐馆。魏源离京赴杨芳处时，龚自珍还曾送行。因此，龚自珍对杨芳当比较了解。由于军功卓绝，道光帝曾封杨芳为一等果勇侯建威将军。作为汉人而能受到清廷重用，杨芳可谓罕见，自然也会受到他人特别是满族将领的妒忌。陈寅恪认为，龚自珍此诗中自托为汉朝儒生，主旨就是劝告杨芳明哲保身，不要锋芒过于毕露，这也就是次年《寄古北口提督杨将军》诗中"明哲保孤身"之意。

　　按照陈寅恪的学术地位，他既然这样解释龚自珍的诗，一般也就等于是定论。不过还是有人敢于质疑，当然这"质疑"也要有底气。1933 年，张荫麟在《燕京学报》第 12 期发表《龚自珍汉朝儒生行本事考》，表示不同意陈寅恪之说，认为诗中所写之某将军不是杨芳而是岳钟琪。张荫麟文章发表后，陈寅恪以为不确，坚持认为该诗就是写杨芳之事。张荫麟遂再撰《与陈寅恪论汉朝儒生行书》进行商榷，发表于 1934 年的《燕京学报》第 15 期。原文不长，不妨引在下面：

　　比闻希白先生言，尊意以为定盦《汉朝儒生行》所咏实杨芳事，拙考以为其中之某将军乃指岳钟琪者误。拙考所提出者乃一假说，未敢遽以颠扑不破也；苟有其他假说能予本诗以更圆满之解释，固不惮舍己以从。然尊说似不无困难之处。考本诗作于道光二年壬午《定盦诗自编年》，而叙某将军再起定乱时已"卅年久绾军符矣"。然壬午以前杨芳踬后复起，定乱之事，仅有嘉庆十八年平天理教匪一次。自是役上溯其初由千总升守备（嘉庆二年）相距仅十一年，使所歌者为杨芳，定盦何得作"卅年久绾军符"之语？

　　然此诗遂与杨芳全无关系欤？似又不然。因先生之批评之启示，使愚确信此诗乃借岳钟琪事以讽杨芳而献于杨者。诗中

"一歌使公瞿，再歌使公悟"之公，殆指杨无疑。杨之地位与岳之地位酷相肖似也。杨以道光二年移直隶提督，定盦识之当在此时，因而献诗，盖意中事。次年定盦更有《寄古北口提督杨将军》之诗，劝其"明哲保孤身"也。本诗与杨芳之关系，愚以前全未涉想及之。今当拜谢先生之启示，并盼更有以教之。

　　此文中的"希白"即容庚，时与陈寅恪同在北京且多有书信往来等，因此，张荫麟应该是从容庚处获知陈寅恪对龚自珍此诗的解释。文中所说岳钟琪（1686—1754），字东美，号容斋，是清前期唯一的汉族大臣被拜为大将军，可以节制满汉诸军的官员，曾被雍正、乾隆分别誉为"当代第一名将""三朝武臣巨擘"等。清康熙到乾隆年间，我国西南、西北边疆多次发生叛乱，岳钟琪等人率军平息，遂成为一代名将。根据张荫麟的论证，从龚自珍诗中所提及时间看，解释为写杨芳确实不如解释为写岳钟琪更加贴切。

　　其实，张荫麟并没有完全否定陈寅恪，相反在陈寅恪说法的启示下，悟出该诗表面咏岳钟琪，但实为借此讽杨芳，因二者之地位境遇极为相似也。如此，则张荫麟和陈寅恪之最后观点其实还是基本一致，即认为该诗是龚自珍借历史人物讽喻杨芳不能只是想明哲保身——不可只知为清廷卖命，而是要珍惜自己地位，为消除满汉之见、为维护国家安定做出贡献。他们对该诗的分歧仅仅在于诗歌的具体内容究竟是只写岳钟琪事还是借写岳钟琪来咏叹杨芳事。自然，如今几位当事人均早已去世，已无法确认陈寅恪当年的观点是如何具体表述，容庚又是如何向张荫麟转述的，也就无法断定他们的见解到底有多少异同。

不过，还是可以从张荫麟的《龚自珍汉朝儒生行本事考》中看出其深厚的学术功底。在该文开头，张荫麟就指出："定盦文久以怪诞著。余初读即疑其有所隐托，然命意所在莫能尽详也。"显然张氏对于龚自珍非常熟悉，一下就看出《汉朝儒生行》中"有三数语为极明显之自状"，但对于该诗其他部分，也认为"迷离恍惚，莫明所指"。直到1932年为纪念龚自珍诞生一百四十周年，他为写纪念文章再次阅读该诗，才由"关西籍甚良家子，卅年久绾军符矣"之句忽然想到，"此讵非指岳钟琪事？"然后查阅史料，发现岳钟琪之生平与诗中所言似无不一一对应。最后，张荫麟又联想到龚自珍对清统治者所采取之不信任汉族大臣政策一向不满，遂确信自己的推断正确："定盦生平对清朝之一段腹诽恶诅，流露于本诗及他处，已瞒过一世纪之人者，至是亦得白于世，不可谓非一大快事也。"

张荫麟的考证极为精彩和严谨，如果说还有什么欠缺之处，就是未能结合当时汉族文人的思想状况，以及统治阶级对文人的"大棒加胡萝卜"政策来阐释此诗，也就不能悟出该诗更深刻的意蕴。在陈寅恪看来，也就是未能做到所谓对古人"了解之同情"。龚自珍认为历代统治者对文人无非两种手段，即"约束之，羁縻之"。所谓"约束"就是采取严酷的高压政策，迫使文人就范，有清一代空前惨烈的文字狱就是例证，也就是龚自珍所言"避席畏闻文字狱，著书都为稻粱谋"。而所谓"羁縻"就是以怀柔方式收买文人，使其逐渐丧失自我和对统治阶级的批判能力。龚自珍以为，可以容忍社会其他阶层平庸和堕落，却不能容忍文人如此，因为只有他们才是拯救那个时代的最后希望。

对龚自珍的上述观点，陈寅恪自然理解且有切身体会，戊戌变法以来的社会动荡、陈氏家族的命运还有王国维的自杀等，早已给陈寅恪留下沉痛记忆。陈寅恪指出该诗为咏杨芳事，就是试图通过阐释龚自珍诗歌的深刻寓意，来揭示当时中国知识分子的使命。杨芳本为文人，后投笔从戎，曾在镇压白莲教起义中为清廷立下战功，却在鸦片战争中遭遇可耻的失败，以致被后人称为"马桶"将军。这个"马桶"将军的称号，说来十分可笑。那是1841年春，道光皇帝派杨芳为参赞大臣，随奕山赴广州防剿英国侵略军。杨芳见英军洋枪洋炮太厉害，认为必有邪教妖术。此时有人告诉他，如果能将马桶尤其是女人的污秽物对准英夷的炮口，就能以邪制邪，英军炮火就打不准甚至无法开火。于是杨芳下令收集马桶，盛满女人的粪便、秽物，然后装上小船布满江面，并要求把马桶口对准英舰。结果可想而知，这些装马桶的小船在炮火打击下很快沉没，英国舰队照样把清军打得毫无还手之力，杨芳只好乞求停战，自然受到人们的无情嘲讽："粪桶尚言施妙计，秽声传遍粤城中。"杨芳的愚昧无知其实是那一代文人的悲剧，龚自珍希望他们多少能够有所改善，陈寅恪则希望这悲剧不再重演。

话说回来，不能苛求张荫麟没有理解龚自珍的深意，毕竟他的人生阅历比起陈寅恪来还是简单，假以时日他当会有更大成就。大概也就是为此，陈寅恪在张荫麟发表《与陈寅恪论汉朝儒生行书》后，并没有公开回应。后张荫麟英年早逝，陈寅恪极为悲痛，特撰诗表示追悼：

流辈论才未或先，著书曾用牍三千。

共谈学术惊河汉，与叙交情忘岁年。

最后说两件张荫麟的生活趣事，以见大师一旦不做学问，则与常人无异，既有可爱之处，也有可笑之处也。当年钱穆在清华任教，与张荫麟算是同事。每次钱穆赴清华上课，张荫麟要么事先相约，要么临时在清华大门前等候，然后请钱穆到其清华南院的住所吃饭，常见的菜肴就是炖一只鸡，二人边吃边谈，直到清华回城的最后一班校车时间到了，张荫麟才亲自送钱穆到车上而别。这样的张荫麟难道不是极富人情味且极好交往么？不过另一件事又可见其迂腐可笑。张荫麟总是责怪其妻子所烧饭菜味道不佳，其妻子不胜其烦，就说，那么把我们的生活费一分为二，各自烧饭好了，张荫麟只好答应。但他本不善于烧饭，自然饭菜味道远不如其妻所烧。等到吃饭时，其妻问味道如何，张荫麟有苦难言，郁闷之余就要离婚，后经友人劝说乃止，但还是决定分居。一代大师在生活中竟如此幼稚，可为笑谈。

二、陈寅恪与朱希祖

陈寅恪和朱希祖都是史学大家，不过有些读者可能对朱希祖不太熟悉。其实，朱希祖本为章太炎的得意高足，被章氏戏封为"五大天王"之中的"西王"，曾为20世纪中国史学发展做出重要贡献，此外也是著名的藏书家。虽然陈寅恪和朱希祖并非至交，但据朱希祖之婿罗香林回忆私交还是不错。罗香林曾受教于陈寅恪，其回忆当属可信。此外朱希祖日记中有不少两人交往的记录，可见往来还是较为密切。他们在 1936 年到 1937 年间关于李唐氏族渊源问题有过一次学术论争，由于双方的显赫学术地位，更由于这一问题与当时面临的日本侵华危机密切相关，其意义就非同一般。

据朱希祖日记，1936 年 3 月，他在读胡怀琛所写之《李太白的国籍问题》时，对于胡怀琛所说李白是突厥化的汉人之说"未敢深信"，遂回忆起陈寅恪此前所写有关李唐氏族渊源的一些文章，对于陈寅恪所说唐太宗先世为鲜卑人之说也"未敢深信"，于是萌生出撰写论文与陈寅恪商榷的念头，并最终写出两篇论文刊登于《东方杂志》，而陈寅恪也写了《李唐武周先世事迹杂考》，刊登于史语所的《历史语言研究所集刊》以示回应。

陈寅恪有关李唐氏族渊源的第一篇文章发表于 1931 年，朱希祖为何到 1936 年才想到撰文商榷呢？表面上看，似乎是因为看了胡怀琛的文章。其实这只是诱因，且胡氏文章也明显受陈寅恪影响，后者曾写有《李太白氏族之疑问》，明确指出李白是西域胡人。朱希祖对胡、陈观点之所以不满，更深层次原因与当时所面临日本侵略的民族危机有关，其背后所彰显的是历史观的差异。1936 年 2 月日本发生未遂政变，主战的少壮派控制了日本政局，朱希祖在日记中感慨从此"中国愈危矣"。也正是这样的刺激，使得他在看待陈寅恪等人的学术研究时，更多带有民族主义色彩，才对李唐氏族之起源可能与胡人有关的说法不满。认为大敌当前，如此说法容易为外敌入侵提供借口。总之，在科学史实和民族主义之间，陈寅恪更注意前者，而朱希祖则更多从民族立场出发。

其实在此之前，朱希祖就已经对古代典籍中有关少数民族记录的处理方式很是敏感。在1936年1月3日日记中，朱希祖对清人悴毓鼎编撰的《前秦书》之编纂方式表示不满，并以崔鸿的《十六国春秋》作为比较。崔鸿为北魏史学家，所撰写之《十六国春秋》是第一部中国少数民族政权史，在史学史上具有特殊意义。朱希祖认为，崔鸿的改国书为录，正其纪为传，体现了尊中国而抑外族的主旨，值得赞美。而悴毓鼎则仍称为书，尊而为纪，朱希祖对此斥曰"为之奴，抑何自轻其种族如此耶？"认为同样是身仕异族，崔鸿表现出应有的民族气节，而悴毓鼎则奴性十足，应予痛斥。

相比之下，陈寅恪认为中国历史上大凡种族与文化问题，文化总是重于种族，所以即便出身胡人，但如果已被汉化，则可认为是汉人。反之亦然。陈寅恪认为汉民族在源远流长的历史进程中，接受和融合了很多周边少数民族文化以及外来文化。无论汉族还是胡族等少数民族，其文化都是中国文化体系的一部分，没有高低贵贱之分。而朱希祖认为汉文化才是中国文化的正统，所以对异族文化进入多少持排斥态度。此为两人之根本分歧。

如此，陈寅恪与朱希祖争论的重点就在于，当中华民族面临外敌入侵之重大危机之时，提出"李唐氏族之起源于胡人有关"这样的观点是否不合时宜？类似问题其实还有很多。如抗战初期，沈从文就提出"作家与抗战无关"的观点，认为战争时期每个人职责不一样，有些人去前线，有些人可以专心学术或创作，但都有利于整个民族。显而易见，这样的观点很容易招致一般大众的误解。至于孰对孰错，确实很难断定。

回到朱希祖与陈寅恪的争论，由于李唐氏族起源是纯粹学术问题，普通大众并不熟悉更不关注，社会影响本就不大，所以朱希祖对陈寅恪的不满多少有些过分。而且既然是学术问题，则陈寅恪所言是否正确，朱希祖必须回答。

　　关于李唐氏族问题，陈寅恪曾在 1931、1933 和 1935 年写了三篇文章论述，对此朱希祖撰写了《驳李唐为胡姓说》进行论争，此文发表于 1936 年第 33 卷第 15 号《东方杂志》。陈寅恪则在 1936 年写了《李唐武周先世事迹杂考》以为回应，发表于当年的《中研集刊》，但一如既往行文风格，并未有明确回应朱氏文字，只有"庶几因此得以渐近事理之真相，傥更承博识通人之训诲，尤所欣幸也"等委婉说法。之后，陈垣弟子陈玉书，将陈寅恪新撰写的《李唐武周先世事迹杂考》一文给朱希祖看，朱希祖见陈氏文章"仍主张李唐先祖出于李初古拔及赵郡说"，决定再次撰文反驳。陈玉书本名陈述，以研究辽金史著称，与朱希祖、陈寅恪也多有往来。他显然知道二人的论争，才把陈寅恪新发表论文给朱氏看。这一次朱希祖仅用两天时间即完成《再驳李唐氏族出于李初古拔及赵郡说》，后发表于 1937 年的《东方杂志》第 34 卷第 9 号。但可能因为当时抗战爆发，抑或其他原因，陈寅恪并未再作回应，双方论争告一段落。

　　直到 1941 年，陈寅恪出版《唐代政治史述论稿》，其中有提及李唐氏族起源的内容，自然是他比较成熟的意见。关于李唐皇族之女系母统方面的血统，陈寅恪指出："李唐皇室之女系母统杂有胡族血胤，世所共知，不待阐述。"因此问题重点在于其男系父统是否有胡族血统。陈寅恪以极为详细精准的考证，从七个方面论证李唐氏族的起源，最后结论如下："故今假定李唐为李初古拔之后裔，或不致甚穿凿武断也。"据陈寅恪考证，"初古拔"当时是较常见的胡名，汉人李初古拔因军功被赐胡名、进而胡化，这在当时很是常见，而李重耳则实无其人。至于李唐氏族父系血统，陈寅恪的结论是：李唐先世本为汉族，或为赵郡李氏徙居柏仁之"破落户"，或为邻邑庶姓李氏之"假冒牌"，"既非华盛之宗门，故渐染胡俗，名不雅驯。……适李虎入关，东西分立之局既定，始改赵郡之姓望而为陇西，因李抗父子事迹与其先世类似之故，遂由改托陇西更进一步，而伪称西凉嫡裔。又因宇文氏之故，复诡言家于武川，其初之血统亦未与外族混杂。总之，李唐氏族若仅就其男系论，固一纯粹之汉人也。"

综观陈寅恪的几篇论文，观点有所变化。如第一篇《李唐氏族之推测》指出"李唐先世疑出边荒杂类，必非华夏世家"，第二篇则认为"总而言之，据可信之材料，依常识之判断，李唐先世若非赵郡李氏之'破落户'，即是赵郡李氏之'假冒牌'。至于有唐一代之官书，其纪述皇室渊源间亦保存原来真实之事迹，但其大部尽属后人讳饰夸诞之语，治史者自不应漫无辨别，遽尔全部信从也。"而他的《三论李唐氏族问题》，则是直接针对日本学者金井之忠，后者曾发表《李唐源流出于夷狄考》反驳陈寅恪的前两篇文章，因为在这两篇论文中，陈寅恪认为唐朝皇室基本出于汉族。金井之忠认为，李唐皇室早已是混血种。李虎之子李昞本身已可疑，其妻独孤氏（后改刘氏）当是胡族，他们的儿子李渊（高祖）必是汉胡混种，胡血可能在一半以上。李渊的妻子窦氏（太宗之母）乃纥豆陵毅之女，更是鲜卑族胡人，所以唐太宗的胡血，至少有四分之三。对此陈寅恪提出反驳，考订李唐氏族至少在李渊以前，其血统并未与胡族混杂。

很明显，陈寅恪并未坚持李唐氏族起源于胡人的观点，而且在《三论李唐氏族问题》中直接反驳了日本学者金井之忠，也许已经考虑到中国所面临的日趋严重的民族危机，既然如此，朱希祖为何还要撰文进行反驳？

对此，汪荣祖先生在其《陈寅恪评传》中有精到评价。他认为，由于陈寅恪最后已经认为"李唐先世本为汉族"，则陈、朱两人争论的焦点其实是李唐先世究竟是出自"赵郡"还是"陇西"，陈寅恪认为源出"赵郡"，而朱希祖认为"陇西"。陈寅恪的考证利用了很多不为官书重视的私家记录等，而朱希祖更重视官书，认为官书之外的史料如果不能确认其真实性，则不如维持原说为是，其内心其实还是宁信官书不信私录的想法。而陈寅恪认为且不要说私录自有价值，即便是伪书、伪材料，如果能将其视为"伪"，则伪材料就变成真实的"伪材料"，同样有学术价值。

那么，是否朱希祖的意见就不值得重视？那也不是。朱希祖毕竟是史学大家，为了撰写这两篇与陈寅恪商榷之文，他耗费了很多精力。从其日记中得知，从1936年3月萌生写文章反驳陈寅恪，到第一篇文章写出，朱希祖不仅翻阅了新旧唐书中有关李唐世系的内容，而且阅读了《周书》《北史》《西凉录》以及刘盼遂等人的文章，进一步熟悉有关资料。然后朱希祖再次阅读陈寅恪的三篇有关论文，初步确定撰文反驳的重点。然后花费整整一周时间，《驳李唐为胡姓说》第一稿才完成。正当朱希祖准备对文章进行修改时，却被另一件事情打乱，这就是关于明成祖生母问题的论争。1936 年 4 月 5 日，也就是朱希祖写完初稿次日，他看到傅斯年的弟子李晋华所写之《明成祖生母问题汇证》及傅斯年所写跋文，以及吴晗所写《明成祖生母考》等文章，马上决定给予反驳。原来，李晋华、傅斯年和吴晗等人均对明成祖生母为谁进行了考证，认为绝非马皇后，而很有可能是少数民族出身的妃子，要么是高丽人碩妃，要么是蒙古族妃子，换句话说就是绝非嫡出而是庶出，且母亲可能是异族。可想而知，这论断也是朱希祖绝对不能同意的，所以他很快撰写了题为《再辩明成祖生母》的文章给予驳斥。此时的朱希祖可谓是两面作战，一面要与陈寅恪论争李唐氏族起源问题，另一面是与傅斯年、吴晗等人商榷明成祖生母问题，而这两个问题的实质同样可以归结为种族与文化问题。

　　总之，朱希祖与陈寅恪的争论，直到今天也没有完全解决。不过，由此争论引发的一些问题值得回味。据张溥泉先生回忆，朱希祖直到晚年仍认为"陈寅恪虽精于史学，立异好奇，以唐太宗明成祖非中国人之类，正是其短处"。朱希祖甚至将陈寅恪与顾颉刚等"疑古派"相提并论，其背后所折射出的却是门派之见——对明成祖生母问题提出质疑的傅斯年，正是顾颉刚提出"疑古"思想的有利支持者，只是傅斯年后期的态度有所转变而已。然而，把陈寅恪和顾颉刚相提并论并不恰当，因为陈寅恪曾明确对"疑古派"有所质疑。据蒋天枢先生回忆，陈寅恪认为历史研究中"旧派失之滞，新派失之诬"。所谓"滞"就是死板，只有死材料而没有解释。而新派的所谓"诬"就是简单地以外国的科学理论解释中国材料，看似有道理其实很危险，这一派大都是留学生，所谓"以科学方法整理国故者"。

显然，陈寅恪所指就是胡适、钱玄同和顾颉刚等人。

最后，回到李唐氏族之起源问题，陈寅恪其实早就认为与胡族有关，只是没有确切证据而已。据吴宓在《空轩诗话》中所记，早在五四时期陈寅恪就指出："寅恪尝谓唐代以异族入主中原，以新兴之精神，强健活泼之血脉，注入于久远而陈腐之文化，故其结果灿烂辉煌，有欧洲骑士文学之盛况。而唐代文学特富想象，亦有于此云云。"说来说去，如果我们把中国历史研究纳入一个大中华文化形成与演进的历史长河中，则无论李唐氏族源出何处，都无损于盛唐王朝的伟大与辉煌，而那些在历史长河中时而雄起，时而埋没的各个少数民族，其实与汉族一样，都为中华文化的繁衍兴盛做出了贡献，理应得到后人永久的尊重与敬仰。

恩怨半生解不开
——周氏兄弟与顾颉刚

　　1913 年，顾颉刚在上海参加北大预科入学考试，获得第九名的好成绩。同年四月，他从上海乘船赴京入学。时年二十一岁的顾颉刚正与叶圣陶、王伯祥等人热衷于政治改革，他不仅参加社会党，还写文章鼓吹无政府无家庭无宗教，算得上标准的热血青年。他父亲对其如此狂热行径颇不赞成却又无法劝止，无奈之下只好一方面说"我只有你一个儿子，我不能让你办党"，另一方面说"我并不能强迫你脱党，只是要你升学（令考北京大学）"。如今看来，知子莫若父，顾颉刚父亲还是知道儿子应该做什么和擅长做什么的，正是在父亲的坚持下，顾颉刚进入北大开始其学术生涯。20 世纪中国现代史上少了一个莽撞热血青年，却多了一个杰出历史学家。

　　不过，进入北大后的顾颉刚，尚没有机会和周氏兄弟相见，因为鲁迅虽然早在 1912 年就到北京，彼时却不过是北洋政府教育部的普通职员，"五四"之后才到北大兼职授课。而周作人 1913 年开始在绍兴的浙江省立第五中学任教，1917 年才到北京，在鲁迅的推荐下入北大任教。他们三人那时自然谁也不会想到，若干年后因为新文化运动和北京大学，他们之间会有长达数十年的恩恩怨怨。其中的是是非非、孰对孰错，也许不是很容易说清楚。不过，借助他们日记和书信中有关记录，看看这些相对私密的文字，倒可以窥见他们内心一些真实想法。如果再与他们当时公开发表的文字做一些对照，也许有助于我们理解他们思想观点分歧之由来，帮助我们回到"历史的现场"，更加熟悉"民国"这个今人已经陌生的字眼。

说到周氏兄弟，自然无法避免谈及他们的决裂。一般而言，决裂之后鲁迅对于与周作人接近者，自然持冷淡态度甚至视为敌人，哪怕此人曾经是他们兄弟共同的好友，钱玄同就是一个好例。当然也有例外，如曹聚仁就和兄弟两人关系都不错，不过据说这和周氏兄弟有意借曹聚仁这一通道获得对方情况有关。另一方面如果某人对鲁迅看法不好，则似乎会对周作人印象较佳，所谓"敌人的敌人就是朋友"之意吧。既然顾颉刚和鲁迅彼此视为死对头，那么顾颉刚对周作人的印象是否好呢？

其实不然。从顾氏日记和书信中我们看到，顾颉刚不仅对周作人没有好印象，而且把他们兄弟两人一并"打包"视为一丘之貉，全部给予鄙视。且看其笔下的周氏兄弟："予近日对于鲁迅启明二人甚生恶感，以其对人之挑剔垢谇，不啻村妇之骂也。"（顾氏1926年1月17日日记）那么，究竟什么原因导致顾氏对周氏兄弟"甚生恶感"？原来那时《语丝》杂志来稿甚少，有停刊之危机，所以编辑多次约顾颉刚写稿。以往几次约稿顾颉刚都置之不理，这一次顾氏说"不忍见其夭折"，就抄了一篇旧日笔记交差。说起来顾颉刚不仅是《语丝》的发起人之一，而且连《语丝》这个名称也是他想出来的，顾颉刚还把此事写入日记以示重视："伏园以晨报馆侵夺副刊文字之权，辞出。拟办一周刊，今日开会。到者有启明先生、玄同先生、绍原、小峰、廷谦、伏园及予。命名久不决，予看平伯诗中有'语丝'二字，颇写意，不落褒贬，提出之，通过。"不过在周氏兄弟笔下，这"语丝"的命名权竟然不属于顾颉刚，而是出于偶然。先看弟弟周作人在《知堂回想录》中对于《语丝》刊名由来的说法："至于刊物的名字的来源，是从一本什么人的诗集中得来，这并不是原来有那样的一句话，乃是随便用手指指一个字，分两次指出，恰巧似懂非懂的还可以用，就请疑古玄同照样的写了。"而哥哥鲁迅的说法就更加含糊其辞："那名目的来源，听说，是有几个人，任意取一本书，将书任意翻开，用指头点下去，那被点到的字，便是名称。那时我不在场，不知道所用的是什么书，是一次便得了《语丝》的名，还是点了好几次，而曾将不像名称的废去。"为了对比，我们不妨看另一位参与者川岛的回忆："刊物的名称大家一时都想不出来，就由顾颉刚在带来的一本《我们的七月》中找到'语丝'两字，似可解也不甚可解，却还像一个名称，大家便都同意了。"《我们的七月》本是一本诗集，收入俞平伯、叶圣陶、朱自清等人的新诗，而作为诗集题目的这一首诗作者就是俞平伯。看来，顾颉刚对此事的记录真实无误，他确实是《语丝》杂志的命名者，而周氏兄弟对此事的语焉不详很是耐人寻味。如果说鲁迅因为当时没有在场所以不了解刊物名字由来的细节，则周作人明明在场却不愿提及顾颉刚就有些意味深长了吧。

　　尽管顾颉刚拥有《语丝》杂志的命名权，尽管表面上是孙伏园具体负责，《语丝》的领袖却是周氏兄弟，而周作人实际上有决定之权。为什么不是哥哥鲁迅而是弟弟周作人？事后看可能有这几个原因：一是语丝社基本成员大都是原北大新潮社成员，而周作人曾经担任新潮社主编；二是鲁迅当时在教育部任职，作为政府官员不宜参加民间社团。所以鲁迅很少参与语丝社的活动，与社员联系也少。最后还有一个很重要原因，那就是五四时期的周作人，名气比鲁迅要大很多。那几年周氏兄弟在家里招待《新青年》同人，主人通常也是周作人。这也许和一般人的印象不同，而这印象自然来源于几十年来我们对鲁迅的过分拔高。

且说《语丝》问世后，以周氏兄弟的创作发表最多影响也最大，在参与北京女师大风潮、抨击三一八惨案，反抗北洋政府的斗争中，曾经风行一时。而顾颉刚却认为《语丝》应该更加学术，远离政治和社会，所以对《语丝》的刊物风格不满，加之他本人专注于历史研究，也就撰稿不多。也因此，1926年1月17日晚上《语丝》同人举行宴会，顾颉刚不愿看到周氏兄弟，所以拒绝参加。其实那时周氏兄弟早已决裂，为了避免见面尴尬，他们两人在可能碰上的场合都会避开，所以这次宴会也不会出席，顾颉刚应该想到这一点的呢。

不过，周氏兄弟虽然感情上决裂了，但在很多方面还是能够一致对外，这也许是顾颉刚把他们兄弟一视同仁给予"鄙视"的原因。例如在从1924年到1926年，尽管两人从不见面，同他人进行论争时却是一个鼻孔出气。只是鲁迅攻击他人时十分尖刻，特别是对陈源、杨荫榆等所谓的"正人君子"，鲁迅的冷嘲热讽更是辛辣无比。相形之下周作人就比较平和，却因这"平和"更容易引起读者共鸣，往往不自觉就认同了他的见解，效果有时反而超过鲁迅的文章。又如当狂飙社的高长虹对鲁迅进行攻击的时候，周作人就主动出来写文章回击高长虹。而当周作人因五十自寿诗引起某些人攻击时，最能理解周作人并且为他说话的就是鲁迅。在给许广平的信中鲁迅这样说："周作人自寿诗，诚有讽世之意，然此种微词，已为今之青年所不憭，群公相和，则多近于肉麻，于是火上添油，遂成众矢之的。"后来他还在写给友人的信中再次为周作人辩护，其实就等于公开站在弟弟一边了："至于周作人之诗，其实是还藏些对于现状的不平的，但太隐晦，已为一般读者所不憭，加以吹擂太过，附和不完，致使大家觉得讨厌了。"

从年龄上看，顾颉刚比周作人小八岁，比鲁迅小十二岁；从经历上看，顾颉刚进入北大时虽然周氏兄弟尚未在北大，但二周后来双双在北大任教，所以和顾颉刚至少在名义上有"师生"的名分。至于从成名时间看，周氏兄弟自然也早于顾颉刚。所以一开始顾颉刚对周氏兄弟还是很尊敬和客气，特别是对鲁迅。直到1926年底和1927年初，尚在厦门大学的顾颉刚在写给胡适的信中多次提到鲁迅，都是十分客气，没有任何抱怨之词。即便是提到有人攻击他，也是归咎于鲁迅的弟子如川岛等人。两人关系的真正决裂其实是在都到中山大学之后。相形之下，顾颉刚在鲁迅笔下，似乎早在1926年中，就已经受到毫不留情的嘲讽了。1926年9月20日，鲁迅在给许广平的信中这样说："在国学院里的，顾颉刚是胡适之的信徒，另外还有两三个，似乎是顾荐的，和他大同小异，而更浅薄。"然后，鲁迅在9月26日的信中竟有了"不与此辈共事"的想法。等到9月30日的信中更认为顾颉刚："这人是陈源之流，我是早知道的，现在一调查，则他所安排的羽翼，竟有七人之多，先前所谓不问外事，专一看书的舆论，乃是全都为其所骗。他已在开始排斥我，说我是'名士派'，可笑。"随后"北京同来的小鬼之排斥我，渐渐显著了"，尽管之后鲁迅和顾颉刚还是相对和平共处了一段时间，但鲁迅对顾颉刚"阴险""浅薄"的认识已经根深蒂固。又如在当年十月写给许寿裳的信中，鲁迅再次确认顾颉刚和陈源同属自己的死敌："国学院中，佩服陈源之顾颉刚所汲引者，至有五六人之多，前途可想。"而无论鲁迅还是顾颉刚，都认为他们二人结怨，是因为顾颉刚以为鲁迅的《中国小说史略》是抄袭日本人盐谷温的著作，并将此事告知陈源，陈源遂以此攻击鲁迅。此件公案当时弄得沸沸扬扬，直到盐谷温的著作翻译成中文出版，鲁迅才算洗清抄袭的罪名。可以想见，鲁迅对陈源和顾颉刚的印象会厌恶到什么地步。几十年来有关此事是非真伪已经成为学术界一件公案，更有很多学者撰文表明立场。其实当年胡适出来为鲁迅辩护时，此事已经算是了结：鲁迅是被冤枉的。不过近年来似乎还有人旧事重提，认为鲁迅即便没有剽窃也至少属于治学不够规范，这可能与那个时代的学术界对这方面的要求和今天不同有关，且存而不论。

有关鲁迅和顾颉刚的恩怨这里暂时不多说，先说顾颉刚为何会对一向平和的周作人没有好印象。如果说对于鲁迅，顾颉刚是到 1926 年才开始抱怨甚至怨恨，那么对周作人却是早在 1922 年就开始不满。查顾颉刚 1922 年 6 月 11 日日记，有"写刘经庵信，痛说周作人"一句，其中"痛说"一词可谓醒目，那么因为何事顾颉刚对周作人如此不满呢？ 6 月 19 日，顾颉刚在日记中又有这样的文字："予二月来，为周作人不尽歌谣会之责，致刘经庵稿件搁起，屡去函不答，愤极了。"接着我们才知道，其心情愤怒和家事也有关系："上月，继母归来，终日作闹，又讨厌极了。三日来连写二信，尽情一说，胸中畅快得多。"据顾颉刚日记，这里的"连写二信"一封是写给刘经庵的，另一封则是写给其父亲，内容也是"痛说继母一番"。写给刘经庵的信几经修改，终于在20号抄改完毕。这刘经庵系河南卫辉人，与顾颉刚一样为歌谣研究会会员，后入燕京大学就读。北大的歌谣研究会成立于1920年，发起人有沈兼士、钱玄同和周作人等，不过顾颉刚早在两年前就响应刘半农、沈尹默的提议搜集民间歌谣数百首，还具体参与歌谣会的一些活动。歌谣研究会成立后，一开始是刘半农负责，后来刘半农出国留学读博士去了，这歌谣研究会就由周作人负责，按照顾颉刚的说法是"数年来无声无臭，没有做一件事"。1922年，北大国学门把这个研究会合并进去，顾颉刚认为可能会有所改变，就把之前搜集的一些歌谣送上，结果周作人答复说暂时没有资金出版。对此顾颉刚终于忍无可忍，才在写给刘经庵的信中对周作人大加痛斥，此时顾颉刚不过是北大毕业留校的青年职员，而周作人是著名教授，所以顾颉刚敢于在信中大加痛斥确实颇有勇气。这里不妨摘录几段顾颉刚信中文字：

现在看周先生的信上，说由研究会印罢，校中没有钱；说由《晨报》逐日登罢，又说整整的书零星分载是可惜。照他的意思，这份稿子只有搁起来。他不肯管事也就罢了，何必说出这般好看的话！

……周先生呢，他是一个鼓吹文学的人。他对于文学确有心得，不是随便剽窃的，这是我们可以相信。我所不满意于他的，就是做事太不负责任。

不仅如此，顾颉刚还进而对北大的一些新文化运动代表人物产生了深深的失望感，几乎全部给予否定：

我唯一的悲观，就是这辈所谓新文化运动大家的不可靠。我是在北大多年了，北大是号称新文化的出发点的，里面负大名的人着实不少，但真实做事情的，有哪几位？除了蔡孑民、胡适之两先生以外，再有别的人吗？

……倘使现在不是新文化时代而是专制黑暗时代，恐怕现在的所谓新文化大家也要百方谋做皇帝的幸臣，很能够伺候颜色、狐媚巧佞了。世界的外表上虽是有光有爱，内幕里除了名利以外还有什么！

尤其这最后一段，顾颉刚对新文化运动代表人物的痛斥极为严厉，可以说是过分。也许顾颉刚所说不虚，他在北大多年所耳闻目睹的一些事情可能是他产生如此看法的原因。但应该还有一些事情他并不是亲历者，至少他此信中对李大钊的种种不满，不尽切合实际。至于周作人是否如他所言对歌谣研究会没有做任何事情，应该也不都属于事实。查有关史料可知，歌谣研究会成立于1920年底，至顾颉刚写此信不过一年半时间，说是"数年"显然有些夸张。其实周作人本人早在1913年就对搜集民间歌谣产生兴趣并写文章提倡，他不仅亲自搜集整理了两百首歌谣，后来还因征集材料不多，特意写了一篇题为

《猥亵的歌谣》的文章以扩大歌谣征集范围。而他本人在歌谣研究会成立次日即患病住院两个月，然后又在西山养病大半年，对于歌谣研究会工作自然不能过多关注。所以顾颉刚的指责可能有几分道理，但周作人没有多关注也是事出有因，可以理解。其后，1922 年北大研究所成立国学门，将歌谣研究会并入其中。因所征集材料不够，歌谣研究会决定创办《歌谣周刊》，并继续征集各地歌谣并开展歌谣研究。当年 12 月 17 日《歌谣周刊》创刊，到 1925 年 6 月共出了 97 期，增刊一期，发表歌谣 2226 首。1925 年 10 月，"研究所国学门周刊"创刊，仍继续发表歌谣故事等材料和有关理论文章。歌谣研究会还出版了"歌谣丛书""歌谣小丛书"和"故事丛书"等，其中就有顾颉刚的两本《吴歌甲集》和《孟姜女故事的歌曲甲集》等，应该说成绩很大。

其实，对于搜集歌谣和研究歌谣，顾颉刚本人的态度也有些矛盾，一方面热衷于此，一方面又觉得此事不够"高大上"，算不上真正的学术研究，因此对别人称他为"研究歌谣的专家"，他感觉是"很强烈的羞愧"。我以为顾颉刚只是对于周作人负责歌谣研究会"这件事"本身不满，所以才在写给刘经庵的信中提出要"将周先生请走，另外推举一个人出来管理会务，使得可以着手进行"。但他又说他自己"实在事务太忙了"，"性情只能做内部循序的进行"，不适合出来负责。所以寄希望于刘经庵到北京后可以负责此事，并且表示"一定勉力帮了先生，尽力进行"。顾颉刚甚至提出，如果他的设想不能实现，他们干脆不妨自己独立出来，另立山头："将来《歌谣月刊》我们如有力时也尽可自办。……到将来，我们能真实的成立一个会了，我们再旗帜鲜明的去做，不由得不叫周先生惭愧。"不过事实证明，顾颉刚并没有实现自己的设想，相反，他很快近乎放弃歌谣，全力投入他的"疑古"学说建立之中了。果然，在1923年4月，他正式提出了"层累地造成的中国古史"说，一时轰动学术界。也许，那时的顾颉刚，对于歌谣研究会究竟怎样，已经不再关心了吧。而周作人直到1958年，还在编辑《绍兴儿歌集》，此事始于民国初年，历经数十年搜集，总计收儿歌223首，自然，在那个时代周作人知道"这种传统的旧儿歌没有出版的机会"，不过他一直钟情于此事倒是真的。综上所述，顾颉刚对周作人所谓"不肯管事"的指责虽然有一定道理，但不尽符合事实。

顾颉刚既然对周作人所作所为有看法，所以后者安排给他的一些事情，他自然就想拒绝。在1924年4月16日日记中就有"启明先生来信，嘱到燕京大学讲演古史，谓是燕大文学会中托其转邀。拟即辞之"的文字。自然，如果是工作忙没有时间或者身体不好等，这类邀请可以拒绝；又或者邀请一方态度不够尊重或不够热情，或者所讲题目自己并不熟悉，也可以拒绝。但从对方委托周作人代为邀请顾氏讲演古史来看，显然他们知道周作人对于顾颉刚的影响足够大，才采用如此方式。虽然不是直接邀请，但这种方式当时极为常见，并非不尊重的做法。而查顾颉刚日记，那段时间他似乎并不怎么忙碌，例如可以耗费一个多小时给家人写信，"详述近日生活快事"，而且那之后两天的日记中还出现"心中快甚"文字，可见其心情不错，所以这里的推辞还是有些耐人寻味。值得注意的是，在拟辞掉邀请后数日，顾颉刚在日记中特意录下所看到的一副对联："作事既知其所以，此心自觉无恶而"，恶者愧也，显然顾颉刚觉得自己做事问心无愧，才会在摘抄此联后说"觉得这话即是我的心地"。但此话是否与推辞掉周作人交代的事情有关或者有几分关联，我们也只有猜测而已。不过我们可以拿俞平伯作为比较，也是在顾颉刚推辞后数月吧，燕京大学文学会又委托周作人邀请俞平伯讲演，而俞氏给周作人的答复是"燕大文学会以讲演事相嘱，且承介绍，不便推托。但素性不习于广座中聒聒而谈，只可作为非正式的叙话。请烦转告"。俞平伯和顾颉刚是交往多年的好友，也都视周作人为师，但对待周作人的态度却明显不同。

类似的事情还有，次年1月16日是周作人生日，顾颉刚日记中的记录是"今日为启明先生生日，予因道远未往"。此为周作人四十岁生日，他本人自然比较看重。而且在新文化同人那里，四十岁还有更特殊的意味，只因当年钱玄同说过"人到四十就该死，不死也该枪毙"的愤激之语，那么如今周作人四十岁生日，钱玄同自然要来为好友祝贺，以免两年后自己四十岁生日时尴尬。所以在当日周作人日记中，我们看到钱玄同、俞平伯、孙伏园、许钦文、李小峰、川岛等人都到周家祝寿，川岛夫妇甚至连酒菜都带来了。这些人不仅与周作人往来密切，也都是顾颉刚的师友，如此他的缺席更显突兀，而用"路远"作为借口也就有些牵强。

等到1929年5月，顾颉刚在日记中又记了一件和燕京大学有关的事，说马季明（马鉴）在燕京大学破坏他，对他人说周作人不赞成顾颉刚去燕京，并且说顾颉刚喜欢和人打笔墨官司。说到笔墨官司，这一时期顾颉刚最有名的就是和鲁迅有关的所谓诽谤其名誉官司，尽管这官司最终没有打起来，但在当时学术界已经广为传播。此事之详情多年来已有很多文字叙述，此处不赘。至于顾颉刚对好友傅斯年，也就在这之前数日的日记中用这样的文字给予痛斥："孟真盛气相凌，我无所求于彼，将谓可用架子压倒我耶！其为人如此，一二年中必见其败矣。书此待验。"顾颉刚与傅斯年之间孰是孰非我们且不管，但顾颉刚之性情令他不善于处理人际关系倒是真的。例如对恩师胡适，顾颉刚也曾有抱怨和不满，就很不能让人理解。不过，说到周作人和马季明不愿意顾颉刚去燕京，可能也有些比较隐晦的理由。这就牵扯到民国时期浙籍文人与非浙籍文人的矛盾，顾颉刚作为胡适的弟子，又非浙籍，其学术成就越大影响越大，也越容易引起浙籍文人的警惕。五四时期连陈独秀最后都被浙籍文人排挤出北大，如今也不会轻易认可顾颉刚进入燕京的吧。自然，个中缘由绝非如此简单，但在讨论民国时期文人之论争时，决不能忽略门派传承和地域文化影响因素。其实，鲁迅和顾颉刚的矛盾说到底也和门派之争有关，不然就很难理解，一个主要成就是文学创作和理论，一个是史学大家，本可以老死不相往来，或者相安无事的，怎么会弄到几乎要"法庭上见"的地步呢？说穿了还是和究竟是谁占领"高校"这个地盘有关，无论是北大燕京，还是厦大中大，这几所大学的重要性，彼此都是看得清清楚楚。

不过，腹诽归腹诽，至少在公共场合，顾颉刚对周作人还是客气和尊重的。而且，当周作人1949后政治学术地位岌岌可危的时候，顾颉刚直到1956年还去其住处看望他，虽然不过是"小坐"，但对那时早已"门前冷落车马稀"的周作人来说，应该还是莫大的安慰吧。

　　顾颉刚日记中最后一次提及周作人是在 1968 年 8 月 30 日，正是"文革"时期，文字极为简洁："复旦来人，询问郭绍虞与周作人关系。"至于顾颉刚如何答复，日记没有记录。不过就在此前一天，饱受折磨的顾颉刚已经在写遗嘱，尽管尚未写完就被妻子抢走，但这一举动本身已经反映出他内心的绝望。我们不清楚他那时是否知道周作人一年前就已去世，但很多文人惨遭迫害的事他不会不知。按照常理，彼时的顾颉刚恐怕不会再计较他与周氏兄弟的恩恩怨怨。其实不然，数年之后的 1973 年，顾颉刚又在日记中大量补记了他当年和鲁迅矛盾的一些细节，这就是其性格，与鲁迅临终前的"一个也不宽恕"倒有很多相似。而且在顾颉刚看来，这不单单是是非之争，而是作为史学家，他必须要为后人留下第一手的材料，不然他不会心安理得离开这个世界。也因此即便在"文革"非常时期，他还是一如既往地写日记，补日记，这不正是其内心强大的体现？

　　对于这样一位大师，以及他与周氏兄弟的恩怨，其实不必再纠缠谁对谁错，而是要通过阅读他们的文字，了解那一段历史，更了解这些大师的内心。今天我们最应该做的，就是试图以"民国"的方式了解民国，并且尽力以"大师"的心态了解这些大师。

鲁迅笔下的《新青年》同人

　　《新青年》同人中，除却陈独秀、胡适，对杂志贡献最大且直接参与编辑事务者还有钱玄同和刘半农，后者在写给钱玄同的信中曾戏称他们四人为"四大台柱"："比如做戏，你，我，独秀，适之。四人，当自认为'台柱'，另外再多请几位名角帮忙，方能'压得住座'；'当仁不让'。是毁是誉，也不管他，你说对不对呢？"显而易见这四人就是《新青年》的核心人物，其次就是也参与轮流编刊的陶孟和和沈尹默，再加上1919年李大钊和高一涵取代已经出国的刘半农和陶孟和，这八人即属于《新青年》的中坚人物。至于周氏兄弟，其实居于边缘，虽然多少参与《新青年》的编辑工作或对刊物编辑方针等提出意见，但并未进入轮流编辑的名单，对此周作人在《知堂回想录》中这样写道："关于《新青年》的编辑会议，我一直没有参加过，《每周评论》的也是如此。因为我们只是客员，平常写点稿子，只是遇到兴废的重要关头，才会被邀列席罢了。"

　　那么，鲁迅对于《新青年》这几位同人有怎样的印象？从他的评价以及和周作人相关评价的比较中，是否可以发现《新青年》日后必然分裂的迹象呢？

　　首先看鲁迅对陈独秀和胡适的印象，也是最为人们熟悉的一段评价：“《新青年》每出一期，就开一次编辑会，商定下一期的稿件。其时最惹我注意的是陈独秀和胡适之。假如将韬略比作一间仓库罢，独秀先生的是外面竖一面大旗，大书道：‘内皆武器，来者小心！’但那门却开着，里面有几枝枪，几把刀，一目了然，用不着提防。适之先生的是紧紧的关着门，门上粘一条小纸条道：‘内无武器，请勿疑虑。’这自然可以是真的，但有些人——至少是我这样的人——有时总不免要侧着头想一想。”鲁迅的语气似乎参与了《新青年》的编辑事务，至少参加过编辑会议。但周作人却不止一次予以否认，除却上文所引《知堂回想录》，在1958年1月20日写给曹聚仁的信中，再次否认他和鲁迅参加过编辑会议：“例如《新青年》会议好像是参加过的样子，其实只有某一年由六个人分编。每人担任一期，我们均不在内，会议可能是有的，我们是‘客师’的地位向不参加的。”这里的“客师”和上文的“客员”都是帮工之意，显然周作人认为他们不是《新青年》的真正编辑，证之以周氏兄弟和陈、胡、钱等人有关稿件往返的书信，周作人的话确实可信。鲁迅则可能记错了，把某次聚会或宴会误认为是编辑会议，或者就是周作人所说的“不免有小说化之处”。但无论怎样，鲁迅这里对陈胡二人的印象倒是真实无误。

如果说鲁迅对陈独秀的评价比较准确且得到认同，对胡适的评价则遭到质疑特别是来自胡适研究界的质疑，因为根据史料，胡适为人应该不是鲁迅所说那样，是否鲁迅多疑了？如胡适研究专家耿云志就认为：“我研究胡适近20年了，他写的东西，无论已刊、未刊，可以说，大多我都看过，也看过不少别人所写关于他的文字。我总得不出和鲁迅相同的印象。……若撒开思想信仰、政治主张不论，作为一个血肉性情的人来看，胡适应当可以说是一个胸怀坦荡、鞠诚待朋友的人。"查《鲁迅全集》提及陈独秀者有六处，除却上文外，再就是对陈独秀督促鲁迅写小说的感激之语："这里我必得记念陈独秀先生，他是催促我做小说最着力的一个。"相对于提及胡适的二十次，仅仅六次提及陈独秀似乎太少，但看具体评价，则鲁迅对陈独秀的好感显然超过胡适。此外，鲁迅曾称自己创作是"听将令"的"遵命文学"，而新文化运动的主将就是陈独秀。值得注意的是，在《新青年》同人分裂、陈独秀把《新青年》带回上海后，钱玄同等人就不再给《新青年》写稿，而周氏兄弟倒是一直支持陈独秀直到1922年下半年，这多少也可看出他们对陈独秀的态度。只是由于陈独秀后来全身心投入政治，他们之间才逐渐中断了交往。

至于鲁迅，评价胡适虽然次数较多，却大都有嘲讽之意。在提及胡适的二十次中，对胡适明显有嘲讽之意者有十四次，提及胡适时大都用"博士""教授"或"学者"这样的称呼，而在赞同胡适意见或者称赞他的六次中，则称胡适为"先生"，且这些褒赞要么称赞其提倡"文学革命"，要么是对其中国古代小说考证方面的评价。而说到双方的书信往来，语气都极为客气，内容除却讨论文学革命事外，大都是关于古代小说研究方面以及日常交往。他们书信往来的时间不长，集中在1921年到1924年，这也是他们关系最好的几年。后来随着《新青年》的分裂、周氏兄弟情感的破裂、鲁迅和钱玄同等人的关系疏远、胡适与顾颉刚等人交往增多等，鲁迅和胡适即分道扬镳，中断了交往。有意思的是，鲁迅还把胡适的名字直接用在小说如《阿 Q 正传》中，虽然是善意的调侃之语，但细细品味还是能看出其情感倾向："我所聊以自慰的，是还有一个'阿'字非常正确，绝无附会假借的缺点，颇可以就正于通人。至于其余，却都非浅学所能穿凿，只希望有'历史癖与考据癖'的胡适之先生的门人们，将来或者能够寻出许多新端绪来，但是我这《阿 Q 正传》到那时却又怕早经消灭了。"

　　总之，鲁迅和《新青年》最重要的两个人物陈独秀、胡适交往都不多，算不上是好友，即便在关系较好时期，鲁迅也仅仅是由于他的创作和思想深度引起陈、胡的尊重，又由于鲁迅不是北大正式教员，他们之间交往常由周作人转达，也让鲁迅失掉不少深入了解陈、胡二人的机会。此外，分析鲁迅对陈、胡二人的不同评价，需注意到清末民初中国留学生中留学日本与留学英美的差异——事实上留日派和英美派的明争暗斗在民国期间一直没有停止过，还要注意到鲁迅对陈独秀的了解因他们同曾留日以及与章太炎、苏曼殊等人的共同交往等必然多于对胡适了解之因素。最后还有一个微妙的差异，就是陈、胡二人年龄给鲁迅的感觉不同——胡适二十七岁即暴得大名，既为博士又为教授，难免给人风头正劲之感。相比之下，对于年龄相仿、经历相仿且都未有博士头衔之陈独秀，鲁迅更容易产生好感。尽管鲁迅到北京后交往圈子基本限于同门和同事之间，而陈、胡二人属于皖籍文人圈子，但一旦介入《新青年》，鲁迅之前对陈独秀的了解必定发生作用，也可以说是有先入为主的印象。

　　鲁迅对钱玄同和刘半农的看法则比较一致，即都称赞新文化运动时期二人的功绩，彼时和两人关系也极为亲密。《新青年》同人分裂后鲁迅与二人关系都是渐趋疏远，最后终于形同陌路。但相比之下，鲁迅对刘半农的整体评价好于对钱玄同，在《忆刘半农君》中，鲁迅写道："半农去世，我是应该哀悼的，因为他也是我的老朋友。但是，这是十来年前的话了，现在呢，可难说得很。"对于刘半农在新文学运动中的功绩，鲁迅给予高度评价："他活泼，勇敢，很打了几次大仗。譬如罢，答王敬轩的双簧信，'她'字和'它'字的创造，就都是的。"不过鲁迅更看重的还是刘半农的人品，对前期刘半农的推重和后期的嘲讽大都基于此。他这样评价《新青年》时期的刘半农："但半农的活泼，有时颇近于草率，勇敢也有失之无谋的地方。但是，要商量袭击敌人的时候，他还是好伙伴，进行之际，心口并不相应，或者暗暗的给你一刀，他是决不会的。倘若失了算，那是因为没有算好的缘故。"尤其是在和陈、胡对比后，鲁迅更感到刘半农的可以亲近之处："半农却是令人不觉其有'武库'的一个人，所以我佩服陈、胡，却亲近半农。"也因此鲁迅认为刘半农始终属于朋友之列，只是有些毛病而已。他对刘半农的盖棺定论如下："现在他死去了，我对于他的感情，和他生时也并无变化。我爱十年前的半农，而憎恶他的近几年。这憎恶是朋友的憎恶，因为我希望他常是十年前的半农，他的为战士，即使'浅'罢，却于中国更为有益。我愿以愤火照出他的战绩，免使一群陷沙鬼将他先前的光荣和死尸一同拖入烂泥的深渊。"对此可看周作人的评价："在五四期间，当时应援这运动的新力军，没有比他更出力的了，他是替新思想说话的健将之一"

至于两人关系的疏远，当从刘半农留学回来开始。当初刘半农之所以出国留学，和胡适等人对他的轻视有关，而且他出去后，《新青年》同人对他也似乎忘却了，这对刘半农来说当然有很大刺激。所以回国后的刘半农不免有反弹心理，有些做派自然招致鲁迅的反感。例如1933年刘半农在批阅北大招生的国学试卷时，因发现考生的错别字就写诗进行嘲讽，即遭到鲁迅的批评："五四运动时候，提倡（刘先生或者会解作'提起婊子'来的罢）白话的人们，写错几个字，用错几个古典，是不以为奇的，但因为有些反对者说提倡白话者都是不知古书，信口胡说的人，所以往往也做几句古文，以塞他们的嘴。……当时的白话运动是胜利了，有些战士，还因此爬了上去，但也因为爬了上去，就不但不再为白话战斗，并且将它踏在脚下，拿出古字来嘲笑后进的青年了。"而在书信中鲁迅对刘半农的批评就更加直接："刘博士之言行，偶然也从报章上见之，真是古怪的很，当做《新青年》时，我是万料不到会这样的。"

对于鲁迅和钱玄同的关系，学界研究已有很多，他们由新文化运动时期的亲密战友到后来不相往来甚至互相攻击，的确令人遗憾。鲁迅和钱玄同既为同乡又同为章门弟子，早在东京时期就多有交往，按说在北京期间关系应该密切。但查两人日记记载，鲁迅1912年到京而钱氏晚一年，但直到1917年数年间两人交往很少，钱氏似只去过鲁迅住处一次，他们的交往只限于在京同门或同乡的聚会上。直到钱玄同决定请周氏兄弟加入《新青年》，才开始了他与周氏兄弟交往的"蜜月期"。据统计，钱玄同的名字在1918年鲁迅日记中出现过五十三次，1919年出现过四十四次。由于鲁迅白天要去教育部上班，钱玄同通常晚上拜访周氏兄弟，所以鲁迅日记中"晚钱玄同来""夜钱玄同来"的记载很多。对于这时钱玄同在《新青年》的表现，鲁迅毫不吝惜一切赞美语言，他人对钱氏的过激之语如废弃汉字和否定京剧等多有批评，但鲁迅却表示赞同，甚至有些过激之语是鲁迅等人先提出再由钱氏表达，如 1918 年 1 月 2 日钱玄同日记："又独秀、叔雅二人皆谓中国文化已成僵死之物，诚欲保种救国，非废灭汉文及中国历史不可。此说与豫才所主张相同，吾亦甚然之。"对于钱玄同在五四新文化运动中的贡献，鲁迅一直给予高度评价，除却那段"铁屋子"的议论外，他还这样赞美钱玄同："在中国，刚刚提起文学革新，就有反动了。不过白话文却渐渐风行起来，不大受阻碍。这是怎么一回事呢？就因为当时又有钱玄同先生提倡废止汉字，用罗马字母来替代。这本也不过是一种文字革新，很平常的，但被不喜欢改革的中国人听见，就大不得了了，于是便放过了比较的平和的文学革命，而竭力来骂钱玄同。白话乘了这一个机会，居然减去了许多敌人，反而没有阻碍，能够流行了。"正因思想见解等方面一致，这一时期鲁迅和钱玄同简直无话不谈，书信往来所谈内容也很是幽默轻松。不过 1920 年后，钱玄同和鲁迅的交往开始减少，据鲁迅日记，1921 年钱玄同访问鲁迅三次，1922 年仅有一次，而原因大概和钱玄同此时的思想波动以及《新青年》南迁导致的内部分裂有关。钱玄同一生思想多变，这既与其性格有关，也与其身体一直不好且家庭观念较为淡薄有关。他在京多年，竟然有很长时间一直住在学校宿舍，至于吃饭则基本在外面凑合，或者到朋友处蹭饭，如此状况肯定影响其身心健康。钱玄同一向想得多做得少，虽然一再表示要持之以恒记日记，一再发誓不能中断，却一次次违背誓言，致使其日记无故中断多次。看其日记手稿，有时不惜浪费精力用极工整的小楷甚至隶书撰写，但更多时候则是龙飞凤舞的草书甚至狂草，且很多都是日后追记，说明他虽然想持续下去，但心态之浮躁导致他只能以应付态度草草了事。相比之下，鲁迅的日记虽然极为简单，却始终坚持不断，即便内心极为空虚或绝望之时，也要维持"记日记"这件事情，所以哪怕只有寥寥"无事"两个字，鲁迅也要郑重地记入日记。总之，两人个性差异和思想差异，在新文化运动高潮时期不会影响他们的关系，等到《新青年》同人分裂之后即浮上水面，导致关系逐步趋于冷淡。加之后来鲁迅出走厦门，更在空间上阻断了当面交流的可能。

导致两人关系迅速变坏的原因，还有两个很重要方面。一个是钱玄同对顾颉刚"疑古"学说的支持以及与后者的亲密关系，另一个是周氏兄弟感情破裂后，钱玄同一直与周作人保持密切交往，自然会引起鲁迅的反感。不过鲁迅和钱玄同关系虽然破裂，却很少公开化，大都在书信日记中流露出来。而在鲁迅逝世后钱玄同所写的纪念文章《我对于周豫才君之追忆与略评》文中，还是对鲁迅的历史功绩给予客观评价："（1）他治学最为谨严……（2）日前启明对我说，豫才治学只是他自己的兴趣，绝无好名之心……（3）他读史与观世，有极犀利的眼光，能抉发中国社会的痼疾，如《狂人日记》《阿Q正传》《药》等小说及《新青年》中他的《随感录》所论述的皆是。这种文章，如良医开脉案，作对症发药之根据，于改革社会是有极大用处的。"自然也列举了他所以为的鲁迅三个缺点："（1）多疑。他往往听了人家几句不经意的话，以为是有恶意的，甚而至于以为是要陷害他的，于是动了不必动的感情。（2）轻信。他又往往听了人家几句不诚意的好听话，遂认为同志，后来发现对方的欺诈，于是由决裂而至大骂。（3）迁怒。譬如说，他本善甲而恶乙，但因甲与乙善，遂迁怒于甲而并恶之。"实事求是地说，钱玄同对鲁迅功绩的评价极为到位，对鲁迅缺点的分析虽有些以偏概全，但大致还是很有道理，至少鲁迅对于自己的"多疑"也并不否认。

本来，一个人对他人产生好感往往源于某件小事甚至可能就是一句话、一个眼神，而对他人产生反感也是一样。例如鲁迅后来从上海再次到北京，钱玄同已经采取避之不见态度，而鲁迅不仅在致许广平书信中嘲讽钱玄同，而且在写给弟子的信中也直言不讳了："此公夸而懒，又高自位置，托以小事，能拖延至一年半载不报。而其字实俗媚入骨，无足观，犯不着向悭吝人乞烂铅钱也。"鲁迅这里所指，是他和郑振铎所编之《北平笺谱》之序，郑氏原想让容庚或魏建功来写，鲁迅意见是让魏建功来写，因为"相识之故"。至于台静农来信中问是否也想请钱玄同来写，鲁迅回答说也有此事，但本来只是想请钱玄同写书签，然后就有了上面一段对钱氏的抱怨——其实此事之根源可能是在多年之前种下，查鲁迅日记和钱玄同文集，可知1915 年 4 月 10 日，鲁迅收到钱氏信及为鲁迅所写《会稽郡故书杂集》书面，钱玄同还在信中对自己如此拖延表示歉意："委件又拖了许久，未曾报命，谴仄万分。弟不善作篆，真书虽拙劣犹或稍愈于篆，故改写真书，未识可用否？久未报命，或足下迫不及待已别请人书写付刊，则弟可以掩丑，甚冀幸也。"据鲁迅日记，他曾在当年 3 月 8 日给钱玄同写信，后者收到信后即回复，鲁迅 12 日收到回复后又写信给钱玄同，如果这是鲁迅请钱玄同写书面的时间，则钱氏写好并寄给鲁迅只有一个月左右，鲁迅多年后却夸大为"一年半载"。当然，由于鲁迅原信已缺失，无法断定他究竟何时请钱玄同为其写"书面"，因彼时他们见面较多，且鲁迅与钱稻孙见面更多，也许会委托他请钱氏来写。不过，钱玄同信中说是否鲁迅已经等不及又另外请人写事，查鲁迅日记可知确实如此。就在鲁迅接到钱氏回信之前两天，鲁迅即已请好友陈师曾"写《会稽郡故书杂集》书衣一叶"，并于次日寄给周作人了。看来鲁迅当年也许确实等不及才又请陈师曾书写，也因此对钱玄同的拖拉有深刻印象，以致十几年后还会由此产生对钱氏的抱怨。有意思的是鲁迅该信中还有对刘半农"摆架子"的嘲讽，说明鲁迅此时对两人都无好印象，但言辞之间还是对钱玄同更为反感。

在《新青年》同人中，李大钊的地位有些微妙，他虽然不是核心人物也较少参与具体编辑事务，但对于《新青年》的思想倾向及编辑方针一直有影响力，而陈独秀也很看重他的意见。特别是在后期《新青年》趋于分裂时，陈独秀给在京的《新青年》同人写信，位居抬头第一者就是李大钊，再是钱玄同，然后才是胡适等。这不仅说明陈独秀和胡适彼时矛盾已经激化，也说明陈独秀对李大钊的重视。当然，彼时陈独秀已经全力投入政治，所以他和李大钊之间应该有更多的思想趋同点，这也是他此信写给李大钊的原因。综观鲁迅笔下的《新青年》同人，提及李大钊者不多，但李大钊因被张作霖杀害当然引起鲁迅的深深同情，1927年4月10日，鲁迅讲演中提到刚被逮捕的李大钊，话语中满是关切之情："想到香港《循环日报》上所载李守常在北京被捕的消息，他的圆圆的脸和中国式的下垂的黑胡子便浮在眼前，不知道他现在怎么样。"1933年，鲁迅应曹聚仁请求为《守常全集》写了题记，当为对李大钊的盖棺论定之文，其中对李大钊被害的痛惜和对其人品的赞美极为感人："我最初看见守常先生的时候，是在独秀先生邀去商量怎样进行《新青年》的集会上，这样就算认识了。不知道他其时是否已是共产主义者。总之，给我的印象是很好的：诚实，谦和，不多说话。《新青年》的同人中，虽然也很有喜欢明争暗斗，扶植自己势力的人，但他一直到后来，绝对的不是。……张将军的屠戮，死的好像是十多人，手头没有记录，说不清楚了，但我所认识的只有一个守常先生。在厦门知道了这消息之后，椭圆的脸，细细的眼睛和胡子，蓝布袍，黑马褂，就时时出现在我的眼前，其间还隐约看见绞首台。"虽然鲁迅并未对李大钊的思想观点做明确的价值判断，而是在写给曹聚仁的信中以"不过于学说之类，我不了然，所以只能写几句关于个人的空话"为由拒绝评价，但还是充满激情地指出李大钊虽然牺牲，"不过热血之外，守常先生还有遗文在"，这些是"先驱者的遗产，革命史上的丰碑"。

至于参与《新青年》编辑事务的高一涵和沈尹默，《鲁迅全集》中提及前者仅三次，倒有两次是把他和"现代评论派"相提并论，其中一次当为鲁迅误把高一涵之语当作陈源所说，也就可想而知鲁迅会有怎样的反应。作为陈独秀的老乡和多年好友，高一涵自《甲寅》时期就和陈独秀合作密切，参与《新青年》后更是被目为掌管《新青年》事务的"老二"，但鲁迅既然和陈独秀都较少往来，更不会和高一涵有多少接触。至于后来高一涵因参与鲁迅和"现代评论派"的争论而遭到鲁迅抨击，已经和当年他们曾为《新青年》同人没有关系。还有沈尹默，他和鲁迅既为老乡，又因沈兼士和鲁迅之同门关系有更多交往（按照沈尹默自己说法，他并非章门弟子，只是外界误认为如此，他也就将错就错）。查鲁迅日记，早在民国初年，他们就多有交往，不过大都是在京的章门弟子之活动。在《新青年》时期，鲁迅曾在写给周作人的信中透露出他们翻译的一篇小说本应给李大钊，后因发现有缺译之处，只好交给沈尹默，这说明当时李大钊和沈尹默确实在轮流编辑《新青年》。鲁迅对于沈尹默并没有什么褒贬评价，倒是请他和沈兼士为《北平笺谱》题写书叶和书签等，说明他们关系还是不错。而沈尹默在《新青年》时期常给鲁迅写信并把自己的白话诗附上，这说明要么鲁迅多少参与了《新青年》的编辑事务或者在刊发白话诗方面有一些发言权，要么说明沈尹默对鲁迅的意见极为重视，才会将诗作寄给鲁迅征求意见。

综上所述，可知《新青年》时期，鲁迅对于这个刊物由最初的关注到投身其中并很快成为五四文学革命的核心人物，除却他个人的下定决心外，和钱玄同的不断登门说服有极大关系，也和《新青年》其他同人如陈独秀的鼓励、李大钊的亲切等有关，所以后来《新青年》趋于分裂时，鲁迅也极力试图挽回，并在多年后依然对这次分裂表示惋惜。通过鲁迅的文字，我们多少可以感觉到《新青年》同人的共同愿望以及各自的人格倾向和思想变化，还有发自内心对当年那可以称之为激动人心岁月的深深怀念："后来《新青年》的团体散掉了，有的高升，有的退隐，有的前进，我又经验了一回同一战阵中的伙伴还是会这么变化，并且落得一个'作家'的头衔，依然在沙漠中走来走去，不过已经逃不出在散漫的刊物上做文字，叫作随便谈谈。"

冲冠一怒为花边

——鲁迅与李小峰的版权纠纷

一

作为 20 世纪中国最伟大的文学家，鲁迅对中国文化所做出的巨大贡献和他特立独行的性格，很多读者都很熟悉。不过，如果说鲁迅对金钱十分看重，当年也曾为了索要稿费而决心与出版商打官司，而且这出版商还是鲁迅的学生，可能有些读者就不太理解吧。说到这里，该解释一下题目中的"花边"——在过去，花边就是银元的别称，此外还有一个含义，就是当时报刊编辑为了强调鲁迅的文章重要，会给文章围上一圈花边。后来有人攻击鲁迅写文章只是为了赚钱，甚至说鲁迅的收入来路不正，是什么"花边文学"，鲁迅为了反击就特意把自己的杂文集取名为《花边文学》。

通常情况下，作者通过写作获得收入有两种方式，一种是按字计算稿费，例如每千字 40 元之类，由出版社或刊物一次性支付，也就是一次性买断作品的版权。还有一种是版税，即按照作品的定价和印刷数量定一个比例，一般是 10% 左右。如果作品重印或再版，也要继续支付版税给作者，因为作者依然保有版权。鲁迅在他那个时代当然属于名气很大的作家,所以刊物或出版社给他的版税很高。不过他在一开始写文章时常常没有稿费,例如他在《新青年》上发表《狂人日记》等小说,完全义务写作,因为《新青年》是同人刊物,是一班志同道合的人合办的,大家约定写文章给杂志但不要稿费,以便让杂志能更长久地维持出版。鲁迅开始有比较稳定的稿费收入应该是从 1923 年开始,这一年的鲁迅日记中有了领取稿费的记录。而且,鲁迅在写小说之前已经干过很长时间的公务员——是中华民国教育部的职员,后来还是教育部社会教育司第一科的科长(处级),所以写文章赚稿费不过是业余活动。

说到鲁迅到教育部任职,不能不提到他的绍兴老乡蔡元培先生。作为同乡与前辈,蔡元培对鲁迅一直倍加关照与爱护。1912 年 1 月,孙中山在南京建立中华民国临时政府,蔡元培被任命为教育总长。此时正在绍兴的鲁迅想到外地找个工作,即向好友许寿裳求援。许寿裳当时在南京的国民政府工作,即向蔡元培推荐鲁迅,蔡元培同意鲁迅到教育部任职。于是鲁迅接到许寿裳的信后很快来到南京,担任教育部佥事,对于鲁迅来说这无疑是一次走出绍兴、走出浙江的重大人生转折。

三个月后,中华民国临时政府由南京迁往北京,教育部也随之北迁。据说教育部的一个次长(副部长)与鲁迅关系不好,趁机把鲁迅列入裁员名单之中,却被蔡元培否定。鲁迅当然也随教育部来到北京,仍被聘为教育部佥事,并担任社会教育司第一科科长,主管科学、美术馆、博物馆、图书馆、音乐会和演艺会等。从此鲁迅开始了长达数年的"北漂"生活,直到 1919 年他们全家都迁到北京。鲁迅当时工资每个月 200 大洋，后来涨到 300 元。这个工资水平放在那时应该属于中产阶级，因为当时北京的市民阶层，一个月有十几元到几十元已经可以维持小康水平。不过当时的北洋政府经常拖欠薪水，鲁迅常只能拿到正常收入的三分之二甚至一半。

而且鲁迅经济负担很重，因为他是长子要负责养家，不仅每月按时把工资的一半左右寄回绍兴老家，还要承担弟弟周作人等在日本留学的费用。后来鲁迅的母亲、妻子和周作人、周建人兄弟等一大家人都来到北京，鲁迅的负担就更重了。按说此时周作人也在北大任教，两人的收入维持这个家庭应该没有问题。但一方面是应得的收入常常不能及时得到，另一方面是周作人的妻子掌管家庭财务，却花钱大手大脚，入不敷出，因此在鲁迅这一时期的日记中，常常看到他向朋友借钱的记录。为此，鲁迅从 1920 年就开始到北大等高校担任兼职教师，以多赚一点养家的费用，自然这也和当时任北大校长的蔡元培的邀请有关。蔡元培还邀请鲁迅设计北大的校徽，这校徽一直沿用至今。作为讲师的鲁迅，大概每个月讲课收入是 200 元左右，而教授一般是 300 元。这种上午去政府上班，下午去学校讲课的生活鲁迅维持了好几年，直到 1926 年他离开北京才结束。

当鲁迅和许广平确定恋爱关系后，就知道如果在北京一起生活，肯定会遭受极大的社会压力和家庭压力，因为鲁迅虽然是包办婚姻，但由于他母亲的原因不能离婚。所以两人商量鲁迅先去厦门大学任教，而许广平先回广东老家，一年后再到广州会合，事实上半年后鲁迅就到了广州。不料到广州不久，"四一五"事件就让鲁迅目睹了政府对学生的残酷镇压。紧接着，鲁迅又在他任教的中山大学和顾颉刚等人产生了不可调和的矛盾，这样鲁迅很快决定辞职。既然北京回不去，鲁迅对杭州又没有好印象，所以到上海就成为最好的选择。鲁迅决定来上海，还因为那时的上海有着中国最繁荣的文化市场，有三百多家报刊和占全国近百分之九十的出版社，而北京只有三家出版社和二十多种报刊，就更不用说其他城市了。因为文化市场繁荣，上海聚集了一批靠稿费为生的文人群体，其中不少人都是鲁迅的朋友和老乡，所以鲁迅不用担心文章没有地方发表，而只要有稿费收入他就可以养家。

不过，想在上海生活不是很容易的事，上海的生活成本比北京要高得多。首先就是上海房价很高，一般在北京能租到一个大四合院的价钱，在上海也就能租到两居室，地段可能还不好。鲁迅当年在北京能够购买住房，到上海后直到去世却只能租房来住，就是因为上海房价太高。而上海房价最贵的地方就是租界和租界附近，因为租界的治安状况较好。鲁迅既想要安全又想省点钱，就选择住在靠近租界的地方，就这样每个月房租仍然高达100多元。而且他还要给北京的母亲寄100元生活费，然后自己的小家庭加上一个保姆的工资差不多每月也要100元。

此外，鲁迅一直热心资助学生和青年作家，这也是一笔不小的开支，而且鲁迅常常是既耗费钱财又生了很多闲气。比如，鲁迅刚到上海不久，就有他的一个学生带着女友和女友的兄弟从广州也追到上海，居然直接住进鲁迅家里，一直住了大半年。一开始这学生对鲁迅还比较尊敬，声称他们是来上海读书的，鲁迅当然很高兴。不过，很快鲁迅发现每当他走过来他们就大声读书，等他一离开马上就不读了。原来他们是故意读给鲁迅听的，为的是要鲁迅负担他们三个人的学费。这个学生还要鲁迅帮找工作，鲁迅一时找不到，就只好跟一家书店说好让这学生去实习，由鲁迅每个月拿出 30 元托书店转给他，算是工资。但这学生竟然拒绝，理由是工资太低。后来这学生竟然提出要当鲁迅的"养子"，鲁迅才意识到这学生居心险恶，就是想当"啃老"一族，慢慢侵占鲁迅的财产，鲁迅当然很气愤。这学生没有脸面再住下去，就说让我离开可以，不过要给他们 1000 元当安家费，这当然太过分了。鲁迅说：我自己都没有饭吃，却拿出钱来给你去买田，你以为我该这样做么？况且我从哪里去弄到这些钱呢？没想到这学生却死缠烂打，说：你总比我好想办法，你一年有上万元的版税，只要肯，有什么弄不到？最终鲁迅还是给了他 120 元，又给了一些衣物，他才带女友离开。大概因为这件事的刺激，鲁迅觉得还是有个孩子好，这个学生离开鲁迅家不久许广平就怀孕了，如此鲁迅还必须为孩子出生做好经济上的准备。

这样算起来，鲁迅必须保证每月收入不低于 300 元，才能有相对体面的生活和相对安宁的写作环境。而且到上海后，由于鲁迅不让许广平出去工作，养家的重任自然要鲁迅一个人来挑。然而，1928 年鲁迅在上海的平均月收入仅为 197.63 元，这固然有刚到上海忙于安家，暂时没有更多文章发表的原因，但北新书局克扣鲁迅的版税才是主要原因，由此就可明白鲁迅为何那么在意拖欠稿费一事。

鲁迅状告出版商这件事发生在 1929 年，出版商李小峰是北新书局的老板，鲁迅的很多著作都由这个书局出版。李小峰是江苏江阴人，自幼父母双亡，由长兄李志云抚养成人。他于

1918 年入北京大学哲学系，与鲁迅是师生关系。据《鲁迅日记》记载，李小峰亲自或派人拜访过鲁迅 123 次，鲁迅则拜访李小峰 80 次，双方书信往来 480 封，同桌聚餐 34 次。这样的交往密度，在鲁迅所有朋友中算是很高了。李小峰在校期间参加了著名的新潮社，并负责《新潮》月刊的具体出版工作。《新潮》初期得到蔡元培支持，创刊号便印了 10000 册，数量惊人。五四运动爆发后，《新潮》知名度急剧上升，全国代销处达 40 多处。《新潮》作者大多是北大学生，所发文章以文学创作为主，像俞平伯、朱自清、欧阳予倩等，均借此走上文坛。但《新潮》很快陷入困境，一是傅斯年、罗家伦先后出国留学，到后来 40 多名社员中有 30 多人在国外，尽管具体工作有李小峰等人负责，但作者的流失是一个很大问题——没有人写稿了。二是北大取消了给《新潮》的经济资助，加上新潮社在推出"新潮丛书"时，对市场预期过高，将周作人《点滴》印了 7000 册，《蔡孑民先生言行录》印了 10000 册，定价亦贵，结果销售很不理想。直到 1922 年 3 月，李小峰等人策划推出"新潮文艺丛书"，第一本是冰心的《春水》，第二本是鲁迅译《桃色的云》，才比较畅销。但真正改变局面的是第三本书，就是鲁迅的第一部小说集《呐喊》。本来《呐喊》出版前，鲁迅怕增加出版方的负担，自己还垫了 200 元，没想到此书引起巨大轰动，新潮社从此走出困境。

　　1924 年，鲁迅倡导的《语丝》周刊创刊，李小峰负责出版发行工作，由此和鲁迅的往来更为密切。后来李小峰感觉做出版应该很有前途，打算自己成立一个书局，得到鲁迅的大力支持。1925 年 3 月 15 日，李小峰与大哥李志云、夫人蔡漱六及孙伏园集资在北京创立北新书局，鲁迅也给予一定的资助。所谓"北新"，即"北京大学新潮社"的简称，有继承《新潮》理念的意思。书局成立后不到两年就出了12种新书，这在那时算是很不错了。1927年4月，奉系军阀张作霖查封书局，北新书局被迫迁到上海，和鲁迅的交往更加密切。

鲁迅对北新书局最大的支持就是提供了大量作品。据统计，北新书局出版或经销的鲁迅著、译、编的书籍，达39种之多。北新书局翻版次数最多的14种新文学著作中，鲁迅的就占了6种，其中《呐喊》印刷了22版，在第14版时印数已达43000册。这个数字即便放在今天也是相当可观。

此外，北新书局还出版了大量中国现代作家的作品，有学者曾对《民国时期总书目·文学卷》做过统计，北新书局所出版的新文艺图书在320种以上，在民国时期的出版社中，很少有可以与之比肩者。著名作家萧乾就说，如果把当时每天进出北新书局的文学界人物开列出来，也许会占那个时期的半部文学史。

显然，鲁迅是北新书局创收的主要来源之一，而李小峰对鲁迅也很慷慨，所给版税高达25%，而当时最高也就是15%，一般为12%。即便今天，一般作者能拿到的版税也就是8%到10%。鲁迅自然也知道北新和李小峰待他不薄，所以他曾说："我以为我与北新，并非'势利之交'……所以至去年止，除未名社是旧学生，情不可却外，我决不将创作给与别人……"

当年鲁迅在北京时，北新书局一般按时给鲁迅送版税，大概每年有数百元到千元左右，因为鲁迅那时著作还不多，这个数目大致不错，尽管双方没有认真核实过。不过，等到鲁迅

1926年南下厦门和广州后，北新书局给的版税就大幅度减少，1927年一年只有470元。只是因为鲁迅那时在厦门大学和中山大学任教授的收入较高，分别是月薪400和500大洋，所以鲁迅没有格外在意。等到1927年鲁迅到上海定居开始靠稿费为生时，才对版税收入开始重视。当时鲁迅给北新书局的著作已经有九部，都卖得很好，所得版税理应增加很多。鲁迅还为北新书局编辑两个杂志即《语丝》和《奔流》，应该有固定的编辑费。此外鲁迅还为《北新》半月刊翻译作品，也应有版税收入。但事实却恰恰相反，这自然引起鲁迅觉察，于是，他开始向知情者了解实际情况并一项一项核对。其实鲁迅不善于理财，而且作为老师，对与李小峰交涉版税总是心存顾虑，所以希望李小峰能够自觉。1929年3月他在给李霁野的信中说："和北新交涉款项的事，我想最好是不要叫我去交涉。因为关于交易的事，我一向都不在行。"只是后来一直得不到北新方面的积极回应，鲁迅才决心和北新彻底算一下账目。从那时鲁迅的日记中可以看出，从1929年8月开始，鲁迅为此事几乎每天都在忙碌。那么，北新书局拖欠鲁迅的版税有多少呢？按照《鲁迅日记》中的账目统计以及鲁迅好友郁达夫的说法有2万元左右，这在那时已经是一笔巨款。而且事后看来，鲁迅所索要的这笔钱，占鲁迅全部著作稿费总收入的40%或者他一生总收入的将近五分之一，所以鲁迅与李小峰的这场争端，对于鲁迅而言绝非小事。

然而，尽管鲁迅一再写信给李小峰，但李小峰的回应却不能让鲁迅满意。且看鲁迅日记中对此事的有关记录："北新书局自云穷极，我的版税，本月一文不送，写信去问，亦不答，大约这样的交道，是打不下去的。自己弄得遍身痱子，而为他人作嫁，去做官开厂，真不知是怎么一回事矣。"这是鲁迅在1927年写给友人信中对北新书局的抱怨，此时鲁迅已经有"这样的交道"很难再继续维持的想法了。又如在另一封写给友人的信中，鲁迅已经掩不住他对李小峰的不满："李公小峰，似乎很忙，信札不复，也是常事。……以北新之懒散，而上海新书店之蜂起，照天演公例而言，是应该倒灶的。……"李小峰是他的学生，他居然称之为"李公小峰"，不满之意已经溢于言表了。

到当年的8月，鲁迅的不开心更加严重，在写给朋友的信中鲁迅这样抱怨北新书局："北新近来非常麻木，我开去的稿费，总久不付，写信去催去问，也不复。投稿者多是穷的，往往直接来问我，或发牢骚，使我不胜其苦，许多生命，消磨于无代价的苦工中，真是何苦如此。北新现在对我说穷，我是不相信的，听说他们将现钱搬出去开纱厂去了，一面又学了上海流氓书店的坏样，对作者刻薄起来。"显而易见，鲁迅此时不仅责怪北新对其所编杂志作者的不负责任以及不能按时支付稿费，而且开始怀疑北新书局是否将作者稿费挪至他用。这封信写于1929年8月7日，等到这个月的11日，鲁迅终于向李小峰发出了最后通牒。在此日写给李小峰的信中，鲁迅愤怒地对李小峰不给自己回信表示极大不满，并表示从此不再编辑杂志，原信如下：

我最末问《奔流》稿费的信，是上月底，鹄候两星期，仍不获片纸只字，是北新另有要务，抑意已不在此等刊物，虽不可知，但要之，我必当停止编辑，因为虽是雇工，佣仆，屡询不答，也早该卷铺盖了。现已第四期编讫，后不再编，或停，或另请人接办，悉听尊便。

看来，李小峰没有及时回复鲁迅的回信，是惹恼鲁迅的导火索。不过导致鲁迅决心将北新书局告上法庭的根本原因，还是他认为北新拖欠自己的版税已经到了无法容忍的地步。此外，鲁迅所主编的刊物本应由北新书局支付作者稿费，也同样被拖欠甚至赖账，这使得鲁迅常常招致一些作者的责怪和误会，也是促使鲁迅状告李小峰的原因之一。最后，就在鲁迅准备请律师打官司的当天晚上，他收到李小峰的回信及所付版税、《奔流》编辑费各 50 元，这更坚定了他找律师的决心——不仅版税少得居然只有 50 元，而且《奔流》编辑费向来是 100 元，李小峰在没有任何解释的情况下就减为 50 元，这怎能不引起鲁迅强烈的反感。令鲁迅不满的还有一点，就是那时的北新书局为了赚钱将重点转向教材和儿童读物，而且李小峰竟在《语丝》中刊登性病广告。

那么，北新书局对于拖欠鲁迅版税这件事是如何解释的呢？李小峰首先感谢鲁迅对他的培养和信任，他说鲁迅是我的老师，永远是我的老师，北新书局的创办和成功是和先生的扶持分不开的。就像先生的后园，一株是枣树，还有一株也是枣树，意思是说他和鲁迅一直是并肩战斗、相互支持。其次李小峰认为总店迁到上海后的北新书局，经济效益已大不如从前，所以不得不拖欠。但当时有传言说是书局将稿费挪至他用如开办纱厂等，甚至有传言说李小峰的哥哥挪用北新书局的钱去嫖妓、养姨太太、运动做官等，由于李小峰自小是哥哥将其养大，所以对哥哥的做法也不敢反对。但此事毕竟是传言，不过这传言被鲁迅知道了，自然会有强烈的反应。因为当时有些文人都认为，李小峰和北新书局是靠出版鲁迅著作发了财。实际上，由于北新书局专门出版新文学书刊，其发展一直不稳定，因此拖欠鲁迅的版税可能是没有办法的事。为了改善书局的经济状况，李小峰不得不将出版重点转向儿童读物和教科书，这自然会引起鲁迅的不满。对此李小峰说："我在经历了几次书局被封、丧兄之痛之后，把书局的出书重点向儿童读物和教科书转向，文艺图书为次之。我盛邀赵景深出任北新的总编辑，陈伯吹出任儿童编辑室主任。从此，先生对北新的偏爱因出版方向的转变和版税打官司等原因转向了疏离。"

至于拖欠鲁迅版税的具体原因，李小峰曾对何满子解释说，当时一个叫韦素园的青年作家生病急需钱，正逢北新书局资金紧张，便未经同意挪用了鲁迅的版税。说起来这韦素园也是鲁迅的学生，大概李小峰觉得先用一下鲁迅的版税救急也没有什么。不过无论如何，即便是手头紧张或者把鲁迅的版税挪作他用，也应该给鲁迅解释一下。两人都住在上海，即便李小峰自己没有时间去见鲁迅，写封信或者派人对鲁迅说明情况总是可以的吧——之前李小峰和鲁迅的交往非常密切，如今突然不来往甚至连信也不回复，这总是说不过去的。至于李小峰为什么没有回复鲁迅的几次催要版税的信件，似乎没有见到李小峰有什么具体解释。

按照民国时期的有关法律，如果鲁迅将书店和李小峰告上法庭，法庭会怎么判决呢？版权保护在我国一直不受重视。我国第一部版权法——1910年清政府颁布的《大清著作权律》不但比世界上第一部版权法——英国的《安娜法案》整整晚了200年，而且其内容也极为简单、粗陋。等到1915年，北洋政府颁布了《著作权法》，才对私自翻印、出版他人著作或假冒他人名义出版作者给予罚金50元到500元的处罚，应该说这个惩罚不算重，但毕竟是有了一定的版权保护意识。到1928年，当时的国民政府又颁发了《著作权法》，较之前面的版本有了很大进步，其中第23条明确规定："著作权经注册后，其权利人对于他人之翻印、仿制或以其他方法侵害其利益，得提起诉讼。"第26条又规定：冒用他人姓名发行自己之著作物者，以侵害他人著作权论。显而易见，鲁迅如果要告李小峰，则这第23条最为适用，只要李小峰承认拖欠了鲁迅的版税，则结果一定是法庭判决北新书局如数归还拖欠鲁迅的版税。其实欠债还钱天经地义，即便没有什么著作权法，这种拖欠不还的事只要事实清楚，基本上被告一方都会败诉。

二

鲁迅在一再忍让和得不到李小峰回应之后，终于决定将李小峰和北新书局告上法庭。为此，鲁迅亲自上门聘请了律师，以便让这官司获胜更有把握。所聘请的律师名叫杨铿，鲁迅和杨铿商定打算在1929年8月25日正式提出起诉。

李小峰在获知鲁迅准备状告自己后多少有些紧张，因为无论如何，自己的拖欠版税事实是无法否认的，不但官司必输无疑，而且事情一传开，对书局的名声有很大影响。此外，当时北新书局还拖欠不少作者的版税，如果鲁迅打官司赢了引起连锁反应，北新书局肯定吃不消。于是他写信给鲁迅要求当面商议，但极为生气的鲁迅拒绝见面。李小峰见自己出面已是无济于事，只好向鲁迅最好的朋友和老乡——著名小说家郁达夫求救。当时郁达夫是在杭州，应李小峰的请求火速赶到上海扮演协调者的角色。在郁达夫的斡旋下，同时也是在李小峰一再请求下，鲁迅答应先庭外调解。而调解的时间就是 8 月 25 日下午，地点就在鲁迅所请的杨铿律师家里。当天下午，出席协商的除当事人鲁迅、李小峰、协调者郁达夫外，还有北新方面的李志云，鲁迅方面的党家斌（杨律师就是由他推荐的）。协商结果有三条：第一，北新积欠鲁迅的 1.8 万余元，分 10 个月付清（后来实际上是 20 个月才付清）；而这之后必须每月付 400元版税。第二，之前鲁迅著作的旧版由鲁迅收回，这意味着没有鲁迅同意，北新书局不能再出版之前鲁迅的所有著作。第三，为了监督书局方面是否私自增加印数，今后北新所出鲁迅新书必须加贴鲁迅提供的印花。这样鲁迅就可以清楚知道书局方面印了多少，以此作为收取版税的根据。据许广平回忆，说后来上海本地所卖鲁迅作品确实贴了印花，但在外地发售的很难查证。此外 1936 年鲁迅去世后，有媒体称李小峰仍欠鲁迅版税，李小峰忙在报刊上发声明但数据有误，引起许广平不满，北新书局不得不公开账目，不过许广平请的一个张姓律师发现其中有明显漏洞。自然，虽账目不清时有拖欠，但李小峰一直在支付版税直到抗战爆发，这也是事实。

总之经过协商，由于李小峰等于满足了鲁迅的要求，鲁迅自然同意撤销起诉，而李小峰也确实履行了约定，按月支付拖欠的版税直至结清，对此鲁迅在日记中有清晰的记载。此外，这件事的处理也可看出鲁迅的宽宏大量，例如他只是要求书局支付所拖欠版税，在北新方面表示一次付清确实有困难后也答应可以分期赔付。再如，鲁迅也只是要求北新归还这些年所拖欠版税，并未提出什么精神赔偿费或者这些拖欠款项的利息等。

那么经过此事后，是否鲁迅和北新的关系从此就彻底破裂了？事实是此后鲁迅对北新的出版事业仍然予以支持，但他同李小峰之间的关系再也没有恢复到在北京时那样亲切融洽，而更多是一种合作者之间的客气和礼貌，说起来还是有些令人唏嘘不止吧。至于李小峰本人，在中华人民共和国成立后一直从事出版工作，为我国出版事业做出重要贡献。后来因为这件事他被扣上"剥削鲁迅"的罪名打成右派，但他一直沉默，从来不为自己辩护。1971 年 9 月，他在上海去世。

最后，鲁迅与李小峰的这起没有开庭审理而是私下协商的索要版税一案，还有一些花絮值得一提。原来在协商结束后的1929 年 8 月 28 日，李小峰在南云楼宴请鲁迅、林语堂夫妇、郁达夫夫妇、川岛等，实际上是李小峰向鲁迅赔礼道歉。本来一开始吃饭时气氛还是比较融洽，不过席间有人忽然提到一个人——张友松。张友松原本与李小峰在北京大学读书时同学，两人都曾是鲁迅和林语堂名下的学生。后来李小峰在上海创办北新书局，鲁迅的很多书都是通过他出版的。谁知，北新书局做了不到一年，张友松便因书局拖欠鲁迅稿费而同李小峰彻底闹翻，想自己办一个书店，为此他多次请鲁迅、林语堂等人吃饭，并一再表示自己要以李小峰为戒，决不拖欠作者的版税。为拉拢鲁迅，他一方面帮鲁迅找律师同李小峰打官司，向对方追回所有欠账，另一方面又在鲁迅的支持下，创办自己的春潮书局，继续出版鲁迅等人的著作，并翻译出版沙俄时代作家屠格涅夫和契诃夫等人的作品。鲁迅不仅不惜花费大量时间和精力，亲自帮张友松邀人组稿，拟定编辑文艺丛书计划，而且还在自己经济收入相当拘谨的条件下，借给张友松 500 元钱，帮助他筹办新的书局。然而，由于缺乏经商和管理经验，张友松的春潮书局很快就倒闭了。不过外界还是有人认为，鲁迅与李小峰的矛盾很大程度上是张友松挑拨造成的，所以鲁迅很忌讳这件事。

不料有人提到张友松，林语堂没细想就跟着别人连连点头附和。林语堂原以为自己是替鲁迅说话，不过鲁迅非常敏感，认为林语堂是在讥讽他，从座位上站起来大声喊："我要声明！我要声明！我和北新的诉讼不关张友松的事！"林语堂站起来辩解："是你神经过敏，我没有那个意思！"两人谁也不让谁，一下气氛十分紧张。郁达夫一看情况不好就硬拉着林语堂离开酒席，大家不欢而散。

对于这场风波，鲁迅在当天的日记中这样写道："晚霁。小峰来，并送来纸版，由达夫、矛尘作证，计算收回费用五百四十八元五角。同赴南云楼晚餐。席上又有杨骚、语堂及夫人、衣萍、曙天，席将终，林语堂语含讥刺。直斥之，彼亦争持，鄙相悉现。"同样，林语堂也在 1929 年 8 月的一处日记中写道："八月底与鲁迅对骂，颇有趣，此人已成神经病。"两位好友从此变得关系紧张，之后更因文学创作方面的见解不同而分道扬镳，令人遗憾。

其实，他们吵架除了当时两人可能都喝多了之外，深层次原因还是思想见解不同，特别是两人都到上海后，林语堂提倡什么"幽默"小品文，主张用书写闲适间接曲折地表示对社会的不满。鲁迅却认为在反动派的屠刀下，没有真正的幽默。还有一个原因就是林语堂认为鲁迅在和北新书局的版税纠纷问题上，过于计较金钱，甚至不惜和学生撕破脸，他对鲁迅这样做多少有些瞧不起吧。恰巧宴会上两人一言不合，争吵自然无法避免。

最后应该强调的是，鲁迅认为知识分子如果要"特立独行"，就必须在经济上自立。当年的那次纠纷标志着鲁迅那一代文人已经走出"耻于言钱"的道德尴尬，鲁迅对于个人权益的维护显示出他的经济眼光。在既没有祖传家业也没有仕途保证之后，知识分子必须扔掉假清高的面具，做一个光明正大靠个人才华赚钱的现代文人。正如他所说："钱，高雅的说罢，就是经济，是最要紧的了。自由固不是钱所能买到的，但能够为钱所卖掉。"其次，在20世纪二三十年代，中国知识分子维护自己合法权益的意识逐步觉醒，而鲁迅就是他们的代表。今天我们谈鲁迅，如果不谈善于维护自己著作权的鲁迅，那就不是一个完整的鲁迅，不是真正的鲁迅。

人生中渗透诗的意味

——留美时期徐志摩的交往

　　1918 年，徐志摩赴美留学，可惜那一年他没有日记留存，如今我们见到的《留美日记》仅仅从 1919 年 1 月 26 日到 12 月 21 日，且中间缺少很多。

　　日记缺少的原因，要么是日后保管不慎丢失，要么当初徐志摩根本就没有记——从现存日记中看出徐志摩对写日记有高度评价，且对自己因懒惰导致日记中断颇为懊悔："日记竟一荒永荒真不应该。人之异于禽兽，以其有智慧，能思想，思想最空淼，亦最奇妙。综前映后，层出不穷。然非讨切记述以杂其缘索，而理其源流，则罔为无所归宿，精金宝石一等烟云有足惜也。惟学问少所臻诣，思路必不纯洁，故难于著专篇而宜于著随笔。日记有百利，而无一弊。奈何以懒而废，不智不勇思之憬然。"（1919 年 7 月 10 日）自然，说说容易，坚持下来很难，即便每天只是写几个字。不过从其现存日记，仍然可以考察徐志摩当年在美留学生活的一般情景及思想状况。

　　首先是对徐志摩留美时经济状况的考察。由日记可知徐志摩留美不是公派，费用全由自己解决。而徐志摩虽然家境很好，但在美期间的经济状况并不宽裕，有时甚至需要同学好友相助：

"这一月内，著实经验了些没有钱用的难处。东拉西扯，借债满身，好不难过，真不自由。真不说虚话，用一分钱，也要掂掂斤量。周太尉入狱，方知狱吏之尊。我今日才晓得钱财之贵。到了昨日，袋中剩了一块多钱，吃饭不够两天，正在迟疑，救星到了。可是暂时的救急星，这还是靠不住。老邱寄来了二十一元三角六分。连前凑足一百五十块。他说月初再寄我五十块，以后要还好想法子。这位仁善的债主，真正难得！"（8月1日）

徐志摩平日大手大脚惯了，一旦借债度日，就倍感日子难过。为省钱，徐志摩特意设计了一个统计表，实行所谓的"养俭记账法"。结果实行十几天后，效果仍然不佳。据其11月12日日记："行此法已十三日。算来共用去九十五元整，其中书籍占六十五元，消耗占六元，应酬赠送占八元奇，实用乃十四元耳。向博泉借款已及一百二十元，现存又不到三十，家款未有到期，说要节省才是。"那么此后又如何，是否真的节省一些了？在12月3日日记中有这样的记载："记账三十三日。共用去一百七十元。其中书籍费占七十。百元中五十七元加住费二十，合七十七元为维持生活所必要，其中四十三元则为应酬费、消耗费、馈送费等。"从统计可知首先他买书过多，作为经济上尚未自立的学生，没有必要买很多书，何况徐志摩所买书有些并非急需。此外，如果买书算不上是浪费，则他的应酬费、消耗费和馈送费过多就是问题了。徐志摩结交广泛且为人大方，导致这方面开支较大，几乎与其生活必需开支相等，说明徐志摩这方面控制能力较差。其实，此后多年徐志摩一直如此，说到底还是与其诗人气质和从小生活优越所养成挥霍习惯有关。

徐志摩的爱好和结交广泛，在其早年的府中日记中已见端倪。一旦来到异国他乡，为了减少所谓的乡愁之思，其结交更加广泛和密切，这些留美日记中都有记录。纵观徐志摩这时的交往情况，按不同性质，大致可以分为与中国留学生和外国师生的交往以及直接与间接交往（书信）两种情况。就前者看，徐志摩与中国同学的交往次数及涉及人数之多，远远超过与美国师生的交往。这也是当时很多中国留学生都有的情况——限于外语水平较低和文化、生活习惯等方面的差异，中国留学生在与外国师生交往时往往比较被动，即便有所来往也常常属于浅层次的日常来往，很少能达到精神层面的交流。相比之下，吴宓日记中所披露的他和陈寅恪、梅光迪等与哈佛大学教授、新人文主义大师白璧德的来往就值得珍惜，因为他们的交流早已超过日常生活层面，而是就中西文化的冲突与融合问题进行的深层交流。

就间接交往方面看，留美时的徐志摩写信的次数和交流对象急剧增加，在现有不足一年时间且大部分日期没有记的情况下，现存留美日记中所记录的徐志摩所写书信就有 131 封，而收信也有 92 封（均不包括和家庭的书信往来。且有时徐志摩仅仅标明是通信没有具体说明是收信还是来信，此种情况一般归为写信类），最多者徐志摩一天内会收到五六封然后又会写信五六封，其频率和总数都相当多。至于直接交往，徐志摩在日记中所记载最多的交往就是和同学、同乡等外出游览、购物、听演说、开会和吃饭等，而能体现出诗人敏感之处者，是他记入日记的重点大多为对中国留学生的印象和评价，特别是对留学生之间恋爱之事的观察和评价，其中徐志摩对中国女留学生的评价很有意思。在 8 月 18 日及以后数日的日记中，徐志摩用极为详细的文字一气评价了十位中国女留学生，显示出他对女性敏锐的感知能力和理解能力。他后来与林徽因和陆小曼之间的爱情故事那样轰轰烈烈，当与其早年就对女性有深刻的观察和理解有关，更与其骨子里的浪漫情结有关。且看他对某中国女留学生的评价："刘女士尊容，颇为激目。因为他身材是矮而肥，简直直上直下，说句唐突话，像冬瓜那么一段。再加之一颗斗大的头颅。面如满月，眼若铜铃。口阔，眉浓，鼻大，就剩皮肤倒还白皙，否则不堪设想了。"（8 月 18 日）

在当天日记中，徐志摩居然一口气点评了当时在衣色加的所有十位中国女留学生。在他看来，女性外貌各有不同，长相美丽固然是女性一大优势，但最重要的还是性格、内在的韵味以及待人接物等方面。他尤其反感的就是女性的那种矫揉造作，喜欢待人真诚自然者。不过，他似乎对那种外貌甜美、娇小柔弱者更有怜爱之心，例如他对一位美国女孩子的评价："早餐过径赴博泉家。房主惺忪应门，韵致可怜（房主正当妙年，尝为某画家作画本，语博泉其蜷蜷其柔荑，并擅胜也）。"（11 月4 日）

想到用《诗经》中语言比喻异国女孩，已经显示出作为诗人特有的敏锐，但从上述评价中更是依稀可见林徽因和陆小曼的影子——尽管此时的徐志摩尚未与她们二人结识，也许他在那时就已在心中刻下理想佳人的模样了？其实，留学时的徐志摩正值青春年少，喜欢对异性评头论足不足为奇，也是当时中国留学生借此免除思乡之苦的常用手段。青年学子客居国外，特别是 20 世纪初的中国留学生，从一个封建大国来到资本主义国家，文化上的巨大冲击尤其会表现在男女结交往来方面。中国留学生如果目睹美国学生在男女关系方面的自由开放以及社会上一些文化娱乐场所，所受刺激之大可以想见，偶有动情之时本也自然，但徐志摩对自己的刹那间之"邪念"却能把握控制得住，倒是十分难得："昨晚有女子唱极荡亵，心为一动，但立时正襟危坐，只觉得一点性灵，上与明月繁星遥相辉映，这耳目前一派笙歌色相，顿化浮云。"（8月6日）

那么，徐志摩是怎样抑制和转化自己内心"邪念"的呢？原来他运用心理自我暗示的方法，首先是告诫自己如果要有所成就，就不能随众逐流，大凡成大器者都是认真对待生活的；其次就是要心地光明、意志坚强，方能不被世俗享乐所诱惑。对此，不妨看看另一位同时留美的学生吴宓的日记中对这方面事情是如何评价的："今身为留学生，而不入秘密兄弟会，而不事交际、而不求干进、纳交于国中之权贵，而不赴年会、登台演说，而不争为《月报》《季报》之主笔，而不争为学生会之会长职员，而不嫖美妓，而不勾引中国女学生，而不事跳舞，而不常看戏，而不胁肩谄笑、口作极无味之应酬语；凡不为以上之事者，则众讥其人为怪癖，为顽愚，为无用，为不热心，为不爱国，为自私自利。呜呼，鹓雏腐鼠，今古同情。"陈寅恪曾经说过近代以来祸中国最大者有两件事，一个是袁世凯北洋练兵，一个是派送留美官费生。前者容易理解，袁世凯如果没有掌握兵权，就不会有后来的很多变故特别是不会有其复辟一事。而后者很多人觉得不可理解：留学美国不是向西方学习的好事么？可是当我们看到徐志摩、胡适、马一浮和吴宓等人日记中所记录的中国留学生在美丑态百出的言行时，当我们获知陈寅恪、吴宓等人对很多中国留学生所学习的几乎都是西方人的文化垃圾表现出深恶痛绝时，就会理解陈寅恪为何会有如此说法了。

且说徐志摩与吴宓早在 1918 年就已经相识。徐志摩是 1918 年 8 月赴美留学的，开始时攻读银行学，"最高的野心是想做一个中国的 Hamilton"（美国一位大银行家的名字）。当时第一次世界大战刚刚结束，中国留美学生的爱国热情很高。徐志摩听说在波士顿中国留学生有"国防会"的组织，便于 12 月 21 日与李济等前往波士顿。和徐志摩同来波士顿的向哲浚，是吴宓清华的同学。而吴宓到波士顿后，与国防会的副会长尹寰枢同居一室，他们的住处就是救国会的会所。如此，徐志摩来加入救国会，自然会与吴宓相识。徐志摩在 8 月 29 日日记中曾有提及，说吴宓当选为国防会编辑部的部长，而徐志摩自己是编辑，不过日记中对吴宓个人没有具体评价。而吴宓则以回忆方式对徐志摩及其作品有深刻评价，徐志摩去世数年后吴宓所写的《徐志摩与雪莱》一文中有这样的文字："我住在哈佛大学宿舍 Thayer Hall 三十五号室。同房住的，是尹寰枢君（字任先），是中国'国防会'的副会长；我们的住室便是国防会办公和职员会议的地方。我那时十分爱国，日夕劳忙，和郑莱、陈宏振等一般朋友，帮助尹君办理会务；一面又要打电报到巴黎阻止中国和会代表签字；一面又要在美国报上写登文章；一面又要参与中国留美学生会的事情，讨论某案，弹劾某人，真是忙个不休，十分起劲……就在那时，我初和志摩认识。一日，有克拉克大学的两位中国学生，来加入国防会；其中一位李济（济之）；另一位便是徐章垿，字志摩。照例签名注册之后，大家便畅谈国事和外交政治等。以后还会见过几次，所谈仍不出此范围。不久，就听说志摩到欧洲去了。"

两人回国后，因朋友圈子不同交往不多，用吴宓的话说是"回到中国之后，在南京，在北京，在清华，也曾会过志摩，但是次数不多。在我与志摩之间作联络的公共朋友，当时是张歆海君"。张是两人同时期留美的同学，在他们日记中都是常常出现的人物。值得一提的还有徐志摩遇难后吴宓又写文章又写诗，对徐志摩及其创作给予高度评价，这对于一向反对白话诗的吴宓来说十分难得。其所写悼诗如下：

挽徐志摩君

牛津花园几径寻，檀德雪莱仰素因。

殉道殉情完世业，依新依旧共诗神。

曾因琼岛鸳鸯社，忍忆开山火焰尘。

万古云霄留片影，欢愉潇洒性灵真。

另一方面，也正因为徐志摩抱定好好学习报效祖国的想法，他在日记中才对那些刻苦学习者总是抱有敬意并以结识他们为荣，如下面两条："老张狠（原文如此——引者注）是一个血性的男子，近来格外受了刺激，立意要结合同志，共相砥砺。所以他舍去了吴城，因为不愿意跟有私利少大志的朋友作伴。他同我谈了多时，彼此狠为契合，我觉得非常高兴，因为又觅到了一个至诚的同志。"（8月2日）"郑毓秀女士，革命巨子。曾与汪兆铭谋炸摄政王。其后历经印度、东瀛、留法巴黎大学，新以法律学士卒业，由美回国。……此君浓眉高额，雄喉杀眼，

真女丈夫佩真群英之俦匹也。"（12 月 5 日）

纵观徐志摩的《留美日记》，可以发现他所结交和看重者，大都为当时中国留学生中的佼佼者，其中很多都成为民国历史上的重要人物。兹列举一些出现在徐志摩日记中且他给予好评者：李济、张君劢、蒋廷黻、洪煨莲、张鑫海、楼光来、汪懋祖、朱斌奎等。而且这些人中有不少在徐志摩回国后，还是与其保持往来，所以其留学时建立的交际关系，对徐志摩回国后的发展依然产生了重要的影响。

阿尔弗雷德·许茨是美籍奥地利裔现代哲学家，他通过对生活世界的结构和各个层次的研究，试图探讨生活世界的"哲学"意义。他认为生活世界不仅是人们共同的世界，而且从一开始就是被人们当作一个有意义的世界来经验的。就留学生而言，来到一个完全不同于自己过去生活的环境，其最容易接近与理解者自然是来自祖国的同学，其次才是来自其他国家的同学。从日记中可知，徐志摩和日本留美学生等也有交往，但频率和强度绝对不如与中国留学生的交往。显而易见从徐志摩的角度看，他这些同学好友的世俗生活经验可以被他当作一个值得信任的同伴经验，因为作为诗人，徐志摩对理解认知他人几乎有近于直觉的超能。按照所谓的"主体间性"理论，人际交往之所以可能是因为这种交往默认这样的可能性：通过交往我能认识他人的人性，并能像看待我的自我一样看待他人的自我。最终我能像理解我自己一样理解他们，我当然也期望他们理解我。作为刚到美国不久的学生，徐志摩自然渴望通过适当的人际交往，结交能给他提供各种帮助的朋友，并期待能与他们一起学习、一起生活，一起分享留学生活的乐趣、烦恼和人生理想。

在徐志摩留美日记中，有一篇谈论自己自傲和薄人（轻视他人）心理的文字值得特别关注，因为这是青年徐志摩试图对自我和他人进行分析的好例子："自傲与薄人骤看是一事，然却有些分别。自傲是不分皂白，一味看不起人，是混泯的，是无区别的。薄人是有些分寸，是比较的，是观察的，是有标准的。"（7 月 12 日）

在这里，徐志摩实际上告诉我们，如何获得有关他人自我的知识，实际上就是一个如何理解他人、如何与他人实现理解和沟通的问题，这个问题也包含着我们如何能形成共同的世界经验问题。他人的意识与我们的意识的进行过程在时间上是平行的，两者在社会互动中同时发生并交错在一起，构成我们理解他人的基础。在认识他人的内在生活方面我们处于劣势，因为这种认识是间接的和不连续的。但从另一个角度看，我们了解他人又甚于了解自己，因为当他人的主观经验实际发生时，我们可以比较客观地观察和感受，而我们只有等自己的经验成为过去时才能加以反思性地对待。我们对自我的认识只有通过反思才能完成，我们只能在反思中把握自己的感受，也就是对过去的感受的把握，而不是对现在正在进行的感受的把握。

如果说徐志摩和我们普通人在这方面的感受有何不同，那就是作为诗人他比我们更加敏感也更加主观，即便有理性的反思，也更多带有诗的形式，如此他看他的生活世界就会总是充满诗意，正如蔡元培为徐志摩去世所写的挽联：

谈话是诗，举动是诗，毕生行径都是诗，诗的意味渗透了，随遇自有乐土；

乘船可死，驱车可死，斗室生卧也可死，死于飞机偶然者，不必视为畏途。

生为诗人，对徐志摩而言幸还是不幸，当然只有他自己才能回答，而作为读者，我们对他只有感激。不过我们知道，尽管每个人在日常生活中都占据独一无二的位置，从而使得我们对这个世界的感受互有差异。但现实生活使我们相信，不同的视角可以互换，我可以站在你的立场考虑问题。如果我们以此理解留学美国时徐志摩的日常交往，当能从其日记中发现更多有价值的东西，有利于我们更加深入了解徐志摩的内心世界。

马相伯与"函夏考文苑"

如今，中国学术界常把是否入选"院士"作为衡量学者水平的最高标准。前些年只有自然科学界有院士（分为科学院院士和工程院院士，且前者的含金量似乎高于后者），为此引起很多人文社科研究者的不平：为何我们就不能有院士？也因此几年前中国社会科学院先在其内部评选院士的举动，也就可以理解了。其实 1949 年之前，文科是有院士的，当时的中央研究院第一届的八十一位院士中，人文社科院士就有二十八人，如胡适、陈寅恪等都名列其中。不过在今天，国家级的文科院士确实不好评选，主要是标准太模糊难以把握也难以操作，不像理工科有具体指标可以衡量。不过，更深层次的原因在我看来，也许是如今的中国人文社会科学界，差不多已经没有真正可以被称为"大师"的人物了。前几年季羡林、任继愈等人的去世，其实就在宣告我们已经进入没有大师的时代。当然如何界定"大师"，是又一个难题，因为事实上那些自称"大师"或者被吹捧为"大师"者还是比比皆是。

俗语云"他山之石可以攻玉"，在我们为是否该设立文科院士争论之时，不妨看看法国的法兰西学院院士是如何被选出的，以及在民国初年，人们曾经怎样设想仿照法兰西学院标准成立一个国家级的学术机构——"函夏考文苑"。

法兰西学院成立于 1634 年，当时叫文学院，次年改名为法兰西学院，由此成为独立的学术机构，且一直是象征法国学术界最高荣誉也最有权威性的机构。该学院仅有院士四十人，至今依然如此。最早时大部分是文学家，后来就有哲学家、史学家、经济学家、政治家、外交家甚至军事家入选。值得注意的是这些院士都是终身制，只有某位院士成员去世后，才由全体院士投票选举新院士。如此严格苛刻的评选，使得那些浪得虚名者很难混入。因此，被选为法兰西院士通常意味着已可进入法国历史，成为所谓的"不朽者"。这样的院士含金量之高自不必多说。值得一提的是，在 2005 年，七十九岁的法籍华人程抱一正式就任法兰西学院终身院士，是该学院成立以来的第一位华裔和亚裔人院士。聊胜于无，也还不错。

且说近代以来，由于最早一批到西方出使或留学人员的观察了解，国人对西方学术机构状况逐渐有所认识。这方面有最早记录者当为郭嵩焘，他在其《伦敦与巴黎日记》中曾对法兰西学院有这样的简略记载："法国博士四十人，有穷一学者，有修国史者，名之最难得者也。"另一位著名的维新变法人士王韬则称法兰西学院为"法国翰林院"，称其院士为"掌院学士"。至于翻译大家严复，则不但在其译著中数次提及，而且还正确指出了法兰西学院与古希腊文化的联系："今泰西太学，称亚克特美，自柏拉图始。"

不过，真正对法兰西学院做出比较全面介绍，并且试图在中国设立类似学院者，却是马相伯。马相伯（1840—1939）为著名的教育家，不仅是复旦大学的创始人，还曾担任过北大校长。其弟马建忠是著名语言学家，大名鼎鼎的《马氏文通》就是他们兄弟合作的成果。

马相伯早年曾有很长时间在法国传教士所办教会学习，深受法国文化思想的影响，很自然就成为"法兰西学院"(Académie francaise) 的崇尚者。因此，当他1913年担任袁世凯政府的高级顾问时，认为时机成熟，就和章太炎、梁启超共同发起，决心仿照法兰西学院成立"函夏考文苑"。"函夏"典出《汉书·扬雄传》："以函夏大汉兮"，意为大汉帝国包容诸夏，此处特指中国；"考文苑"则是马相伯对"Academe"(阿伽代米) 的翻译，这个"阿伽代米"本为古希腊一个园主的名字，曾以其庄园作为柏拉图讲学的场所，后逐渐演变成国家最高学术研究机构的名称。"考文"一词出自《礼记·中庸》："非天子，不议礼，不制度，不考文"，强调只有贵为天子者才能考定文章典籍之名，后引申为高深之学术著作。如此马相伯以"考文苑"对译"Academe"，以"函夏考文苑"作为中国最高学术研究机构的名称，确实非常恰当。

在函夏考文苑的谋划和具体筹备过程中，马相伯是出力最大者。当时一起倡议的梁启超和章太炎，因民国成立初期政坛变幻莫测，均把注意力放在政治方面，没有多少精力关注此事。至于另一个倡议者严复，其实是后来才加入。说马相伯功劳最大，既可从他为此事撰写的一系列文章中那些具体构想和设计细节看出，更可从他为此事多方奔走呼吁筹划，直到最后归于流产仍不甘心等方面得到切实验证。

首先，马相伯撰写了《仿设法国阿伽代米之意见》和《函夏考文苑议》等专文，详细介绍法兰西学院的历史和具体设置情况。他说，法王路易十四时设此考文苑，"志在正字画，正名词"，其工作为："名词不雅驯者革除之，关于新学者楷定之，古书之难释者择善以注之，讹误者校正之。为发刊通行字典，以统一言文，而岁岁有所增补焉。"又说："法国人之创斯苑也，其始不过五六人、十余人，志事首在辨正文字，编字典，纂文规，追踵希腊、罗马，以保存其精当雅正先哲之文。"马相伯还介绍说："考文苑嗣因输助基本金者日盛，故得用为奖励金者颇巨。其奖文学也，岁无问世之作，不加考察，果雅驯有法度，可增民智而无亏风化，则不独以褒予为华衮，品题代加冕而已。凡所著已成者，又准其功，颁苑金以犒之。未成与未著者，若关民智与时局，所应研求，则悬巨金以待之。虽国外之史乘、民族、政教、文学、风俗、物产、陶冶、渔畈、畜牧、蜂蚕、商工、农虞、财用生计之方，无一遗焉。虽华人所译，不为其文，而为其有补于轺轩也，亦往往犒奖之。惟然，故不惟文学是重，其宏奖有德，抚恤始终忠信者甚厚。如累世忠仆，志己身辅主家之类，有关社会之观感，人道之扩充者至深且切，故赠予之也，不厌其优。"

马相伯还对其终身制的院士制度作了介绍："员额四十名，实为主体，皆终其身，故号称不朽。轮补者须有清真雅正之著作（指书籍不指文集。文就各题论，不专尚词彩也），经考文苑全体鉴定，悬之国门可无愧者，然后可补。不然，宁缺毋滥。势位与情托，皆在所不行。"在马相伯看来，法兰西学院的宗旨明确、系统严密、体制科学。因此，中国若设立国家级最高学术机构，必须仿效法国考文苑："他国虽有考文苑之设，俱不如法国之矜严周备。"

马相伯之所以在民国刚刚成立就呼吁设立国家级学术机构，除了出于振兴中国现代学术的愿望外，还在于他对当时学风不正和学术萎靡状况的担忧和不满："今言庞行僻，公私道德，吐弃无遗，家国治权，消亡殆尽，至欲均贫富，公妻孥，而公之均之，意在唯我。凡欧美巷议，穷滥野心，无不登高以呼，教猱升木，猛兽洪水，杨墨盛行（盖为我之至，将肆情纵欲为自由；兼爱之至，将废兵废刑为政体），不驯至国华无以保存，邦族无以保聚不止。"确实，民国初年的社会风气十分混乱，自然会影响到学术研究领域。为此马相伯指出，必须保证学术研究的纯粹性和公正性，保证不受政治因素的制约和影响："该苑不干政治，上不属政府，下不属地方"，仅仅以表彰学术、振兴道德和引导社会为任。为此必然要严格限定入选人数，以防滥竽充数者："定额四十名，由苑公举。所举须有精当佳作已行于世者乃可。无其人，不如虚其位。"总之，按照马相伯的设想，就是要办成国家最高水平的权威性学术机构。

为了给社会各界提供参考，马相伯等人精心拟定了各门学科（主要为人文社会科学）的初选名单：

马相伯　章太炎　严复　梁启超
（此四人为发起人）
沈家本（法理）　　　　杨守敬（金石、地理）
王闿运（文辞）　　　　黄　侃（小学、文辞）
钱　夏（小学）　　　　刘师培（群经）
陈汉章（群经、史学）　陈庆年（礼学）
华蘅芳（算学）　　　　屠　寄（史学）

孙毓筠（佛学）　　　　王　露（音乐）

陈三立（文辞）　　　　李瑞清（美术）

沈曾植（目录）

（此十五人为初选名单）

对于这个名单，有几点值得注意：

第一，该名单特别指出"说近妖妄者不列，故简去夏穗卿、廖季平、康长素，于王壬秋也不取其经说"。显然此名单对晚清以来的今文经学代表人物康有为、廖季平等持轻视态度，所以他们不仅未入选，而且被斥之为"说近妖妄"。至于夏穗卿，当时担任教育部社会教育司司长，是替袁世凯设计祭天祭孔典礼的主要人物之一，自然也得不到马相伯和章太炎的认可。

第二，康有为的不被列入名单，不知是否征求过其弟子梁启超的意见？如果是，则意味着梁启超那时已经放弃师说，立场俨然与章太炎之古文学派一致。至于章太炎，即便这个名单不是他所草拟，肯定也会得到他的支持，因为他对今文学派一直持反对态度。前面说过，梁启超当时忙于参政议政，无暇关注此事，也许忽略了他老师的不被列入。不过他曾给马相伯写过两封信，表达自己对设立函夏考文苑的意见。但在这两封信中既没有对初选名单的意见，也没有对其老师康有为的评价。也许不置一词本身，就已说明了问题？

第三，还有一个人值得注意，就是精通算学的华蘅芳，他不仅是进入名单的唯一一位自然科学家，而且早在1902年就已去世。按照法兰西学院的规定，入选院士的首要条件就是仍然在世，既然马相伯主张函夏考文苑的一切均仿照法兰西学院，则说明要么这个名单是在华蘅芳尚在世时草拟，如此则时间当大大早于 1912 年；要么说明此名单提出时马相伯等人不知道华蘅芳去世。但后者似乎不太可能，因为即便当时信息不畅，也不会在其去世多年后仍不为世人所知，何况既然是列入名单，则必然要对入选者情况有一定的了解。

第四，这实际上不是全部名单，仅仅为人选的三分之一。因为按照马相伯的设计，所有四十人，由发起人推举者仅仅占三分之一，其余则要由全国学术界"通信公举"，但具体方法当时尚未设计。不过，如果说仅仅是三分之一，则他们这几个发起人大概就不能入选，因为其他十五人实际上已超过定额四十人的三分之一。那么，他们这几个人是打算不列入此名单，还是对自己能够被公选进入其余的三分之二很有把握呢？因为马相伯等在当时虽然是知名人物，但如果被问到究竟可以凭借何种学术成就入选，则也有问题。也许他可以凭其教育家的身份获得认可，但分量似乎稍显轻了一些。至于章太炎因其国学成就早已是第一流似乎问题不大，梁启超可能就有些异议，他的学问渊博是毫无疑问的，但不仅学术界公认他不专不精，他自己对此也不否认，如此是否能够得到学术界认同呢？还有严复，其翻译成就当属近代以来第一，但仅靠翻译就能够成为院士，这在法兰西学院可能也没有先例。至于其他十几位初选者，估计也会引起争议，例如仅"章门弟子"就有黄侃和钱玄同两人入选，加上章太炎本人，其门派色彩非常引人注目。

此外，为了实现振兴中国学术的理想，为了让这一机构具有应有的权威性，马相伯认为函夏考文苑必须设在首都北京，而且"苑宇须大，以便附设他苑"；此外"苑中须有藏书楼"，以为研究提供方便，等等。最后，该机构虽然号称学术独立，但在开设之初政府必须给予支持。为选择苑址和筹措开办经费事，马相伯四处奔波。首先他要求当局将遵化州东陵和天津军粮城南排地两处荒地，以及山海关南秦皇岛附近之海滩浴场拨归考文苑经营，以便把收入所得作为运作基金。马相伯在给袁世凯的条呈中指出："基本金非筹官荒千顷，似不足用"；"苑址须大，以为后须设附苑故也。苑屋须不太陋，以外人研汉学者，必来就访故也。"出乎意料的是，刚刚上台的袁世凯出于拉拢知识分子的政治需要，竟然很爽快地表示同意。马相伯自然大喜过望："函夏考文苑，前蒙大总统允准在案，中外宣传，叹为盛事。"

经过马相伯的实地勘察，他后来又发现"北海鸳琼岛之西北隅，有阅古楼、满澜堂两所，颇合用"。特别是山海关的海滨沙滩一带尤其适合，但之前一直为外国军队所占。马相伯希望借此机会由政府向外人交涉，如果收回则不仅"每年可得租金一二千元"，还解决了主权问题。

然而，当马相伯把有关问题考虑周全，要求政府具体落实函夏考文苑的场所时，事情却发生戏剧性的变化。本来，连这些地方的营业执照都几乎办好，因为当时的国务院秘书长徐树铮曾写信给马相伯说，"一俟执照办出，随即送交马先生"。但内务部却有不同意见，因此国务院曾示意马相伯直接与内务部商量。马相伯在《致国务院》信中透露了这一国家机构内部的矛盾："昨承贵院秘书函教，考文苑字及官荒，可径与内务部筹商，以归简捷。"于是，马相伯不得不再与内务部商讨。遗憾的是，商议很久得到的却是财务部的"批驳之说"。对此，书生气十足的马相伯感到不可理解：为何国务院已批示同意的事，内务部却迟迟不颁发执照，而财务部则干脆予以反对？"得毋国务院自相驳耶？奇文！奇文！"

其实，马相伯最终失败的原因非常简单：首先，像袁世凯这样的人物，不可能真正对建立学术机构有兴趣。何况民国初年政坛风云变幻，大小军阀和政客们热衷于争权夺利，又有谁会对这种纯粹学术行为给予关注？其次，政府内部的官僚扯皮和大小官员的钩心斗角也是重要原因，书生气十足的马相伯不懂得如何和官员打交道，他们就会很自然地暗中设置障碍，在不断踢皮球中耗尽马相伯的精力，最后干脆直接拒绝了事。

此事的最终失败固然令人惋惜，但马相伯的努力并没有白费。至少，当时的中国学术界，由于马相伯的介绍和实际筹划，已经对于西方现代学术机构的设立和运作情况，有了更加深入的了解，从而也为以后中央研究院的成立，奠定了坚实的基础。从初选名单看，所有入选者均为当时中国学术界的第一流人选，他们以后都成为各自领域的大师级人物，也证明马相伯等人的眼光确实不错。最后，黄侃、钱玄同等章门弟子的入选，不仅说明他们的学术地位已经得到认可，而且说明早在民国初年，章门弟子即已在中国学术界占有重要地位。之后，随着大批章门弟子进入北京大学和北京学术界，这一门派就在很长时间内成为引领 20 世纪中国学术和中国文化发展的领导力量。

第二辑　夏日也有冬天之气息

　　尽管新文化运动倡导者内部，也并不是在
思想观念上总是一致，但在某些问题上，师承、
同乡与同门关系，对学者之间的一些论争依然
可以产生深远影响，这方面例证其实很多，而
对其进行认真辨析，则依然任重而道远。

"临崖挥手"与"花开满枝"
——浙籍大儒马一浮

在西湖十景中，"断桥残雪"是名气最大的一个，也是游人最多的景点，不过笔者最喜爱的却是"花港观鱼"。这里游人不多，不仅比不上总是人流如织的断桥，也比不上香客们爱去的雷峰塔、灵隐寺等处，但在我却格外有意义，只因这里是被梁漱溟称为"千年国粹，一代儒宗"的马一浮当年居住之处——蒋庄，如今被辟为"马一浮纪念馆"。

马一浮（1883—1967）是浙江绍兴人，与梁漱溟、熊十力合称为"现代三圣"或"新儒家三圣"，常年隐居于杭州西子湖畔。1949年后曾任浙江文史研究馆馆长、中央文史研究馆副馆长、全国政协委员，"文革"期间受到迫害被赶出蒋庄，后因病去世，终年八十四岁。当年蔡元培任北大校长时曾邀请他去北大任教，却被谢绝，不然人们就该称赞蔡元培求贤若渴方面又一功绩了。马一浮抗战期间曾短期在浙江大学讲学，但基本上还是远离俗世，专心治学，不过他这一讲学经历倒是值得一说。

1938年，在时任校长竺可桢先生率领下，浙江大学被迫辗转西迁贵州。《学衡》的代表人物梅光迪彼时正担任浙江大学文学院院长，随学校一起颠沛流离，对于这一时期学校聘请马一浮讲学的情况，他在书信日记中有生动详尽的记录。在写给家人的信中，梅光迪这样评价马一浮："他是杭州著名的学者，并且由于清高和独立，一直拒绝接受任何职位（他五十六岁了）。当蔡元培任北大校长时，曾多次礼聘他，但都未成功。去年，蒋委员长邀请他到南京谈话，遭到他的断然拒绝。他说，如果蒋想要得到他的建议，就应该自己到杭州来。前年，我们学校也试图请他来，但他拒绝了。"从梅光迪的语气中，可见他对马一浮极为敬仰，对其气节尤为叹服。

作为著名的国学大师，马一浮一直是"两耳不闻窗外事，一心只读圣贤书"。但抗战的爆发激起了马一浮的爱国热情，他打破"平生杜门""未尝聚讲"（《泰和宜山会语卷端题识》）的守则，应当时担任浙江大学校长的竺可桢之邀第一次出山讲学。至于为何同意讲学，马一浮是这样说的："其意义在使诸生于吾国固有之学术得一明了认识，然后可以发扬天赋之知能，不受环境之陷溺，对自己完成人格，对国家社会乃可以担当大事。"（《泰和会语》，"引端"）可见他是把讲学视为对学生的抗战爱国教育。他在讲学时以宋代大哲学家张载的四句话——"为天地立心，为生民立命，为往圣继绝学，为万世开太平"——来鼓励学生，希望大家"竖起脊梁，猛著精彩"，"养成刚大之资，乃可以济塞难"，可见其拳拳爱国之心。当初马一浮不想离开浙江，只想从杭州避居开化，但日军占领杭州又逼近富阳后，他知道开化也非安居之地，才希望远去四川寻找一个既可避难又可讲学的地方。1938年2月，马一浮写信给当时在江西的浙大校长竺可桢，委婉表达愿意到浙大任教的愿望。对此，竺可桢在日记中有这样的记录："四点半至迪生处谈马一浮事。因去岁曾约马至浙大教课，事将成而又谢却。现在开化，颇为狼狈，并有其甥丁安期及门生王星贤两家合十五人，愿入赣避难，相容于浙大。迪生及哓沧均主张收容，遂拟复一电，聘为国学讲座。"马一浮在接到浙大方面的邀请后，随即复电应允此事，并于当年 3 月 29 日来到浙大。从 1938 年 4 月到 1939 年 2 月，马一浮在浙大讲学近一年，其讲稿后编为《泰和宜山会语》。值得一提的是，他还为浙大写了校歌，至今仍为浙江大学使用。

对于马一浮在浙大讲学情形以及浙大方面的优厚款待，梅光迪在书信中也留下了宝贵的记录："我们为他找到这里最好的房屋，以其他任何地方的教授都梦想不到的礼节接待他。他不会像其他教授那样讲课，而是一周两到三次公开对全校师生开讲座。另外，他还单独给一些资质很高的学生做单独指导，这些学生一周去他的住处一到两次。总之，我们以古代对待大师的标准对待他。"根据梅光迪的记录，浙江大学确实给予马一浮很高的待遇，尽管是在战争时期。当时浙江大学仅有两辆黄包车，却可以为马一浮随时待命，如果路途远一点，则校长的汽车可以随时为马一浮服务。值得注意的是，梅光迪对马一浮所享受的这些优待，没有一丝不满，相反觉得马一浮完全配得上这些待遇："他是我们传统文化最好的典型，同时又明了现代中国正在发生的一切事情，虽然其中很多他都不赞成。我们确信这样一位人物的存在定会提升我们的知识水准，升华我们的学术氛围，而且对我们精神素质和风气的促进也是巨大的。"这样的评价由于是来自梅光迪写给家人的书信，可以说是他自己的真实感受和认识。也许觉得浙江大学在战时拥有马一浮这样的大师的确难得，梅光迪多少有些得意地写道："他的到来使我们倍感荣幸，他的到来表明他认为我们值得他的相伴，由于他从来没有去过其他任何地方，这完全是艰难时刻的万幸。这也会让其他大学嫉妒我们，因为他们即使努力过，也没有请到他。"

梅光迪在另一封写给家人的信中还描述了他主持马一浮讲座的情形。为了让马一浮讲座时比较舒服，他特意嘱咐当马一浮在讲课时候，有一壶茶必须一直热着，并一直有专人为其倒茶。此外，还专门为他准备一把舒服的藤椅。为了让讲座可以在一个良好氛围中进行，梅光迪在做开场白时，特意为听众制定了一些看起来有些苛刻的规则，不过也许在今天依然值得我们遵守。这些规则是：当马一浮先生进入教室的时候，所有听众必须起立，直到马一浮坐下为止。在讲座期间，他们不能制造任何噪音，甚至连咳嗽也不行，不然就要被立刻赶出教室。（想想今天讲座时怎么也避免不了的手机铃声吧！）最后，当讲座结束时，听众必须再次站立起来，在原地目送马一浮离开教室直到他走出教室后，他们才可以离开。令梅光迪满意的是，他制订的这些多少有些苛刻的规定竟然都被完全遵守，这固然与马一浮个人的渊博学识有关，但梅光迪认为也与马一浮彼时崇高的威望和迷人的形象有关。梅光迪认为通过聆听这样大师的讲座，会让那些在新式教育下养成懒散作风的年轻人，形成一种新的精神体验。不过在笔者看来，马一浮先生的个人魅力，在今天是否还能让我们的"90后""00后"入迷，恐怕已经是难以预料的事情。假如马一浮先生仍然健在，面对当下国人的精神状况，大概只有唏嘘不止吧。

他人对马一浮如此尊敬，马一浮对其他学者也是如此，即便学术上见解可能不一致。也是抗战期间，钱穆曾应邀到马一浮的复性学院讲学，在钱穆看来马一浮自视甚高，与一般学者甚少交往，所以看到马一浮亲自来邀请自己讲学，确实有些吃惊。也许是为了试探马一浮，钱穆故意说道，听说在复性学院讲学禁谈政治，如果我去讲，以政治为题可以么？马一浮说不知先生讲什么主题，钱穆说国人皆以为中国自秦朝以来都是帝皇专制，我认为不对，"欲辨其诬"。马一浮闻之大喜，说自梁启超以来"未闻此论"，可以为君破例，届时也一定前去聆听宏论。果然，待钱穆讲学之日，马一浮要求学院全体人员都要出席，即便有外人来听也不拒之门外。同时马一浮郑重介绍说，这是我们学院有讲学以来第一次破例，只因为钱先生所谈乃历史上政治问题，大家当"闻所未闻"，所以大家只需要静默恭听，不许讲完后发问。盖按照往常，讲学完毕是有互动环节的。而且钱穆讲完后，马一浮还亲自陪同吃饭，于此可见马一浮对钱穆的尊重。

梅光迪如此推崇马一浮，是因为他与马一浮在文化观念上有很多一致，就对儒家态度而言，两人几乎都对孔子及其《论语》推崇备至。先看马一浮的评价。他认为《论语》一书，其大义"无往而非六艺之要"。他认为《论语》中的"朝闻道，夕死可矣"章为"明生死之故"。"子在川上曰：逝者如斯夫"章为"于迁流中见不迁，于变易中见不易"。"予欲无言"章为"显性体本寂而神用不穷"等，为"易教之大义"。马一浮以为："六艺之旨，散在《论语》，而总在《孝经》。"由此他也十分推崇《孝经》一书。而梅光迪不仅对孔子有极高评价，且视角也与众不同。例如他在《孔子之风度》一文中就为世人描述了一个多情有趣的孔子形象。梅光迪写道："孔子多情人也,其高足弟子,皆终身形影相随,患难与共,非师弟间情感之深,何以至此。"的确,打开《论语》,我们看到的都是孔子与其弟子之间的真情:子路去世,孔子悲痛而哭。颜渊之死,孔子更是大恸不止。而他的弟子则以为孔子守墓三年方式回报,子贡更是长达六年。读过《论语》的人大都该记得其中这样的诗意文字:"暮春者,春服既成,冠者五六人,童子六七人,浴乎沂,风乎舞雩,咏而归。"夫子喟然叹曰:"吾与点也。"师生之间情感交流和相知如此,夫复何求?不过,梅光迪评价《论语》,另有其独到之处,例如,他认为"楚狂接舆"与"长沮桀溺"两篇,书写情景之委婉凄凉,人物性情之生动,当为全部《论语》的压卷之作。的确,这两篇文字在表现孔子之生不逢时而又"知其不可为而为之"方面确实达到情景交融之境界,读后令人怅然。

俗语说从小看老,一个人的命运从其童年经历即可预知,也许此话不能全信,但至少对马一浮而言十分准确。马一浮自小聪慧过人,据说十岁时母亲想测试一下他的才学,就随手指园中菊花,命其作诗,并限用"麻"字韵。马一浮不慌不忙,当即口占一首:

我爱陶元亮,东篱采菊花。
枝枝傲霜雪,瓣瓣生云霞。
本是仙人种,移来高士家。
晨餐秋更洁,不必羡胡麻。

据说他母亲听后十分惊喜，但更有担忧："此诗虽有稚气，颇似不食烟火语。汝将来或不患无文，但少福泽耳。"果然，母亲不久便撒手人寰，而她这句断言竟然成为马一浮坎坷一生的真实写照。

说起来，马一浮算得上是少年得志，十五岁参加县试即名列榜首，而同场应试的鲁迅得了第 137 名，周作人得了第 484 名，在参加考试的 500 多人中成绩平平。笔者对马一浮产生兴趣，其实也就是因为他考试如此厉害——虽然这科举考试并不能真正说明什么。也就是因为马一浮这次高中，乡贤汤寿潜（民国浙江省首任都督）爱才，把女儿许配给他。然而，少年得志的马一浮却遍尝人间悲苦，先是幼年丧母，然后两位姐姐相继离世，父亲不久也撒手人寰，最后连结婚才一年多的妻子也凄惨死去。未及弱冠的马一浮，在目睹如此多的死亡之后，终于逃离这充满死亡气息的家，来到上海，后游历欧美，又东渡扶桑，算是对西方文化有了较深刻的理解。读马一浮留美时期的日记和文章，可以发现他也有满腔爱国之心，决心学好本领报效祖国。但马一浮毕竟是在中国文化环境中长大，传统文化对他的影响已经渗透到血液中，而特殊的家庭环境尤其是不断目睹亲人的死亡，更是在马一浮的心灵留下不可磨灭的伤痕，致使其在短暂的奋发昂扬之后又很快陷入悲观绝望。其中对他刺激最大者，当属其二姐的割股疗亲以致丧身。

当然，西湖之滨并非世外桃源，在十年"文革"中，马一浮不可能安居晚年，在遭受迫害之后，马一浮写下了这样的绝笔诗：

乘化吾安适，虚空任所之。
形神随聚散，视听总希夷。
沤灭全归海，花开正满枝。
临崖挥手罢，落日下崦嵫。

这才是真正的大彻大悟，于悲凉之中蕴含乐观，其境界之阔大深沉，令人叹为观止。

大师的占卜与命运

　　作为中西文化兼通，又对近代科学技术有深刻了解的文化大师，王国维、罗振玉、陈寅恪、钱穆和吴宓等人自然不是封建迷信的信奉者和传播者，但饶有兴味的是他们却对占卜算命一事很感兴趣，吴宓甚至相当相信自己的占卜水平。对此，也许不仅要看当时的时代背景，也要从这些大师的个性和心理方面寻找解释。

　　1910 年，吴宓即将离开陕西老家赴京参加清华留美学校的入学考试，动身前他卜得一卦，得卦语云："海波两头高，飞蓬驾六鳌，居中能驭使，何怕涉风涛？"当时的吴宓因年幼不能懂得此卦语的深意，直到 1919 年他来美国已经两年有余，目睹西方社会的发展现状和文化特征以及中国留学生的种种表现，才对卦语有了豁然开朗之感，意识到此卦的要点应当是"居中"二字，也即中国传统文化中的中庸思想，而且西方古典文化也是追求这样的处世态度，如古希腊三哲（苏格拉底、柏拉图和亚里士多德）以中、和为教，也即西儒所谓的"在两极端之中点，即为善，而在其极端，则为恶"。又西人有以骑马为喻，只有居正中才不至于掉下马来，才能驾驭马之飞驰。吴宓感叹地在其日记中写道："今天下逃墨则归于杨，逃杨则

146

归于墨，各趋极端；求能权衡得当，立身正己，因应咸宜，实难之又难之事。"看来吴宓并非是出于迷信而解释此卦，而是把它与对中西文化的比较和对人类未来命运的担忧结合起来，把它与自己的处世态度结合起来考虑的。应该说吴宓的解释很有道理，与他到美国后对西方文化了解加深有关，也与他在进行中西文化比较后对传统文化有了更加深刻的认识有关。为此吴宓还以儿时见到的一副对联为补正：

业能养身须着意，事不干己莫劳心

吴宓以为此联虽然宣扬一种自私思想，但处于乱世之中，有如此修养也不失为一种处世态度。因为所谓独善其身，看似容易，实际做到很难。能够出淤泥而不染，白璧自保，砥柱横流，此非绝大意愿、绝大才力不能做到。吴宓的这种态度，可以他翻译的柏拉图之《共和国》（Republic）中的一节来说明：

君子生当率兽食人之世，固不同流合污，偕众为恶，而亦难凭只手，挽既倒于狂澜。自知生无裨于国，无济于友，而率尔一死，则又轻如鸿毛，人我两无所益。故惟淡泊宁静，以义命自安，孤行独往。如此之人，譬犹风洞尘昏、飞沙扬石之际，自栖身岩墙之下，暂为屏蔽。眼见众生沉沦不可救医，而若吾身能独善，德行终无所玷。易箦之时，心平气和，欢舒无既，则亦丝毫无所憾矣。

应当说，王国维和陈寅恪等人在其一生中更多采取此种人生态度，而吴宓虽然也对此心向往之，但由于其性格使然，常常身不由己地卷入世俗的纷争之中，而且在很多情况下，吴宓是抱着"我不下地狱谁下地狱"的牺牲精神从事一些世俗事务，对此恐怕也不好说他是该做还是不该做。问题是吴宓常常因此而感到痛苦，一心想摆脱而不能，这就是造成其一生悲剧（例如在爱情婚姻方面）的重要原因所在了。

　　不过吴宓有时显然对于占卜事将信将疑，其中很重要的一点在于其当时的心理状态以及他所遇到的非常事变。例如，1923年他的姑丈陈伯澜去世，消息传来，吴宓大为悲痛，因为陈伯澜多年来对于吴宓精神上的鼓励与指导以及学业上的指教是很多的，吴宓一直视他为自己的人生导师。如今姑丈突然去世，自然令吴宓内心受到重大震撼。特别是吴宓自回国后忙于结婚和筹办《学衡》，竟未能抽出时间去拜见姑丈一次，自然内心非常内疚。也就在这种情况下，吴宓于梦中，以占卜的形式表现了其内心的不安和悲伤。据吴宓日记，陈伯澜去世后约一个月，某天正是中秋节，吴宓夜里忽然梦见自己从南京到北京去吊祭陈伯澜，到京后才得知姑丈死后又得复生。他因此占卜得一神示，为"万朵红莲礼白莲"之句。此后梦境又多有变化，最后似乎是其姑丈由其姑母和吴宓等家人扶持来到保定之莲花寺，众人登上寺塔的最高层。就在这里，其姑丈口授遗嘱，然后去世，则神示得以应验。吴宓见姑丈去世，放声大哭，终于从梦中惊醒。清醒后的吴宓才想到所谓梦中的神示之句，其实是梁启超《饮冰室诗话》中的诗句。看来吴宓自己因姑丈逝世过于伤心，方有此梦。又因他以为姑丈这样的人去世应当有预兆或者其去世之方式应当不同寻常，所以才在梦中将自己读过的诗句安在姑丈身上。

至于陈寅恪，居然对此类事也颇为精通。1937年7月27日，日军飞机轰炸北京，并准备占领之，国民党宋哲元将军决意抵抗。此时吴宓、陈寅恪均在北京，对时局发展和中华民族的命运极为担忧。当天，吴宓以《易经》占卜，得"解"卦，其辞为："利西南，无所往也，其来复吉，有攸往，夙吉。"卦文为："天地解而雷雨作，雷雨作而百果草木皆甲坼，解之时大矣哉。"大概吴宓感到此卦不好理解，或者是由于此卦占的是中国的命运，因此他专门向陈寅恪请教。陈寅恪并未马上回答，而是过了一会又打电话给吴宓，看来对此也很慎重。他告诉吴宓此是吉卦，于是吴宓才舒了一口气，和衣而卧，静待天命。那么此卦是否算是吉卦呢？今天看来不能这样认为，首先卦辞中所谓"利西南，无所往也"，不过是勉强可以解释为他们日后均去了大西南，在西南联大等处任教。结果是吴宓为谋生计多次四处奔波，陈寅恪更是因战乱导致双目失明，这样的结局能说是吉卦么？而且北京在此后不久即沦为敌手，吴宓、陈寅恪等被迫逃出北京，日军不久即占领了大半个中国，又有什么吉兆可言？不过，从全民族之命运而言，中国的确最后取得了抗战的胜利，因此说是吉卦也有道理，但那已是八年后的事了。看来只有一点可以确定，即在中华民族面临空前危机的时刻，任何一个有爱国之心的中国人都不会漠然置之，不闻不问。为了民族存亡，他们可以运用一切可能使用的手段和方式，来为祖国分忧，同时也为的是能够鼓励自己。因此，像陈寅恪他们即使知道占卜之类不科学，但哪怕是能借此获得一点心理上的安慰，在那时都是非常有必要，也是非常有意义的。

大概吴宓对此卦是否吉利将信将疑吧，或者因为时局发生了变化使他感到有必要再占一卦，次日他竟然又使用《易经》占卜，得"晋"卦之六二，其文为："康候用锡。马蕃庶。昼日三接……六二。晋如愁如贞吉，受兹介福，于其王母。象曰，受兹介福，以中正也。"此卦吴宓在日记中未言明是凶是吉，不过按照一般解释，应当也是吉卦。吴宓卜得此卦，大概与其读过《儿女英雄传》有关，因为此小说中男主人公在参加科举考试时，其父为占其能否得中，即得此卦，果然高中第三名。吴宓既在心理上希望自己卜得吉卦，又在以前对此卦有深刻印象，因此他也卜得此卦就不是偶然的了。所以说到底占卜之占得何卦以及怎样解释总是与占卜人的心理活动有关，它曲折地表现了占卜者的内心隐秘愿望，反映了人们对于即将到来和已经到来的事物发展之不可预测而产生的困惑及可能发生灾祸的恐惧，在这一点上，一切占卜不过是一种心理测试而已。至于人们相信与否，那是另一个问题。

　　对此，不妨再以钱穆所经历的一次占卜为一佐证。钱穆在其《师友杂忆》中曾记录了抗战期间在西南联大蒙自文学院任教时的一次占卜经历，不过占卜者并非钱穆而是沈有鼎，这沈有鼎是著名逻辑学家、哲学家和教育家，中国逻辑学界的开拓者，居然也擅长占卜，不知这占卜和逻辑是否有密切联系。当时，钱穆和吴宓、沈有鼎等人借居在蒙自的一家已经废弃的法国医院，这医院距离空军基地不远。不久听说日军可能空袭该基地，则医院即成为危险地带。正当众人为是否离开犹豫不决时，沈有鼎说他可以占卜预测一下吉凶。于是某日晚上众人请沈有鼎占卜，得卦为"节之九二"，其爻辞解为："不出门庭，凶。"象曰："不出门庭，失时极也"，意思是即便闭门不出也有凶险，因已坐失良机，错误之极。众人见此卦象大惊失色，当即决定每天早上即外出躲避空袭，至傍晚才返回住处。众人推举吴宓为总指挥，每天由他通知大家集体外出躲避空袭，大家也乐得听他指挥。数日后敌机果然来轰炸，却误炸城中市区，空军基地和医院都安然无恙。不过众人还是认为此次占卜确实灵验，因为如果坚持不外出的话，危险毕竟很大。从常识而言，既然医院距离空军基地很近，已经属于危险地带，则白天外出躲避空袭就是必然的安全措施。至于日军飞机是否误炸，则属于偶然事件，其实不好预测，但只要事先有所防范，则无论是否误炸，都可以保证个人安全——从这个角度再说占卜准确与否已经意义不大。

再看王国维和罗振玉曾经有过的一次算命经历。

王国维终其一生，经济问题一直是困扰他最大者。在日本治学四年间，除了学术上受到罗振玉帮助外，大部分经济来源也都是罗氏提供。尽管对罗氏始终心怀感激，然而王国维自觉是一"作理想上之生活"的文人，而这"理想"一旦与现实生活碰撞，往往就造成他内心强烈的"自卑感"。只要设身处地想一下，已过四十不惑之年早已是著名大学者的王国维，竟然不得不接受罗振玉的经济帮助，其内心的屈辱和悲凉感可想而知。除了经济状况外，王国维身体很差也是他性情忧郁的一个重要方面。例如自1916年8月至1917年末，王国维写有详细谈及自己及家人疾病的书信多达十九封，几乎每月必有一次疾病，且持续时间甚至长达数月才得以康复，看来王国维"体素羸弱，性复忧郁"确有根据。

正是经济上一直窘迫加上身体欠佳，致使王国维有时对占卜之事寄予希望。那是在 1920 年 2 月 7 日，罗振玉致函王国维："日来闻云汀、公雨诸人盛称天津星者宋瞽之灵验，因为莹中推算，欲借此觇时局，则日者言大佳。……其推算往事，无一不吻合，则诚奇矣。"此信几乎全篇都在议论宋瞽推命之事，且罗振玉看来深信不疑，又说命中自己"当于危险中成功，又谓七十四将长辞斯世"（后来证明也是相当准确），以致他不免"思之令人悚然"几分。信末，罗氏想要替王国维也算上一卦，谓"公之生命乞开示，当为推之"。

　　尽管王国维并不完全相信宋瞽推命之事，但还是愿意将自己之生辰八字随信附给罗振玉，让他交给宋瞽，"维之八字为丁丑十月廿九日辰时"。而宋瞽算命之结果如何呢？罗振玉回函中这样说道："今晨访宋日者，推公之命。言公之一生，坦坦无风波，惟命中刑克稍重，致中年以前，多有刑伤；目下之运平善，至后年以后三年，为平生最佳之运，然当投笔戎幕。……日者又谓，公每以文章名世，而命带魁罡，故不免从事戎旃。此语公何不再质之辛木耶？素公之造，日者亦称后年大佳……后年以后十年间可从心所欲。"

　　"命带魁罡"即性格偏向耿直刚强，似与王氏之性格较为符合，但是王国维之命运却非"坦坦无风波"之顺利，而且这"后年以后十年间可从心所欲"显然不准，因为十年未到已是形骸消亡。"惟命中刑克稍重"一句，恰恰吻合了王国维的命运。一般而言，"刑克"多属于比较严重的伤病灾和生死离别，而纵观王国维一生，先是他生母病逝，接着两个女儿和莫氏夫人也相继离去，最后长子也撒手人寰，如此生死离别之悲怵怎能不说是"刑克稍重"。王国维曾有言道，"人之光色分五种：富贵者红光或黄光，文人白光，余人皆灰光，若黑色则去死近。"有意思的是，他将富贵者与文人截然分立，想必也是认为文人总是不能大富大贵，只是他一直不愿认命，才有了他之后的反抗以及反抗失败后的自杀结局。

郑孝胥眼里的辛亥革命及五四运动

一

1913 年 2 月 5 日，是民国改用公元纪年后的第一个旧历除夕，郑孝胥在日记中写下这样一段话："张坚白（当为末任两广总督张鸣岐，引者注）语余曰：去年能死，亦可保全名节，然心颇不甘；今年乃追悔其不死，奈何！余曰：子盍作已死观？今日游魂为变，亦足乐也。"且不说张坚白的话是否出于真心，郑孝胥的"游魂"之说倒是比较形象，因他辛亥革命后虽然以"遗老"自居，但由于并非清廷重臣且和王室交往不深，在王族亲贵眼里他其实没有资格称为"遗老"，何况他的某些思想见解和革命党人之间其实颇为一致，只是反对革命党人的一些过激行为。例如，他一直赞成改革开放，只是不同意要以暴力推翻清廷为前提。再比如，对废除旧历改用公元纪年等，郑孝胥就一直持赞成态度。事实上可以说清朝覆灭后真正的遗老遗少不多，而在思想观念上忠于前朝者倒不少，这就是所谓的文化遗民，同样是投水自尽的梁济（梁漱溟之父）和王国维就是最好的代表。

自然，尽管清廷的皇亲国戚不认可，但在一般人看来，被

154

视为遗老的人物中，郑孝胥还是比较有代表性的一个。从目睹清朝灭亡到参与伪满洲国的"成立"，郑孝胥有较长一段时间活跃在政坛上，直接参与了很多重大政治活动。此外，作为同光体的代表诗人，他在参政议政之余与陈三立、严复等人交往极为密切，诗文唱和不断，对当时文坛产生了很大影响。从其日记中，可以看出清末民初被视为"遗老遗少"一派文人群体的思想面貌及生活状况。

作为晚清文人的代表性人物，郑孝胥对时局变化极为敏感，对晚清政权的日趋衰落忧心忡忡，日记中不乏此类记录。不过，在谈论郑孝胥如何参与晚清政事之前，不妨看看他的一些日常交往。在其1911年日记中，发现郑孝胥出入最多的地方就是饭馆，尤其以大名鼎鼎的"广和居"最多。可能很多读者都知道鲁迅当年在北京时，就常常和亲友在广和居吃饭，据《鲁迅日记》记载，他1912年5月5日到北京，5月7日即"夜饮于广和居"，此后大概每个月都要去四五次。这广和居是老字号，很早就大名鼎鼎，是京城文人"雅集"的好去处。据《道咸以来朝野杂记》记载："广和居在北半截胡同路东，历史最悠久，盖自道光中即有此馆，专为宣（武门）南士大夫设也。其肴品以炒腰花、江豆腐、潘氏清蒸鱼、四川辣鱼粉皮、清蒸干贝等，脍炙人口。故其地虽隘窄，屋宇甚低，而食客趋之若鹜焉。"因其菜品很有特色，故张之洞、翁同龢等都是常客。

郑孝胥作为当时京城文人的领袖之一，自然也会常去广和居，不过在1911年3月份，次数特别多，一月之内竟然多达十次，如果不是他对广和居情有独钟，那就只能说明当时文人聚会首选就是广和居。通过其日记可知，这十次中有九次均为他人宴请郑孝胥，只有一次例外——因为这一次没有"赴某某某之约"的说明，而一同聚会者有林山腴、林畏庐、冒鹤亭、陈石遗等"大腕"级文人十余人。他们先是在陶然亭聚会，然后"夜，饮广和居"，看来是名副其实的文人"雅集"。不过，郑孝胥这一个月并非外出吃饭这十次，他该月除了有两天没有外出之外（有一天还是感冒），其实每天都有饭局应酬，地点或为其他饭馆，或在他人家中，真可谓应接不暇了。自然，出席这样的饭局绝非仅仅为了吃饭，更重要的是联络感情和交流信息，例如，在饭局中谈论什么"借债造路""用洋商设枪炮分厂于内地之策"等，都是当时很重要的国是，而郑孝胥往往扮演主讲者的角色。看来文人的各种聚会大致可以分为两类，一类即纯粹的文人雅集，主旨就是饮酒赋诗作文，而另一类则是借聚会讨论时局并参政议政，发挥文人的"国师"或"参谋"作用。

就关于辛亥革命的信息而言，早在 1911 年 9 月日记中，郑孝胥已经预感到四川、湖北等地可能发生动荡，并向清廷提出详细策略，建议重视四川的"保路运动"，尽快从严处置乱党。至 10 月 11 日，时在北京的郑孝胥得知湖北发生兵变消息，急忙向有关官员和亲友等打电话确认，待消息确认后，郑孝胥即通过盛宣怀等向清廷提出四项应急之策：一是派兵舰速攻武昌，二是保护好京汉铁路，三是统一指挥之权，四是河南等地也要戒严。在这几天日记中，郑孝胥一面担心时局，一面做好赴湖南任布政使的准备。果然，他 10 月 20 日接到上谕，命他速速"回任"，可惜此日天象不佳，郑氏用了一个"日上无光，色如深紫"的说法，大概他已经预感到此行不会顺利，抑或是清廷的"光芒"已经趋于消散或者气数已尽？但他还是尽快整理行装，于 25 日去天津，准备乘船先到上海，再沿江而上至湖南。

　　在乘船去上海的几天中，郑孝胥大概有机会整理思绪，更也许是对未来感到迷茫，才在日记中写下这样的文字："冥想万端，有极乐者，有至苦者，行将揭幕以验之矣。政府之失，在于纪纲不振，苟安偷活；若毒痛天下、暴虐苛政，则未之闻也。故今日犹是改革行政之时代，未遽为覆灭宗祀之时代。彼倡乱者，反流毒全国以利他族，非仁义之事也。此时以袁世凯督湖广，兵饷皆恣与之，袁果有才破革党、定乱事，入为总理，则可立开国会、定皇室、限制内阁责任，立宪之制度成矣。使革党得志，推倒满洲，亦未必能强中国；何则？扰乱易而整理难，且政党未成、民心无主故也。然则渔人之利其在日本乎，特恐国力不足以举此九鼎耳。必将瓜剖豆分以隶于各国，彼将以华人攻华人，而举国糜烂，我则为清国遗老以没世矣。时不我与，戢弥天于一棺，惜哉！未死之先，犹能肆力于读书赋诗以横绝雄视于百世，岂能徜徉徙倚于海藏楼乎！楼且易主，而激宕悠扬之啸歌音响乃出于何处矮屋之中，未可知也。今日我所亲爱之人在长沙乎，在汉口乎，抑能自拔以至上海乎？炸弹及于胸腹，我将猛进以不让矣。使我化为海鸥出没于波涛之上，其能尽捐此亲爱之累与否，未可知也。官，吾毒也；不受官，安得中毒！不得已而受官，如食漏脯、饮鸩酒，饥渴未止，而毒已作。京师士大夫如燕巢幕上，火已及之。乱离瘼矣，奚其适归。至亲至爱，莫能相救，酷哉！"

　　郑孝胥应该很少有这样情感激烈的文字，至少在写给外人

157

看的文章中没有类似"今日我所亲爱之人在长沙乎"这样的表述，由此可见他确实有"忧国忧民"之情怀，而不能简单斥为顽固保皇派。而且，郑孝胥此段文字中有"今日犹是改革行政之时代，未遽为覆灭宗祀之时代"的判断以及对当时文人士大夫命运的分析，其实都极为深刻。也就在此时，郑孝胥应该确信自己的后半生就是"为清国遗老以没世矣"，尽管还可以用文学创作弥补内心的痛苦，但那种生不逢时之感还是溢于言表："时不我与，戢弥天于一棺，惜哉！"

到上海后次日正是重阳节，郑孝胥得知大局不妙，心情极差，以致日记中出现这样的文字："今日重九，登台凭眺，真欲发狂。与其坐以断肠，无宁与匪决死。"此时的郑孝胥进退两难，有人劝他待在上海等时局明朗再说，也有人劝他马上起程，"宜为汉族效力，克日启程，以慰湘人之望"。经过认真思考，郑孝胥还是决定暂留上海，密切观察形势，其该年 11 月23 日日记则袒露其内心真实思想："天下多事，能者自见之秋。武汉、江宁、镇江，战云惨淡，在军中者皆无生人之乐。自北京朝事危急，君臣卧薪尝胆，以泪洗面；外省则……乱者四起，无干净土；而余独袖手海藏楼上，似有天意不令入竞争之局者。在湖南则驱之至北京，在北京则驱之至上海。冥冥之中，孰主张是？"此时的郑孝胥尽管已经意识到清廷大势已去，却幻想自己可能会在清廷和武昌起义军之间扮演调和者的角色："余今日所处之地位，于朝廷无所负，于革党亦无所忤，岂天留我将以为调停之人耶？"为此郑孝胥甚至想"讯之鬼神"，也实在太高看了自己。就现有资料看，当时武昌和清廷双方都没有让郑孝胥出面调停的意图，即便有谈判，也没有请郑氏出面——

无论是官职地位还是社会声望，郑氏都远未到让双方都特别重视的地步。

其时局势发展很快，即便清廷同意立宪和发布退位诏书，南京却已在推举中华民国第一任总统，待到一切都已明朗之时，郑孝胥唯一能做的，也就是只能在日记中咒骂几句而已，什么"北为乱臣，南为贼子，天下安得不亡"，什么"干名犯义，丧心昧良，此乃豺狼狗彘之种族耳，何足以列于世界之人类乎！"等等，不一而足。颇有意味的是，郑孝胥毕竟是诗人，日记中这一时期不乏对自然和气候变化的记录，虽然系实录，但多少有些象征意义，例如"霜重""风甚厉""霜重，弥望如雪"以及"月明霜重，梅花盛开"，等等，并最终促成郑孝胥不仅"夜书《伯夷列传》"，而且写下这样风格沉郁的《夜起》：

> 楼前夜色暗屯兵，雨猛风饕正四更。
> 呵壁问天终不测，枕戈待旦独难平。
> 寇仇土芥成酬报，猿鹤虫沙孰重轻？
> 剩约毗陵子陆子，佯狂被发送余生。

看来郑孝胥已经决心以"遗老"身份度过余生，但之后时局的发展，让这位客居上海滩的"遗老"竟然有了一显身手的机会，那就是臭名昭著的"满洲国"之从成立到覆灭的过程，郑孝胥大致全程参与。尽管他博得无数骂名且与很多老友断绝友情，但在郑氏看来，也许正是其一生事业最辉煌的阶段吧。

二

辛亥革命之后，郑孝胥以遗老自居长住上海，与陈三立、林纾等所谓遗老辈互相唱和，杂以卖文卖字，虽颇为清闲却无衣食之忧。但他对国事并未不闻不问，其日记虽然记事简略，但对时事仍认真及时记录，且常加以评价，即便只有寥寥数字。

1919 年五四运动爆发，时在上海的郑孝胥则在 5 月 6 日的日记中提及此事："北京各校学生以日本不还青岛事焚曹汝霖之居，殴章宗祥，或云已毙；捕数十人，大学堂解散。"这里的大学堂当指北京大学。之后，五四运动浪潮迅速扩散，上海学界和工商界也迅速响应，但反映到郑氏日记中已是 5 月 12日："上海开国民大会，声言抵制日货。"似乎仍旧是客观记录，但"声言"二字颇为微妙，隐现其态度。果然，很快郑孝胥对此次运动的态度特别是学潮态度就开始明确。在 6 月 5 日的日记中，他这样写道："上海各学堂皆罢课，学生要求商会罢市以应之，今日南北市皆罢市。余出至大马路、十六铺、法马路，步四马路至泥城桥而返。学生散行街巷，有得意之色，闲人甚多。"此处一个"得意之色"就把郑氏对学生的态度完全暴露出来。在之后日记中，郑氏又有对上海工商界罢市的负面评价："华人所立银行是日闻亦罢市，华人无识，乃同儿戏，于此可见。"而等到 6 月 12 日，上海学潮基本结束，商铺也大都重新开业时，郑氏也不禁心情放松，体现在日记中就是四个字："过雨，月明。"郑氏果然惜墨如金，不得不佩服其文字功力深厚。

久居上海的郑孝胥，其实不甘于寂寞，尤其对于政治和权力，他还是很有抱负的。大概是其友人看出了郑氏的心事，或者也是为了让郑氏的遗老生活有些乐趣，就在郑氏刚过六十大寿不久的 6 月 17 日，为其办壬午同年一元会。所谓"一元会"，按古代神话"一元"为十二万九千六百年，这里当为"一元复始，万象更新"之意。聚会之后，大家邀郑氏到一位名叫陈小峰的相馆，让此人为郑氏看相。这陈小峰大概还真有些莫测高深，相郑氏后给出了这样的判词："骨格极完全，惜眉不称及囟门撮发不落左右。额以上至顶皆脱发，此为火烧山林。中年志业未酬，坐此二病。然须劲唇丹，自六十一至七十一，十年间为毕生最高之运，权利满足，受用不尽。耳后骨伏，至八十一岁，寿止于此。如不验，则相士当饿死矣。"郑氏如此郑重其事地详细记下相士的这些话，说明他还是有些相信的。郑氏在此之前的经历大概这位陈姓相士十分清楚，所以对郑氏前半生所言自然已经不是预言而是总结。但这位相士对郑氏之后的命运预言倒确实十分准确。郑氏的确在八十岁时去世，按虚岁也就是八十一岁，此其一也。郑氏于 1923 年奉溥仪之命入京，次年受任总理内务府大臣。1924 年协助溥仪出逃，后担任溥仪的大总管负责对外事宜，算是一定意义上的"帝师"了。1931年他负责起草伪满洲国国歌与"建国宣言"，伪满洲国建立后又担任"国务总理"兼"陆军大臣"和"文教部总长"。无论其言行是否遭到世人唾弃，这十年确实是郑氏一生最风光也最有权力的时期，此其二也。

相面之术源远流长，一般被视为封建迷信，但有意思的是不少文人乃至一些文化大师都对占卜相面之事很有兴趣，且不说他们内心是否确信。如梁漱溟、熊十力、王国维、罗振玉、陈寅恪、吴宓等，都有过请人为其相面或逢重大事变时自己为自己占卜的事情，而且事后看来一些竟然都应验了。也许对于占卜之类，与其简单地归于迷信，倒不如认真探讨其中的奥秘，毕竟面对大自然和浩渺的宇宙我们所了解的还是太少太少。

作为晚清遗老，住在上海的郑孝胥其日常交往活动还是较为密集的，大致分为两类，一是为了生计而从事的卖文卖字活动，二是与陈三立、严复、林纾等一干遗老的交往，不过这二者也有交叉，这从其日记中看得十分清楚，此处只谈与陈三立的交往。首先，辛亥革命后很长一段时间，郑孝胥和陈三立的交往十分密切，有时一月之内会有十余次，要么一起吃饭，要么互相拜访，要么诗词唱和，而两人谈论或唱和内容大都与清廷覆灭有关，例如郑氏日记中以下几条：

> 或述陈伯严语云"以暴易暴，伯夷所悲；以燕伐燕，子舆所叹"。

这里的"以燕伐燕"与"以暴易暴"互文。齐国讨伐燕国是战国中期一重大事件，从《孟子》中《梁惠王》篇有关章节看，孟子对此事态度鲜明：燕国国政败坏，民众遭受苦难，所以可以去讨伐，但讨伐者必须施行优于燕的措施，否则伐燕没有意义，也不可能得到民众支持。同样横行暴政的齐国讨伐燕国，就如燕国自己讨伐自己一样没有意义。陈三立此说当是指责革命党推翻清廷其实和齐国伐燕一样缺少正义性。

> 陈伯严来，共登台看夕照。
> 答伯严《同登海藏楼》之作云："恐是人间干净土，偶留二

老对斜阳。……危楼轻命能同倚，北望相看便断肠。"

郑孝胥日记中还记录了陈三立一件轶事：辛亥革命后陈三立依然留着辫子，一次外出，遇到一个自称革命党者想强迫他剪掉辫子，陈三立大声呵斥，说你如果乱来，必把你送到捕房关上半年，那人才仓皇离开。看来陈三立所居住之处是在租界内，所以他才有如此底气吧。对陈三立的如此言行郑孝胥显然极为欣赏，不过并未急于评价，而是以当时另一位"遗老"作为陪衬："闻朱古微亦留辫，往来苏沪。"然后才给出"此亦硕果之惄遗者乎"的感慨，这感慨自然也包括他自己。且说这朱古微光绪年间曾为殿试二甲一名进士，始以诗名，后专攻词，在当时被称为诗词名家。时人评之为"晚处海滨，身世所遭。与屈子泽畔行吟为类。故其词独幽忧怨悱，沉抑绵邈，莫可端倪"。其去世后，陈三立亲自为之撰写《朱公墓志铭》，可见两人关系非同一般。

辛亥革命之后的郑孝胥，既然选择以"遗老"或者说"文化遗民"身份终老，既然决定不与国民政府合作，则长住上海就有生计问题，好在郑孝胥除了卖文卖字外，还在商务印书馆兼职，后者每月奉送车马费银百两。而他的润笔收费也相当可观，据其日记中统计，仅1916年他卖字收入就有2745元，另有白银200两，所以其日记中出现最多的词汇就是"作字"。此外他还有地租甚至入股兴业银行、购买公债所获利息等方面的收入，所以他在上海维持一个体面的生活完全没有问题。

不过郑孝胥一面拼命赚钱，一面也要维持自己的"名节"和"清高"，在公众面前扮演不与当政者合作的"遗老"形象。

所以其日记中会有这样的对话：

　　许鲁山曰："友朋中立名节、不从世乱者，往往所遇极困，贫病死亡相继，岂天之佑浮人而君子之道消耶？"余曰："否！不从世乱者必有甘困穷、乐贫贱之志，则胸中浩然，无抑郁忧伤之患。盖志气安乐者必逢佳运，牢骚偃蹇者必致厄运，此则由其自取，虽天亦无如之何也。丁衡甫愤世嫉俗，而遭惨祸，亦其人内热负气，崎岖不平有强死之道，而不幸之事亦从之。故曰'人定胜天，在于自克而已'。"

　　这丁衡甫原名丁宝铨，曾任山西巡抚，后因故被迫辞职，离开山西寓居上海，1919 年正月初八被人暗杀。作为前清遗老，他与溥仪有着一定联系，曾向其推荐郑孝胥，也因此郑孝胥曾奉"上谕"为丁撰写墓志铭。此处郑孝胥对于好友许鲁山的质疑，其回答当出自《论语》中非常有名的一段话："一箪食，一瓢饮，在陋巷，人不堪其忧，回也，不改其乐。"郑氏认为丁衡甫一方面欲保持清高名节、不愿堕落世俗，另一方面又因贫贱而愤世嫉俗、内心委屈，以致厄运降临。郑孝胥认为既然选择了一条"大隐隐于世"之路，便不可因自己的窘迫而愤世嫉俗，否则必然会有"不幸之事从之"。郑氏此言乍看乎很有道理，但却有些虚伪，或者简直有一点近于无耻——因为他自己毕竟衣食无忧且常常高朋满座，又怎能理解那些穷困潦倒者的内心？

　　自然，郑孝胥还是会继续这样的晚年生活，所以在 1919 年 12 月 31 日日记中，他一面继续"作字"赚钱，一面又恶狠狠地写下这样一句："今日为一九一九之除夕，明日为乱党第九年。"

　　清末民初诗坛，一向以陈三立、郑孝胥为宗主，至于二人孰为第一，似乎未有一致意见，大致以为二人各有所长且风格各异吧。不过从彼时一些文坛名家评论中，还是能看出他们各自的一些微妙差异。如范当世认为"伯严文学本我之匹亚，加以戊戌后变法至痛，而身既废罢，一自放于文学间，襟抱漓然绝尘，如柳子厚也。此其成就且大于苏堪（指郑孝胥，引者注）矣。"汪辟疆则说："散原能生，能造境。能生故无陈腐诗，能造境故无犹人语。凿开鸿蒙，手洗日月，杜陵而后，仅有散原。"此处虽无对郑氏评价，但"仅有散原"四字就已说明其态度了。钱基博的评价则是"三立之诗，晚与郑孝胥齐名"，具体而言，"三立笔势壮险，仿佛韩愈、黄庭坚"，而"孝胥之诗，得趣宋之王安石；而论文则推唐之柳宗元"，其评价基本也是不偏不倚。胡先骕则认为"并世诗推陈郑，郑诗如长江上游，水湍石激，忧怒盘折，而水清见底，少渊渟之态。陈诗则如长江下游，波澜壮阔，鱼龙曼衍，茫无涯涘，此其轩轾所在欤？"其评价初看似乎为不分伯仲，但细细品味，多少还是有些扬陈抑郑的味道。其实两人诗歌风格不同，他人见解各异本也正常，但牵扯到思想境界以及各自与政治关系，则高下立判。

　　作为直接参与湖南新政并参与和目睹戊戌变法整个历史进程的陈三立而言，在和父亲陈宝箴一起被清廷罢免后，已经对政事心灰意冷，决意终身不仕。辛亥革命后的陈三立自然既不会投靠袁世凯等所谓新党，也不会以清室遗老自居——至于外界视他为遗老，其实源于对其了解不深。陈三立虽然在文学上极为欣赏郑孝胥，称其为"文字骨肉"，但对郑氏热衷政治一直不以为然。特别是后来郑氏助力溥仪建伪满洲国一事，陈三立更是给予严厉抨击，全然不顾两人多年友情。还有一事可以说明陈三立之清高脱俗，即北洋军阀张作霖死后，张学良欲以"两万金"请陈三立为其父作墓志铭，遭到陈三立拒绝。不得已，张学良改以"一万金"请章太炎写，章氏竟然答应，于此"世人乃知二人之身价矣"——只是这身价不仅指润笔之价，更有二人气节声望之价罢。

"三焦"疑案与新文化运动

在历史长河中，一朵小浪花虽然翻不起大浪，却可能是后续大浪的预兆。1919年上半年陈独秀因故"被"辞掉北大文科学长职务，不久更是离开北大专心于政治——这无论对他个人、对北大还是对整个新文化运动都影响极大，胡适甚至认为这件事改变了新文化运动的进程，虽然有些夸张，却说明此事的确意义重大。

而直接参与此事之数人中就有陈独秀的老友汤尔和，当年正是他向蔡元培推荐陈独秀担任文科学长，如今却要蔡元培辞掉陈独秀。至于为何会有这样截然相反的变化，大概和本文题目中的"三焦"疑案有关。

所谓"三焦"，本为中医说法，出自古籍《难经》（原名《黄帝八十一难经》，又称《八十一难》），是中医现存较早的典籍。《难经》之"难"字，有"问难"或"疑难"之义。《难经》的作者一般认为是秦越人，即名医扁鹊，至于最后成书年代，当不晚于东汉。全书采用问答方式，论述了中医一些重大问题，包括脉诊、经络、脏腑、阴阳、病因、病证等。而"三焦"之说见于该书的第六十六难：

曰：经言，肺之原，出于太渊；心之原，出于太陵；肝之原，出于太冲；脾之原，出于太白；肾之原，出于太溪；少阴之原，出于兑骨；胆之原，出于丘墟；胃之原，出于冲阳；三焦之原，出于阳池；膀胱之原，出于京骨；大肠之原，出于合谷；小肠之原，出于腕骨。十二经皆以俞为原者，何也？

然：五脏俞者，三焦之所行，气之所留止也。

三焦所行之俞为原者，何也？

然：脐下肾间动气者，人之生命也，十二经之根本也，故名曰原。三焦者，原气之别使也，主通行三气，经历于五脏六腑。原者，三焦之尊号也，故所止辄为原。五脏六腑之有病者，皆取其原也。

按照《难经》的说法，"三焦"之尊号为"原"，位于五脏所在之地，但非指具体某脏器。又分为上焦、中焦和下焦，"主通行三气"，至于具体位置，则很难说清。不过在传统中医理论中，"三焦"之存在和作用无可置疑。1918 年，陈独秀大概是向汤尔和请教何为"三焦"和"丹田"，后者即写信答复。陈独秀因何要向汤尔和询问，由于缺少第一手资料，至今还是一个谜。也许是有人向陈独秀咨询，以陈独秀之思想立场自然不相信什么"三焦"，但他大概无法解释，遂求助于精通医学的汤尔和。作为旁证，钱玄同在其日记中倒是提及过"三焦"。1918 年 3 月 4 日，钱玄同在日记中写道："二千年来孔门忠孝干禄之书居百分之五十五，参拜牝牡之道家及不明人身组织，说什么阴阳五行、三焦这些屁话，狠毒过于刽子手的医生，其书又居百分之二十，诲淫诲盗、说鬼谈狐、满纸发昏梦疯之书又居百分之二十五。此等书籍断不可给青年阅看，一看即终身陷溺而不可救拔。"尽管陈独秀彼时很可能没有看过钱氏日记，但钱玄同也许于不经意间向陈独秀提及"三焦"，从而引起其注意。

陈独秀收到汤尔和的来信后，大概觉得信中所谈古人对"三焦""丹田"的解释正可成为《新青年》批判封建传统文化的案例，即在没有征得汤尔和同意的情况下，连同自己的回复发表在《新青年》第四卷第五号。有人据此认为陈独秀这一做法以及他在回复中的严厉批判，让汤尔和恼羞成怒，从而埋下日后逼迫陈独秀离开北大的种子。

那么，汤尔和究竟写了什么？陈独秀又是如何答复的？好在原文均不长，故引在下面：

独秀吾兄：

示敬承。

"三焦"之说，即以内难经论，亦仅指部分名称。强欲附会今说，可当胸腹两腔。金元之交有以心相为"三焦"者，瞽说也。

"丹田"尤为荒谬。纵在我古医家，亦所不道。妄人以脐为"丹田"，若谓道家之说，则道家其人死无对证，而书阙有闲，不妨闭门造之。倘欲附会生理，则按脐之为物，在胎生时已脐带与胎盘联络；胎盘外面有绒毛，与子宫粘膜联络；胎盘剥离（即分娩时，）脐带切断，其断端陷于坏疽脱落，其所遗之瘢，即脐。故自胎生之后，脐于人体初无丝粟之用。或竟公然谓人之初生以脐为起点者，于胎生学太无常识，不值一噱也。

汤尔和顿首 三月三十日

汤尔和时任北京医学专门学校校长，早年曾留学日本，后赴德国学医，获柏林大学医学博士学位，曾翻译过日人所著之《诊断学》等，并在 1915 年创立中华民国医药学会，担任会长，是中国现代医学的创始人之一。他一向反对中医，更反对传统文化中对中医的迷信解释，这从信中看得很清楚。其实在他们那个时代，几乎所有出国留学者或较为开明者都轻视中医而迷信西医，鲁迅就是最好的例证，所以汤尔和反对中医毫不奇怪。

既然汤氏此信是站在反封建立场对"三焦""丹田"等说法给予批判，陈独秀怎么会否定汤尔和此信？他对该信的评价是否确实有对汤氏不敬之语？且看陈独秀的回复：

尔和学兄左右：

惠复拜谢。吾国学术思想，尚在宗教玄想时代，故往往于欧西科学所证明之常识，尚复闭眼胡说，此为国民根本大患，较之军阀跋扈犹厉万倍，况复明目张胆，倡言于学校，应受绅士待遇之青年学生，亦尊而信之，诚学界之大辱，可为痛哭流涕长太息者也。来书虽系弟私人请益，以关系学术，故揭告读者，谅不以为忤也。以后倘有大著赐登本志，指导青年逃出迷途，则幸甚。

独秀
一九一八，五，十五

陈独秀此信中确实用了一些"闭眼胡说""明目张胆"等贬斥之语，但从上下文看并非针对汤尔和，而是对当时学术界和教育界的批判。语气虽然有些放肆激烈，但陈独秀当时在

《新青年》上所写文章一向如此，对此汤尔和肯定清楚。因此，仅看两人书信，尽管陈独秀回复中有些语句让汤尔和可能觉得刺耳，尽管陈独秀应该在发表书信前征求汤尔和的同意，但所有这些似乎并不能导致他们产生矛盾。须知他们年龄相仿，汤尔和大一岁，他们早在1902年就是日本东京成城学校陆军科的同学，还一起创办中国留日学生中最早的革命团体——中国青年会，后来又都参加过反清革命活动。对于陈独秀创办《新青年》，汤尔和也大力支持并向蔡元培推荐，而最能说明他们关系很好的例子就是汤尔和推荐陈独秀担任北大文科学长。既然他们关系如此，又怎会因为发表这样一封信就导致友谊破裂？

看来问题不在陈独秀擅自发表书信本身，也不在其答复不当。由此，围绕"三焦"之说的一些解释显然不能成立。

在笔者看来，引发汤尔和对陈独秀态度发生变化的根本原因，也许源自当时在北大任教的浙籍文人群体和皖籍文人群体的矛盾。本来，在新文化运动初期，以陈独秀、胡适为代表的皖籍文人和以蔡元培、沈尹默、马夷初、汤尔和、钱玄同等浙籍文人一直是结成统一战线（也就是我们一直称为的"《新青年》同人"），与以桐城派为代表的封建保守势力进行斗争。只是随着运动的深入和《新青年》的影响越来越大，陈独秀和胡适的名气也越来越大。他们一个以创办《新青年》和担任北大文科学长闻名，另一个是年轻有为的留美博士，特别是在1919年初胡适的《中国哲学史大纲》出版后，胡适的声望更是达到一个顶点。这自然引起浙籍文人群体中一些人如沈尹默、马夷初和汤尔和等人的不快，他们担心长此以往，浙籍文人在学术界和教育界的势力和影响将被削弱，因此产生了排挤陈、胡的想法。当然，在《新青年》的作者中，除却陈、胡，还有一些皖籍文人如高一涵等，但论影响之大当然非陈、胡莫属。两人之中胡适为人一向谦和，文字也较为平和节制，虽提倡文学革命，但主张渐进方式。而陈独秀不仅言行激烈，且私德不检，时有嫖妓行为，这自然容易引起封建保守派的攻击，特别是在他 1917 年任北大文科学长之后。如林纾等就曾给蔡元培写信，对新文化运动极力攻击，一些无良小报也借此散布谣言，甚至说陈独秀就要被北大开除，等等。等到 1919 年 3 月，国会议员张元奇就以陈独秀的私生活不检点为由向国会弹劾教育部长傅增湘和蔡元培，已经是影响到蔡元培的北大校长职位。这显然是已在北大文科占据支配地位的浙籍文人所不愿看到的，也是部分浙籍文人想要陈独秀离开北大的原因。当年 3 月 26 日，傅增湘在徐世昌的指令下写信给蔡元培，要求他从严管理提倡新思潮的北大师生。当天晚上，蔡元培和沈尹默、马夷初来到汤尔和家商讨解决办法，汤尔和即提出解除陈独秀的文科学长职务，其他几人也随之附和。蔡元培起初并不同意，但汤尔和一再表示陈独秀私德太坏，不能为人师表。那时北大很多教授加入了进德会，陈独秀即为会员，而进德会的要求有一条就是不得嫖妓。由于蔡元培是进德会的首倡者，所以不好再为陈独秀辩护，最终采纳了汤尔和的意见，只是坚持保留陈独秀的文科教授职位。4 月 10 日，在蔡元培主持的北大教授会议上，正式决定废除学长制，成立由各科教授会主任组成的教务处，推马寅初为首任教务长，这样等于只是间接废除陈独秀的文科学长职务，让陈独秀面子好看些，由此也可见蔡元培的良苦用心。

但陈独秀没有参加这次会议，事实上从此之后他就等于被排挤出北大。

按陈独秀的性格，在声名大振之际遭此打击，当然要怪罪汤尔和等人，由此两人反目成仇。他对胡适说："明枪好躲，暗箭难防，小人之心无孔不入。汤尔和与子民分别是大学校长、学界领袖，居然也听信谎言诽谤。对往日区区小事，还记恨在心！"在被免职的三天后，陈独秀在路上遇到汤尔和，自然"脸色铁青，怒目而视"，汤尔和应该是觉得自己有些对不住陈独秀，就匆匆低头而过，在当天日记中也多少有些自嘲地写道"亦可哂已"。数年后，陈独秀在写给胡适的信中提及汤尔和时，大概又想到当年被迫离开北大事，这样写道："林、汤及行严都是了不得的人物，我辈书生，哪是他们的对手！"此处的"林、汤及行严"分别指林长民、汤尔和、章士钊，看来虽然时过境迁，陈独秀对汤尔和所为依然耿耿于怀。

作为皖籍文人的另一个代表人物，陈独秀的离开北大自然让胡适有兔死狐悲之感，也因此无法谅解汤尔和等人的做法。多年之后，胡适还不能忘却此事，就设法借到汤尔和的日记，希望从中找到汤氏反对陈独秀的一些线索。但汤尔和显然早就有所考虑，日记中没有什么有价值的内容，有关3月26日晚上事，汤尔和是在次日补记，内容极为简单："昨以大学事，蔡鹤公及关系诸君来会商，十二时客始散，今日甚倦。"胡适看了之后，找不到什么资料，也就只好写信把汤尔和埋怨一通。

1935年12月23日，胡适在写给汤尔和的信中评论说："此夜之会，先生记之甚略，然独秀因此离去北大……《新青年》的分化，北大自由主义的变弱，皆起于此夜之会。独秀在北大，颇受我与孟和（英美派）的影响，故不致十分'左倾'。独秀离开北大之后，渐渐脱离自由主义者的立场，就更'左倾'了。此夜之会，虽有尹默、夷初在后面捣鬼，然孑民先生最敬重先生，是夜先生之议论风生，不但决定北大的命运，实开后来十余年的政治与思想的分野。此会之重要，也许不是这十六年的短历史所能论定。"

大概胡适觉得这样说还不够，于是同月28日再次致信汤尔和，依然大加指责："三月廿六日夜之会上，蔡先生颇不愿于那时去独秀，先生力言其私德太坏，彼时蔡先生还是进德会的提倡者，故颇为尊议所动。我当时所诧怪者，当时小报所记，道路所传，都是无稽之谈，而学界领袖乃视为事实，视为铁证，岂不可怪？嫖妓是独秀与浮筠（指当时的北大理科学长夏浮筠，引者注）都干的事，而'挖伤某妓之下体'是谁见来？及今思之，岂值一噱？当时外人借私行为攻击独秀，明明是攻击北大的新思潮的几个领袖的一种手段，而先生们亦不能把私行为与公行为分开，适堕奸人术中了……当时我颇疑心尹默等几个反复小人造成一个攻击独秀的局面，而先生不察，就做了他们的'发言人'了。"应当说明的是，在那个时代文人或教师学生偶有风流行径，并不为过，也无关乎此人是否赞同新文化还是反对，前者如吴虞——他甚至把自己的风流行为写成诗歌在报纸上发表，后者如辜鸿铭、黄侃等。不过，凡事皆有一个度，不能过分，而且社会舆论对新文化运动代表人物当然要求更高，认为你既然赞同新文化，而嫖妓纳妾为旧时代行为，那么就不能一边反对旧文化，一边还践行旧习俗——陈独秀和吴虞先后为嫖妓事受到舆论攻击就是如此。

至 1936 年 1 月 2 日，胡适第三次致信汤尔和："我并不主张大学教授不妨嫖妓，我也不主张政治领袖不妨嫖妓——我觉得一切在社会上有领袖地位的人都是西洋所谓'公人'（Public men），都应该注意他们自己的行为，因为他们自己的私行为也许可以发生公众的影响。但我也不赞成任何人利用某人的私行为来做攻击他的武器。当日尹默诸人，正犯此病。以近年的事实证之，当日攻击独秀之人，后来都变成了'老摩登'，这也是时代的影响，所谓历史的'幽默'是也。"

胡适为当年陈独秀被排挤出北大事，七年之后依然未能释怀，终于接连三次致信责怪汤尔和，足见他对该事重视程度。由胡适书信及汤尔和日记可知，对于要把陈独秀排挤出北大，汤尔和态度最为坚决。那么他为什么要这样做？对此其日记中没有记录，胡适先后借阅了汤尔和那两年的日记，什么也没有发现。到 1935 年胡适就此询问时，汤尔和的回答是："以陈君当年之浪漫行为置之大学，终嫌不类，此乃弟之头巾见解，迄今犹自以为不谬。"显然汤尔和没有说真话，倒是胡适从汤氏日记中"硬"找到勉强可以称为"理由"的理由："今读七、八年日记，始知先生每日抄读宋明理学语录，始大悟八年三月之事，亦自有历史背景，因果如此，非可勉强也。"胡适此言当然是话中有话，他的意思是汤尔和之所以要排挤陈独秀，是因为后者私德不检，而汤尔和每日抄读理学语录，其思想观念自然保守，也就不能容忍陈独秀了。但胡适显然知道汤尔和并非顽固守旧的理学家，这里的抄读可能不过是一种手段，甚至是有意为之，所以胡适此言尚有对汤尔和的嘲讽之意。只是时过境迁，胡适无论怎样抱怨，也只能归因于"因果如此"了。

不过，对于文人之私德不检所产生的后果，很多年后陈独秀还是有所体会，虽然这一次没有发生在他自己身上，而是他的一个朋友及北大旧同事张申府。张申府曾是《新青年》的编委，也曾在李大钊离开后担任北大图书馆主任。大名鼎鼎的《每周评论》有三位创始人，除却陈独秀和李大钊，第三位就是张申府。1924年1月，陈独秀在写给胡适的信中提到。他曾向李大钊推荐张申府到大学任教，李大钊回复说"恐大学以道德问题不便用他"，后转推荐另一大学，也因同样原因失败。这里所说的"道德问题"，大概就是张申府彼时正卷入和张国焘、刘清扬的三角恋爱纠葛，郑超麟在回忆录中曾谈到，"他在邮船上同刘清扬结为伴侣，此事引起风潮。"当然，张申府后来终于被清华大学聘为教授，与冯友兰、金岳霖、邓以蛰三位教授合称为哲学系的"四大金刚"，不过这已经是1931年的事情。

　　此外，对于陈独秀被排挤出北大，傅斯年也有自己的见解，认为是出于新文化运动内部的派系和利益之争："在五四前若干时，北京的空气，已为北大师生的作品动荡得很了。北洋政府很觉得不安，对蔡先生大施压力与恫吓，至于侦探之跟随，是极小的事了。有一天晚上，蔡先生在他当时的一个'谋客'（指汤尔和）家中谈起此事，还有一个谋客（指沈尹默）也在。当时蔡先生有此两谋客，专商量如何对付北洋政府的，其中的那个老谋客说了无穷的话，劝蔡先生解陈独秀先生的聘，并要约制胡适之先生一下，其理由无非是要保存机关，保存北方读书人一类似是而非之谈……"按照这个说法，汤尔和认为走一个陈独秀可以保护北大、保护蔡元培的校长职位，所谓丢卒保车之意。这当然可以理解。当晚商谈此事者全部为浙籍文人，他们一直奉蔡元培为领袖人物，自然不愿看到蔡氏下台。但问题在于，是否局势已经到了如此严重地步？除却让陈独秀离开，是否还有其他办法？对此已有史料尚无法证明。不过，作为这件事的余波，近年新出的《沈尹默年谱》对此日之事竟然只字不提，不知是疏忽还是故意漏记？如果是后者，说明年谱编辑者可能也认为谱主参与此事不太光彩，索性就不记了罢。

在陈独秀被排挤出北大一事上，很多读者大概会关注周氏兄弟的意见如何。根据现有史料，很难断定周氏兄弟的态度，他们兄弟的日记都为纯记事型，很少有思想情感的流露，连五四运动这样大事在其日记中都没有片言只语，陈独秀离开北大之事更不会有什么意见记录下来。事实上，当时在北大任教的浙籍文人中，周氏兄弟的影响力并不大，按周作人的说法，其实居于边缘状态。因为周作人进入北大是因鲁迅推荐，进入北大也较晚，而鲁迅则不过是北大的兼职讲师而已，所以他们兄弟平日对北大事务基本不介入。从陈独秀写给周氏兄弟的书信中，可以发现陈独秀对他们印象极好，即便是在陈独秀到上海，《新青年》同人分裂后，陈独秀还是写信给周氏兄弟，请他们继续写稿，并对鲁迅的小说大加称赞，说"鲁迅兄做的小说，我实在五体投地的佩服。"而周氏兄弟也一如既往给已在上海的《新青年》写稿，一直到1922年下半年。从这一点看，大概周氏兄弟对陈独秀还是有一定好感，对于他被排挤出北大也会抱有同情吧。其实对于所谓的"某籍某系"也就是浙籍文人群体，周氏兄弟从未有意介入或为其出谋划策。查二人日记，早年他们更多出现于章氏同门的一些宴会中，进入北大后，对于北大和《新青年》事务也很少介入，鲁迅更是如此。当然，既然同为浙籍文人，则他们也不会公开对沈尹默、汤尔和等人一些过分行为给予否定。可惜限于资料，我们无法给出更明确的答案。

　　"文人相轻、自古而然"，五四新文化运动期间，《新青年》同人和封建保守派之间互相攻击批判，极为正常。但后来在新文化运动内部也产生矛盾以致后来分裂，多少让人们觉得有些惋惜，而当事者在某些问题上的处置不当，也许就成为以后矛盾激化的种子。当然，无论其思想观念如何一致、目标如何趋同，他们之间也不可能没有任何矛盾。而传统的同窗、同门和同乡关系，就常常对此产生深远复杂影响，且有时会迫使个人为了群体利益放弃个人立场。按照"西马"哲学家赫勒在《日常生活》中所表述的观点，每个人在社会生活中都隶属一定的群体，因此他的言行既基于个人立场，也要符合整个群体的利益。在很多情况下，只有群体发展个体才能生存并发展，也因此群体的利益高于个体并要求每个个体都要有一种"为我们"的意识，也就是为自己身在其中的群体工作和服务的意识。如果个体一定要坚持自己的独立性而不愿纳入整个群体，则就有被排挤出群体的可能。黄侃作为章门弟子中学术成就最佳者，因其一直反对新文化运动和钱玄同、沈尹默等关系紧张，最终只好辞去北大教授，转赴武汉任教。除却思想观念差异外，黄侃受到排挤的原因和他原非浙籍有关，而他离开北大后首先想到要去的地方，也只能是老家湖北，在此我们看到地域文化和同乡关系在群体内部的强大力量。当然这种"为我们"意识并非常常为个体意识到，而更多是潜在于个体的思想观念中并支配其言行。如鲁迅在加入《新青年》之前极为悲观消极，但一旦投入，就一发而不可收，且主动配合陈独秀等人的思想，称自己的文学创作为"遵命文学"，这样的说法让人难以相信出自一向坚持思想独立的鲁迅之口。但鲁迅其实很清楚，彼时他们最迫切使命就是鼓吹新文化、抨击旧文化，就是要求大家目标一致、行动一致。也因此当胡适对钱玄同和刘半农的"唱双簧"一事不以为然时，鲁迅却表示就应该如此，不这样就不能引起旧文化卫道者的注意，新文化运动也就很难拓展深度和广度。按照这样的理解，则鲁迅对于陈独秀的离开北大，从情感上也许多少有些同情，但既然浙籍文人领袖蔡元培已经做出决定，则他没有反对的道理，何况陈独秀也确实有可指责之处。

最后应该指出的是，当年新文化运动中的一些内部矛盾虽然令人惋惜，特别是一些相识多年老友后来形同陌路，陈独秀和汤尔和是如此，鲁迅和钱玄同也是如此。但正所谓"当局者迷，旁观者清"，事后我们可以说"本应如此如此"，但在当时，事件参与者可能都认为自己不过是做了在当时所能做的最佳选择。从整体来说，所有新文化运动代表人物的历史功绩，永远值得赞颂。

夏日也有冬天之气息

一份杂志开启一个时代，这一荣光只能属于《新青年》。

——题记

一

但凡提到《新青年》，第一个要说的当然是陈独秀。1916
年 10 月 1 日，在《新青年》第二卷第二号"通信"栏中，刊
登了名为毕云程的读者来信和陈独秀以记者身份写的答复。毕
云程来信中有这样一段文字："读大著《新青年》，向往益深，
惟仆有不能已于言者，先生撰著，虽多鞭策勖励之语，然字里
行间恒流露一种悲观。时局之危，仆岂不知，无如仆之愚见，
悲观易流于消极。青年立志未坚，逢此时会，已有我生不辰之
感，再益以悲观之文字，志行薄弱者不免因而颓丧。"应该说
这位毕云程的眼光很厉害，硬是看出《新青年》那些昂扬激烈
文字背后作者的悲观乃至绝望。且看陈独秀的答复："仆最反对
悲观主义者也，且自信青年杂志未尝作悲观语。然读者如足下
既已作此感想，分明事实，仆又何词以抵赖。今而后惟期有则
改之，无则加勉而已。闻之友人，足下坚苦拔俗，钦慕久之。"

不过，陈独秀虽然不想抵赖且答应"有则改之"，接下来还是坦露出悲观心态："仆无状，执笔本志几一载，不足动青年毫末之观听，惭愧惭愧，希足下时督责之幸甚。"

其实，陈独秀这种悲观早在创办《新青年》时就袒露无遗。在创刊号第一篇的《敬告青年》中，尽管陈独秀一开始用尽花言巧语全力赞美青年"如初春，如朝日，如百卉之萌动，如利刃之新发于硎。人生最可宝贵之时期也。青年之于社会，犹新鲜活泼细胞之在人身"，等等——而且陈独秀当时不过才三十六岁，胡适不过二十四岁，应该都还算是青年，所以这《敬告青年》其实也是在"敬告"他们自己吧。但接下来陈独秀就毫无隐晦地表达出对当时青年一代也包括对他自己的绝望："吾见夫青年其年龄而老年其身体者十之五焉，青年其年龄或身体而老年其脑神经者十之九焉。华其发，泽其容，直其腰，广其膈，非不俨然青年也；及叩其头脑中所涉想、所怀抱，无一不与彼陈腐朽败者为一丘之貉。其始也未常不新鲜活泼，浸假而为陈腐朽败分子所同化者有之；浸假而畏陈腐朽败分子势力之庞大，瞻顾依回，不敢明目张胆，作顽狠之抗斗者有之。充塞社会之空气，无往而非陈腐朽败焉。求些少之新鲜活泼者，以慰吾人窒息之绝望，亦杳不可得。"这"杳不可得"四字可谓准确，说明陈独秀的悲观早已不是简单的长吁短叹。

第二个要说的自然是胡适。1916 年 9 月 22 日，胡适在日记中对到纽约一年来的书信往来进行统计，数字很是惊人。这一年间他收到来信 999 封，回复并最终寄出者有 874 封，对此胡适不免发出"甚矣，无谓酬应之多也"的感慨。要说明的是，根据他日记中的存根，胡适的这些回信很多篇幅都很长，尤其是和梅光迪、朱经农等人的论学书信，绝非短时间内可以完成。今天看来，这些都很有意义，绝不属于"无谓酬应"，但在当时，胡适可能还是认为在这方面花费时间太多。例如，在这之前的 4 月 13 日，胡适写过一首《沁园春》词，其中的"要前空千古，下开百世，收他臭腐，还我神奇。为大中华，造新文学，此业吾曹欲让谁？"就是他立志用白话改造旧文学、实行文学革命的最强宣言。有意思的是，这样一首词胡适居然修改了大约十次才最后定稿，但定稿中的"为大中华，造新文学，此业吾曹欲让谁"字样不见了，改为"要不师汉魏，不师唐宋，但求似我，何效人为"等更为平和的说法。当然，后来出版《尝试集》时，胡适已是名满天下的新文学革命倡导人，为了显示自己当年的勇气和胆量，将这首词收入该书时自然还是用的初稿。此外，1915 年 5 月的胡适，其实为自己选择的学术研究方向却是哲学。在该年 5 月 28 日日记中，胡适这样写道："自今已往，当屏绝万事，专治哲学，中西兼治，此吾所择业也。"这说明要么胡适认为自己弄文学至多不过是副业，要么认为自己在文学方面并没有什么特长，至于提倡白话是否可以成功，他其实底气不足但勇气可嘉。

接下来，对《新青年》杂志产生重大影响的重要人物按说是钱玄同，不过还是先说鲁迅，不然有些读者可能要怪我对鲁迅过于忽视。据鲁迅 1912 年 5 月 5 日日记"上午十一时舟抵天津，下午三时半车发，途中弥望黄土，间有草木，无可观览"。5 月初的北方尽管已是春天，在来自江南的鲁迅眼中还是"无可观览"，这与鲁迅心情不佳有关。5 月 10 日鲁迅开始到教育部上班，当天日记中的"枯坐终日，极无聊赖"八个字说明鲁迅心情很差。此时的鲁迅自然不知道日后他会和《新青年》发生关系，更不会预知自己因在《新青年》上发表白话小说，从此成为20世纪中国文学史上最伟大的作家。几年后的1915年元旦放假，鲁迅与好友去看戏，但过程并不愉快。这经历后来被写入《社戏》，后来他写文章批评否定京剧，这次经历很可能起到作用。此时的鲁迅虽然到京城数年，但心态还停留在"北漂"层次。据周作人在《鲁迅的故家》中回忆，鲁迅很早就知道《新青年》这个刊物，却有些不以为然。1917年4月，周作人到了北京，鲁迅拿《新青年》给他看，说是许寿裳介绍的，颇多谬论，大可一驳，所以买了来。不过周作人的回忆并不准确，因为据1917年1月19日鲁迅日记："上午寄二弟《教育公报》二本，《青年杂志》十本，作一包。"而周作人在该月24日即收到这些杂志，这邮政速度在那个时代绝不算慢，而周作人对于《新青年》的反应也不慢且大致给予肯定——"晚阅青年杂志，多可读。"此外，鲁迅写给许寿裳的信里也多次谈到《新青年》，如1918年1月4日的信："《新青年》以不能广行，书肆拟中止；独秀辈与之交涉，已允续刊，定于本月十五日出版云。"从鲁迅日记中发现，他不仅把《新青年》寄给许寿裳，还分赠齐寿山等人，这和寄给周作人一样也等于一种肯定态度。后来，周氏兄弟在钱玄同劝说下终于开始为《新青年》写作，看来与之前对它的了解有很大关系。但鲁迅和钱玄同那段有名的关于"铁屋子"的对话，说明鲁迅内心始终还是悲观绝望，其最终答应钱玄同也不过是"知其不可为而为之"而已。至于周作人内心如何，似乎他本人没有直接的表述，但一般认为介入《新青年》编辑工作时的周氏兄弟，其思想见解和文学观念很是一致，但对人生与社会的感受当然不会完全相同。

再看钱玄同。他正式介入《新青年》并极力赞同陈、胡等人的"文学革命"主张，是以读者来信方式发表于1917年2月1日《新青年》第二卷第六号，发行时间为1917年2月1日。对此，陈独秀和胡适的反应自然是又惊又喜，前者兴奋地称赞说："以先生之声韵训诂学大家，而提倡通俗的新文学，何忧国之不景从也。可为文学界浮一大白。"胡适则直到晚年还是对钱玄同当年这来信赞叹不止："钱氏原为国学大师章太炎（炳麟）的门人。他对这篇由一位留学生执笔讨论中国文学改良问题的文章，大为赏识，倒使我受宠若惊。……钱教授是位古文大家。他居然也对我们有如此同情的反应，实在使我们声势一振。"（《文学革命的结胎时期》）那么，钱玄同大概何时产生写赞同信的念头呢？查钱氏日记，当年1月20日陈独秀宴客于庆华春，钱玄同应邀参加，然后在23日日记中再次提到陈独秀"日前独秀谓我，近人中如吴趼人、李伯元二君，其文学价值，实远在吴挚甫之上"等语，所以钱氏如果已经写好给《新青年》的来信或者决定要写，考虑到刊物出版的周期，这个时间应差不多是最后期限了。当然，在此之前的一个月左右也有可能，但最早不会早于1917年1月，因为刊登胡适《文学改良刍议》的《新青年》第二卷第五号当年1月1日才发行。那么，这一时间段钱氏日记中透露出的都是怎样的心情呢？首先是在长达三个月时间内，钱氏多位家人和他个人一直疾病缠身："计自客岁十月以来，雄儿不知从何处传来此病，因之婠贞、东儿、穹儿、递相传染，东儿且殇焉，所未传染者仅我与弘儿，然二人均患麻疹，及十二月廿六七间，我始起床，以为吾家疾病当随一九一六年俱去，岂知弘儿终不免于传染乎！三月以来，心绪恶劣，至今犹不许我开展，且我自身亦难保此后竟不传染，思至此，愈觉闷闷不乐。"这自然使得钱玄同心情十分压抑，甚至怪罪于所租住宅为"凶宅"而计划搬家。此为钱氏1月8日日记，之后钱氏及家人包括仆人又遭受煤气中毒等飞来横祸，可以想见其心情自然很差。

总之，钱玄同给《新青年》写信绝不是什么心血来潮，从钱氏该年1月1日日记中，已经看出他决心加入《新青年》："余谓文学之文，当世哲人如陈仲甫、胡适之二君，均倡改良之论，二君邃于欧西文学，必能为中国文学界开新纪元。"不过，就在这之前的1916年9月19日日记中，钱氏还是心态很差："至高师授课三小时，颇惫，余之精力日坏一日，年甫三十而衰颓似五十外人，殊自伤，虽存在一日，致用之心总当尽一日也。"纵观钱氏一生，其心态好坏与其观点立场多变甚有关系，而心态好坏又与其身体状况直接有关。钱氏一生体弱多病，日记中最常见文字就是身体不适或有病的记录。所以，对于钱氏撰文赞同陈胡之"文学改良"主张，可以理解为他有内在的思想基础（此为主要因素），但也与对自己身体极差、自哀自怨之心理有关。在笔者看来，钱氏内心也许和鲁迅一样，只是把介入"文学改良"或"文学革命"作为拯救自身灵魂手段或者说"救命稻草"吧——至于这稻草重量几何，当然与他们各自的思想认识有关。

最后要提及的是吴虞，他在《新青年》同人中似乎一直属于异数：从观点见解看，他当然是《新青年》的得力干将，被胡适称为"只手打倒孔家店的老英雄"，但他与《新青年》同人的关系其实相当微妙，从其日记中看不出他与谁关系密切到如同陈胡之间或者早期的钱鲁之间那样亲切自然程度。而且吴虞偏居四川，无论人文环境抑或生存环境之恶劣远非北京可比，这也导致他内心多为悲观甚至绝望。且看这样的文字："香祖劝余，处此乱世，当学陶渊明读书避世，不谈时事，报章文章概行谢绝，以免以文字贾祸，守明哲保身之戒。余深然之，从此便当辍笔。"这是吴虞1916年8月3日日记中一段文字，不过，吴虞显然并未"辍笔"避祸，而是选择了继续写作。读吴虞这一阶段日记，明显感到内心的矛盾，一方面为自己的文章被陈独秀、柳亚子等人褒赞而沾沾自喜，另一方面又总想闭户读书、不问政治。不过，吴虞内心最终还是前者占据上风，才会有出川到京任教之举动。

两位安徽人、两位浙江人和一位四川人，无论是《新青年》的创办者还是主要参与者，他们在1917年"文学革命"之前，内心之复杂和思想变化之隐秘曲折，其实很大程度可以从其日记书信中看出——至少在那时，他们还没有想到自己的日记后来会成为研究新文化运动的重要资料。但胡适可能是一个例外，与周氏兄弟几乎纯粹记事之日记不同，他撰写日记一开始就是为了日后存档和验证其思想变化，不仅字数很多，而且粘贴了很多相关材料，其可信度自然要打折扣。但根据我的判断，胡适日记整体而言可信度还是较高。即便有作伪之处，按照陈寅恪所谓"伪材料"如果确实被看作"伪材料"，其实也就成了"真"的"伪材料"，从而依然具有利用和研究价值。

二

在早期《新青年》有关鼓吹"文学革命"的文章以及文章作者的日记书信中,对"文学革命""文学改良"等术语的用法值得探究,例如,胡适在日记中使用"文学革命"的频率远远超过"文学改良",但他所写的第一篇鼓吹白话的文章却用的是《文学改良刍议》这样十分温和的题目,而力倡"文学革命"的陈独秀也数次用过文学"改良"或"改革"的说法,至于他们的主要反对者梅光迪却是多次在肯定意义上使用"文学革命"说法并在早期与胡适的论辩中实际上与胡适立场一致,即都赞同进行一次文学革命,只是在具体做法上有所分歧,至于这分歧后来扩大到截然对立地步,除却他们的文学观念不同外,其实与他们各自的性格和心态有很大关系,这只要看他们的日记书信就很清楚。胡适、陈独秀和梅光迪等人都曾留学海外,他们对"革命"一词的来源以及在中西方文化中的不同含义以及演变,其实非常清楚。但具体到文学论争,在使用"革命"与"改良""改革"这些概念时,他们的用法并不严谨,界限并不分明。在这个意义上,也许需要对《新青年》同人以及对立面"学衡派"等对待"文学革命"的态度重新给予梳理。在我看来,《新青年》同人对"文学革命"和"文学改良"词汇的不同用法以及最后采纳前者而摒弃后者,不仅取决于他们的政治和文化立场,也很可能与使用者当时的心态有关。在很多场合,提倡新文化运动者也许有意无意感觉到,只有用更加激烈的表述,才能与内心深处的悲观绝望相抗衡;或者反过来说,正是他们内心深处的悲观绝望,促使他们采用这些激烈的表述，以掩饰和暂时忘却这些悲观绝望。这方面鲁迅是最好的例子，他所发出的"救救孩子"的呼唤，正是内心绝望的另一种表述方式。

自然，鲁迅的绝望很好理解，这方面的研究已经很多很深入，但胡适和陈独秀也如此么？如果是，与鲁迅又有何异同？而钱玄同和其他《新青年》同人又是怎样？

首先，从胡适和梅光迪等人的日记书信看，梅光迪这位反对态度最坚决者一开始却是赞同"文学革命"的，而且有不少主张和胡适不谋而合，他们两人本来可能是一起提倡"文学革命"者，最后却走向完全对立，其中双方性格和为人处世态度恐怕起到很大作用，而不能简单归于他们思想和文学观念的分歧。（这里把梅光迪作为一个参照系论述，其中胡适的"逼上梁山"之内涵除却有被梅光迪"逼迫"之意外，是否也有被内心深处的悲观"逼迫"之意呢？——也即害怕一旦自己不激烈不行动，就会坠入悲观绝望之深渊呢？）

其实重要的不是指出他们有这种悲观绝望心态，而是分析这种心态如何影响了他们的行为，特别是提倡和介入新文化运动之中后，他们的言行如何受到此种心态的影响和制约，包括对于反对派的批判和反击，等等。是否可以说"越悲观者越激烈"？

其次，《新青年》一开始毫无疑问是安徽文人的阵地，浙籍文人及其他地域文人如何逐渐进入并占有一定的话语权，以及这种趋势是否与何时引起陈独秀的注意并引发他想要重新恢复对刊物掌控的念头，从他们的日记书信中多少可以觅得一些端倪，例如鲁迅的有关评价。此外，从梅光迪、吴宓等人的书信日记中也可看出，他们对胡适等人掌握文学革命的"话语权"极为不满，所以才会筹办《学衡》，并且也试图依靠东南大学团结一批人来抗衡陈、胡所在的北大。可惜刘伯明不是蔡元培，东南大学也不是北大，南北对抗其实徒有其名，《学衡》并未对《新青年》形成真正有效的威胁，更遑论取代。

总之，对于早期的《新青年》如火如荼之发展，可以用胡适日记中的一句话进行概括，那就是"夏日也有冬天之气息"，《新青年》后来走向分裂，看来绝非偶然。除了思想观念的分歧外，其主要人物的性格、心态、同乡或同门因素以及他们之间的微妙关系也起到至关重要作用，这就为后世的文学史撰写者和阐释者提供了新的视角。而之后那些文学社团或文人群体之间论争及内部矛盾，也许同样可以从这个视角解读。

那么，作为新文化运动最主要的反对者"学衡派"诸人，他们在撰文反对新文化时其内心深处的真实想法是否与其在文章中表现得完全一致呢？当新文化运动同人不约而同但程度不同地表现出对时代和社会不满、对未来感觉迷惘甚至悲观之时，他们的对手"学衡派"等人是否就并非如此，甚至对中国社会未来持乐观态度呢？

先看一下吴宓。他在 1919 年 3 月 27 日日记中这样写道："呜呼，世乱之亟，从未有如今日者也。吾国之内忧外患，扰攘争夺，疮痍荼毒，无论已；即全世界今时之大乱，亦实向来所未见。孟子曰：天下之生久矣，一治一乱。"在该年 7 月 24 日日记中，吴宓更是表现出极度的悲观："知忧患之必不能逃，则当奋力学道，以求内心之安乐，是谓精神上自救之术。欲救人者，须先自救；未能自救，乌能救人？使人人各能自救，则人人皆得救，而更无需救人矣。故古今之大宗教，若佛若耶，孔子之教亦然。其本旨皆重自救而非为救人者也。忧患之来，如病袭身，不就医服药，则己身将死尚何有于人？故宓现今亦惟当力行自救之术。"看来，吴宓一方面对胡适、陈独秀大力提倡新文化运动不满并有意进行反击（日后应梅光迪邀请回国筹办《学衡》就是最好的付诸行动），另一方面又从内心对这一切感到悲观，一心渴求灵魂自救之术。而梅光迪的言行之中也是如此。一方面对胡适的"博得大名"颇不服气，所以才有到东南大学招兵买马之举动，但另一方面其实也有些"知其不可为而为之"的无奈与悲凉，且看其留美期间与胡适书信往来中这样的文字：

吾对于此邦留学界已绝望。决意跳出此范围。暑假时有暇当作文鼓吹停止官费留学。以吾国派官费留学美国已五六十年，实无一个人才也。此最可痛哭之事。

迪谓古今大人物为人类造福者皆悲观哲学家，皆积极悲观哲学家。何则？彼皆不满意于其所处之世界，寻出种种缺点，诋之不遗余力，而立新说以改造之。孔、老、墨、佛、耶、路得、卢骚、托尔斯泰及今之社会党、无政府党党人此一流。尚有一种消极悲观哲学家，以人世为痛苦场，为逆旅，而以嘻笑怒骂或逍遥快乐了之。如杨朱、Epicurus 及吾国之文人皆属此流。此种人于世无用，吾辈所深恶。至有所谓 optimism 哲学，吾谓毫无价值，其实即 positive pessimism 之变名耳。有悲观而后有进化。西洋人见人生有种种痛苦，思所以排除之，故与专制战，与教会战；见人生之疾病死之，遂专力于医学；见火山之爆裂，遂究地质；见天灾之流行，遂研天学及理化，此皆积极悲观，因有今日之进化。吾国数千年来见人生之种种痛苦，归之天，徒知叹息愁困而不思所以克之，此纯属消极悲观，所以无进化也。同一悲观，一为积极，一为消极，收效相反至于如是。明于此即可知中西文明与人生哲学之区别矣。今人多谓西洋人生哲学为乐观，东洋人生哲学为悲观，而不知皆为悲观，特有积极消极之不同，此迪所独得之见，不知足下以为何如？故吾辈之痛恶留学界，亦系积极悲观，非可以痛恶了事也。

此两段引文系梅光迪留美期间写给胡适书信，收入《梅光迪文录》。笔者以为这两段写给胡适的文字极为重要，对于理解梅光迪为何先是赞同胡适的"文学革命"主张后来却又竭力反对提供了很好的心理上和思想上的解释。如果我们不过分看重他与胡适的争论是"意气之争"的话，则从梅光迪所认可的"积极悲观"哲学方面可以更好解释。在梅光迪看来，既然留学美国的中国学子数十年没有什么建树，则他与胡适应该挺身而出为中国做点什么。如此，他对胡适的提倡白话提出疑问，除了有内心隐隐约约的不服气和好强之心因素外，恐怕更多出于他要以此行为证明他的"积极悲观"哲学之有效和必要吧。

割股疗亲与 20 世纪中国学术

　　割股疗亲，作为一种极端彰显孝心的方式，曾经在中国古代长期流行并受到褒赞。说它和中国学术发展有关，是说 20 世纪中国学术思想史上两位重要人物，都因割股疗亲事影响了一生的学术进程甚至改变了他们的治学方向。不过，在叙述此二人之前，还是要稍微介绍下割股疗亲的发生及演变历史。

　　所谓"割股"，一般被认为是割取大腿部的肉。从割股实际情况来看，不单是割股，还有割臂、割肝、割胸肉、割乳、割腕等情形，这些都算是广义的"割股"。而所谓"疗亲"就是用这割下来的肉来治疗亲人的疾病。"割股"行为见之文字最早在先秦时代，《庄子·盗跖》记介之推割股以止晋文公之饥："介之推至忠也，自割其股以食文公。"其后这方面的文字记录更多，后来伴随着佛教传入，南北朝时期出现了有关佛教信徒舍身供养的传说。因佛教经典多有割股故事，所以有学者认为佛教有关传说也是割股疗亲的一个来源。

　　那么，"割股"何以能够"疗亲"，其医学根据是什么？一般认为与唐代人陈藏器的《本草拾遗》有关。南宋张杲《医说》云："开元中，明州人陈藏器撰《本草拾遗》，云人肉疗羸瘵。自此间阎相效割股。"《新唐书·孝友列传》也称："唐时陈藏器著《本草拾遗》，谓人肉治赢疾。自是民间父母疾，多割股肉而进。"然而其真正的理论源头，恐怕既与佛教有关，更与中医本草体系中"以人为药"的传统有关。所谓"以人为药"，就是把人体的某一部分或分泌物、排泄物，以及和人有关的衣物直接或加工后作为药物服用。如战国时代的《五十二病方》，其中就收录人发、乳汁、头脂（人泥）、女子月事布、小童溺等人体药共十七种。不过，原先收录于本草书籍中的人体药，大多对提供者不会造成伤害，等到陈藏器把活人血、活人肉、活人胆等作为药物之时，则这些药物的获得已经和提供者之性命安危有关。正因如此，毅然"割股"甚至不惜牺牲自己性命以医治父母等长辈疾病，才更彰显其至孝品德而被不断发扬光大，最终演变为极度病态偏激行为，成为考验晚辈子女是否"孝顺"的标志和名副其实的道德绑架了。

虽然"割股疗亲"明显属于愚昧之举，然而在漫长历史发展过程中，它却并不因朝代更替和时代变迁而衰落，直到民国年间还时有发生，甚至一些近代史上的著名人物也加入割股疗亲的行列中。如李鸿章之子李经述就曾为母割股疗疾，张之洞之妹张采也曾割臂医母，就连著名的军事理论家蒋百里先生也曾于光绪二十一年（1895）为母割臂疗疾，说起来他可是先留学日本又留学德国，对西方文化了解极深，又是大名鼎鼎的"文学研究会"的发起人之一，似乎不该如此的吧。其实这并非仅有个案，甚至青年时期的蔡元培——这位新文化运动的领导人之一，也因母亲患病割股："母病，躬侍汤药，曾刲臂和药以进。"在政治人物方面，例如曹汝霖——就是五四运动时被学生烧了住宅的那位，就曾"割股疗亲"，他在日记中这样记录:"我想古时候有割股疗亲之事,或许神灵感召,存万一之望,遂于雪夜,中庭焚香跪祷,愿割股以疗祖母,祈神灵默佑,用利剪将左臂割肉一片,和粥以进……"当然,最有名的当属袁世凯儿媳为袁世凯割股疗亲。据袁世凯的女儿袁静雪在《我的父亲袁世凯》中的回忆,说袁世凯:"他病得最严重的时刻,不过四五天。就在这个时候,三嫂偷偷地割了股上的一块肉,熬成一小碗汤,让我送给他喝。我父亲看了碗内一小块肉,一面问'是什么?'一面或者已经意识到那是有人在'割股'了,就连说'不喝''不喝!'我无奈,只得把它端了开去。有人说,大哥曾在这个时候割过股,那一定是由于三嫂的割股而传错了的。"

从袁静雪的回忆来看,尽管袁世凯对于儿媳以如此极端方式表现孝道并不认可,但在那个时代割股疗亲在中国社会确实还相当盛行。而历代北洋政府包括袁世凯在内,对于这种行为,态度也不明朗。当时的国民政府虽下达了禁止褒扬割股疗亲行为的政令,一再指示要地方各级部门执行,但地方官员不仅未能严格执行,更不能制止民间的割股疗亲行为。所以直到1943年,不少地方仍有褒扬该行为之举。

总之,民国时对割股疗亲者的褒扬集中于北洋政府统治时期,到了南京国民政府统治时期,中央政府已基本不再褒扬该行为,但地方政府或传统乡绅仍有奖励行为。有关这方面的研究也不少,如台湾著名学者李敖曾写有《中国女人割股考》和《中国男人割股考》二文,对中国古代的割股现象做了较为全面的论述,其将男女割股疗亲行为进行对比研究的角度很有新意。此外台湾当代有位学者叫邱仲麟,其博士论文就专门研究割股疗亲，题目为《不孝之孝——隋唐以来割股疗亲现象的社会史考察》。至于大陆学术界，自然也有人研究，不过单篇文章多而综合性著述少，专题性综合研究近年来值得一提的有田甜的硕士论文《中国近代割股疗亲行为研究》。

那么，"割股疗亲"行为和中国现代学术发展又有什么关系呢？

原来，20世纪中国学术史的两位有名人物都曾和这"割股疗亲"有直接关系，这两位就是被梁漱溟称为"千年国粹，一代儒宗"的国学大师马一浮和著名学者罗振玉的儿子罗福苌（字君楚）。

孟子有一段很有名的话，放在马一浮身上极为恰当："天将降大任于斯人也，必先苦其心志，劳其筋骨，饿其体肤，空乏其身，行拂乱其所为也，所以动心忍性，增益其所不能。"马一浮很早就经历人间悲苦，先是幼年丧母，然后两位姐姐相继离世，父亲不久也撒手人寰。在目睹如此多的死亡之后，终于逃离这充满死亡气息的家来到上海。在受近代新文化影响后，先游历欧美，又东渡日本，对西方文化有了较深刻的理解。但马一浮毕竟是在中国文化环境中长大，传统文化对他的影响已经渗透到血液中，而不断目睹亲人的死亡更是在马一浮心灵留下不可磨灭的伤痕，其中对他刺激最大且影响其一生者，当属其二姐的割股疗亲行为。

当时马一浮的父亲久病不愈，无奈之下有人提出可以采用"割股疗亲"的方法："血肉最补形气，不妨一试。"父亲患病，作为他唯一的儿子，马一浮理应主动割股疗亲。不过他二姐为保护弟弟，就主动提出由自己来代替。马一浮二姐自幼性格刚烈，就在父亲患病之前两年的一个秋夜，只有她一人在家，有盗贼持刀入户抢劫。他二姐见状大呼："把刀给我，我自杀，不用你动手！"见她如此刚烈，盗贼竟然被吓跑了。此外，在这之前母亲患病时，马一浮的二姐就曾有过割股疗亲的举动，所以这一次她还是会挺身而出。她这样说道："弟弟是马氏门中的独苗，如果割了他的肉有个三长两短，这就对不起列祖列宗，也对不起已死去的母亲，还是让我来承担这个责任吧！"然后她毅然从臂上割肉一块，据说对延缓其父病情起了一点作用。但马一浮二姐却因此患病不起，不久即去世。而马一浮之父最终还是医治无效，很快也离开人世。可想而知，亲人的一个个离开人世，对马一浮的敏感内心会有怎样的打击。

正是有着这样的人生经历，马一浮之后虽然有一段留学海外的经历，和鲁迅一样有过"哀其不幸、怒其不争"的救国抱负，有过立志学习西方文化以报效祖国的理想，但青少年时期所经历的一系列家人的死亡，已经给他内心造成永久的伤痕。如此他回国后很快又远离俗世，抗战之前一直是常住西湖之滨，过着隐居生活。但抗战的爆发，使得他不得不和现实发生关联。当时马一浮不想离开浙江，直到日军占领杭州后，他才希望到祖国的西南地区，找一个既可避难又可讲学的地方。彼时浙江大学在校长竺可桢的率领下已经开始西迁。1938 年初，马一浮写信给竺可桢，表示只要自己还能讲学，可以到浙大任教，对此竺可桢日记中有详细的记录。获知马一浮愿意来浙大任教的消息后，竺可桢即与有关部门协商，决定邀请马一浮来浙大任教，并给予马一浮最高的待遇。马一浮到校后，果然兑现其承诺，为学生开设讲座，并亲自为浙大写了校歌，至今仍为浙大使用。但事实上，马一浮对所谓的"红尘"间一切，早已心灰意冷，只是大敌当前，他还要为他的学生做出爱国报国的榜样。诚然，一个人如果意志坚强，就可以抵抗任何外来的打击，承受所有的人间痛苦。但这并不代表他的内心没有绝望，只是他把这绝望深藏于内心的最隐秘之处而已。也许他的这首诗，多少披露了其内心的真实一面：

　　江城黯淡月明中，山寺萧条夜夜风。
　　尚许林间成露坐，不知天际有飞鸿。
　　猎人箭尽犹寻梦，梵志岩居未解空。
　　一段孤怀谁领得，老渔收钓听秋虫。

　　很多人都经历过亲人的死亡，但如马一浮这样的经历应该很少。当目睹一个又一个亲人死在自己面前的时候，作为苟活者其内心痛苦可想而知，更何况马一浮是如此敏感和早熟者。理解了马一浮的这些切身经历，才可能理解其一生言行，理解他为何总是以避世姿态对待世俗，理解他为何在妻子去世后拒绝再婚，也才可以理解他为何选择隐居生活。如今，马一浮更多是作为现代新儒家的代表人物和著名书法家、诗人的身份而为世人所知，但谁又能说，如果马一浮不是经历了那样痛苦的人生经历，如果他没有目睹二姐代他割股疗亲的惨烈情景，他是否会在学术上走向另一条道路？或者为中国文化发展做出另一种贡献？

　　相对于马一浮，知道罗君楚的读者可能少一些。不过，如果我要说此人的才学与陈寅恪相仿，多次得到王国维的极力赞

197

美，甚至把他视为现代中国学术的未来和希望所在，是否就觉得此人值得关注了呢？

罗福苌，字君楚，系著名学者罗振玉第三子。清光绪二十二年（1896）五月生于上海。自幼聪慧过人，弱冠即通欧洲各国语文，后追随父亲治学，也曾从日本学者学习梵文，并精通西夏文字及突厥、回鹘、叙利亚诸文字。在当时，罗君楚是第一个精通西夏文字的学者，也是第一个研读梵文并精通的学者，并撰写有《西夏国书略说》等专著。假以时日，其学术成就当不下于其父罗振玉。可惜天妒英才，体弱多病，1921年9月因病去世，年仅二十六岁。王国维对他的学识极其欣赏，经常与他讨论学问，还在书信中多次讨论他的病情，可谓关怀备至。如1921年6月14日，王国维在写给长子王潜明的信中说："君楚热本已减退，近日又有时稍高，康科又谓非肠窒扶斯，故已许稍食蛋黄等矣。此次病中却不出，前信所言乃闻之哈园者，不确也。渠谓家中不念其病而戒其不出，意甚不平。后此，君羽有信可以慰之。"四天后，王国维在写给王潜明的信中又说："君楚之病，前日康科另约一医看之，亦不知其为何病，惟热已退，但有时或作，故仅与以葡萄酒等，未曾与药。盖其心中亦多不宁，精神上事医生不能知，亦不能治也。"罗君楚去世后没过多久，其妻子因忧伤过度也郁郁而终。为此王国维先后作《罗君楚传》和《罗君楚妻汪孺人墓碣铭》以记其事，对罗福苌的特殊关爱由此可见一斑。正是在后一文中，王国维亲自记下了罗君楚妻子为丈夫"割股疗亲"的情景："君楚博究方言，溺苦旧籍，劝学几死，贞疾弥年。孺人服劝无方，积忧成痗。辛酉之冬，遽同危悫，犹刲臂肉以疗天。"对于罗君楚及妻子的先后去世，目睹"白发人送黑发人"的情景，这对王国维而言早已不是第一次。和马一浮类似的是，王国维也是很早就经历了亲人的死亡，他年仅四岁母亲就去世，之后也是在短短数年间经历了多位亲人的死亡，这大致分为两个时期：一个是在1887到1910年，其祖父、父亲、妻子和女儿先后去世，一个是在1921到1926年，王国维竟然有八位亲人去世，他所体验的死亡意识之强烈，大概也只有马一浮可以相比。

正因如此，王国维才对罗君楚夫妻的去世不胜悲伤，同时也对中国现代学术发展所受到的影响而深感惋惜。因为在当时像罗君楚那样"既博通远西诸国文字"又能"治东方诸国古文字学"的人才确实太少。而且王国维认为，就算"异日有继君楚之业者，如君楚之高才力学，又岂易得也！"事实上对于罗君楚的去世，当时不少学者都深为痛惜，如大学者沈曾植得知罗君楚因病去世后，在和王国维提及时竟然潸然泪下。如今看来，罗君楚的过早去世对当时中国学术的发展确实是一大损失，诚如王国维所言："然则君楚之死，其为学术之不幸何如也！"更让人叹息的是，罗君楚没有儿子只有一个女儿，而这女儿也在他们夫妻去世后夭折。为此罗振玉做主，把罗君楚弟弟的一个男孩"命为之后"，才算是没有断了香火。

无独有偶，罗振玉的长孙、毕业于西式医专的罗承祖，可能是受罗君楚妻汪孺人的影响，在罗振玉病危的时候，也曾有"割股疗亲"的行为："大叔在卫生间里自己用刀片在肱二头肌上割下一块儿肉，放在瓦片上焙干，磨成肉粉兑了黄酒给老太爷喝，希望自己的孝行能救活老太爷。可惜，并没能让老太爷起死回生。"看来，很多时候，传统的力量之强大甚至疯狂远远超过人们的想象，而感情、感性的力量也往往可以战胜理性和科学。在日常生活中，我们看到很多这样的情形：人们明知不可为还是要去为，恰如飞蛾扑火一般，虽然后人可以指责他们是愚昧或者迷信，但我深信，促使这些做出"割股疗亲"等非理性行为者之最真实的动机，就是他们发自内心的对亲人的爱，尽管这"爱"已经变形，但真正的爱——是不需要理由更不需要借口的。

黄侃的自负与"发明"情结

中国现代学术体系之基本框架，大致形成于 20 世纪最初十年至 20 年代末，对此陈寅恪曾在 1931 年所写之《吾国学术之现状及清华之职责》有较为详细的评判。虽然陈寅恪此文对当时学术界发展状况很是不满，几乎所有学科均遭其质疑乃至贬斥，但既然他能够提及各个学科，则说明至少该学科发展框架或体系已经大致确立。一般认为，王国维从事学术研究并出成果始于 20 世纪初，较陈寅恪约早二十年，且此时正是西方文化思想及学术理念全面进入并对中国现代学术发展产生重大影响时期。因此，在中国现代学术体系建立过程中，王国维主要起奠基和开创之作用，陈寅恪则进一步发扬光大并在王国维去世后的漫长岁月中一直坚持他和王国维提倡的学术理念和治学原则，其中最著名者就是"独立之精神，自由之思想"之"十字方针"。此外，蔡元培、胡适及其弟子顾颉刚、俞平伯等，章太炎及其弟子周氏兄弟、黄侃、钱玄同等一批大师级人物，也为中国现代学术体系的建构做出重大贡献。其中胡适提出的"大胆的假设，小心的求证"之治学"十字真言"也曾风行一时，对中国学术发展影响至深至巨。这里且不论述他们各自学术观点及影响大小问题，只是将"发现"和"发明"两个概念作为切入点，看一下在当时中国学术界，一般认为"发现"重要还是"发明"重要，并由此评述这些学术大师各自学术研究路径之大致形成及走向。

一 "发现"之学与"发明"之学

先看陈寅恪。就在《吾国学术之现状及清华之职责》一文中，陈寅恪写了这样意味深长的断言："近年中国古代及近代史料发现虽多，而具有统系与不涉傅会之整理，犹待今后之努力。"20世纪初以来，伴随着甲骨文的出土、敦煌文物的发现等，中国史学有了令人振奋的发展，仅仅王国维和罗振玉的甲骨文研究就已经属于重大成果，为何陈寅恪仍然认为不够满意，而"犹待今后之努力"呢？恐怕一个关键点就在于他对"发现"之学的质疑。

中国传统学术，通常既重"发现"也重"发明"。一般而言，"发明"比"发现"更为难得，也更为学术界重视（这里只谈人文社会科学，就自然科学而言，如何理解发现与发明是另一个问题，如"中国古代四大发明"和"地理大发现"之类就很难说孰更伟大），盖"发现"是所谓的从无到有，只要有新材料出现，就能说有新的发现，这方面最好的例子就是甲骨文的出土以及敦煌文物的被发现。而发明则往往是材料仍为旧有，但仍能从中看出新问题并得出新的见解，这自然更为难得，因为这对研究者之眼光和研究方法有更高要求。总之，二者区别大体如王国维所说：一是悬问题以觅材料（王氏此言其实是针对胡适、顾颉刚等人），一是由细心苦读以发现问题，而二者关系实质上就是如何对待新旧材料的关系。

至于中国古代治学，在褒赞意义上一般而言更多用的是"发明"而非"发现"。如《史记·孟子荀卿列传》："(慎到等)皆学黄老道德之术，因发明序其指意。"《后汉书·徐防传》："臣闻《诗》《书》《礼》《乐》，定自孔子；发明章句，始于子夏。"宋苏辙《欧阳文忠公神道碑》："公于六经长《易》《诗》《春秋》，其所发明，多古人所未见。"还有宋周密《齐东野语·道学》："其能发明先贤旨意，溯流徂源，论著讲介卓然自为一家者，惟广汉张氏敬夫、东莱吕氏伯恭、新安朱氏元晦而已。"再如明文徵明《明故嘉议大夫都察院右副都御史毛公行状》："时举子学《易》多事剽掇，以求合有司，于经义初无发明。"《四库全书总目提要》评明杨德周撰《舆识随笔》一卷(两淮盐政采进本)则谓"是书杂采经史奇字，抄撮成帙，多引原注，发明甚少"，显然也是把"发明"视为更高标准。至于现代，如鲁迅则有"查出了前人未知的事物叫发见，创出了前人未知的器具和方法才叫发明"的观点，此说见于其《热风·随感录三十三》，带有杂文口吻，不一定代表其真实意见。不过在另一篇文章中，鲁迅却十分肯定学术研究中"发明"的重要："所以现在的中国，社会上毫无改革，学术上没有发明，美术上也没有创作；至于多人继续的研究，前仆后继的探险，那更不必提了。国人的事业，大抵是专谋时式的成功的经营，以及对于一切的冷笑。"同时代另一位经学大师刘师培则早在1908年所撰写之《〈共产党宣言〉序》中就认为："欲明欧洲资本制之发达，不可不研究斯编(注：指《共产党宣言》)；复以古今社会变更均由阶级之相竞，则对于史学发明之功甚巨；

讨论史编，亦不得不奉为圭臬。"之后又在《经学教科书》第三十篇《近儒之〈易〉学》中这样使用"发明"一词："江都焦循作《易章句》，其体例略仿虞注。又作《周易通释》，掇刺卦爻之文，以字类相属，通以六书九数之义。复作《易图略》《易话》《易广记》，发明大义，成一家言。"显而易见，他也是看重"发明"者。而郭沫若之所以对刘师培之《管子斠补》评价不高，其根据也是在于"多列类书征引文字之异同，少所发明"。

至于当代学者，大致也是视"发明"胜于"发现"。此处只举钱钟书一个例子，他在 1985 年 9 月 23 日致何新的信中说："现想自编一集，因将'旧文四篇'改订，只改就'中国诗与中国画'一篇，字句及内容皆有改进，颇有新发明。"在钱钟书看来，自己文章的价值就在于"颇有新发明"而不是有"新发现"。当然，学术研究中"发现"与"发明"有时也常混用，这方面例子也很多，不赘。但通常而言，学者对于学术上之"发明"更为看重，认为更有价值，通常用于新的思想观点提出；而在从事文物考古、搜集整理史料时，更多用"发现"一词。

19 世纪末 20 世纪初，西方近现代学术理念对传统中国学术产生重大影响，此时恰逢敦煌文物大发现、甲骨文出土及清廷大内档案流出等，使得当时中国学术界之代表人物如罗振玉、王国维等得到大展身手之机会，研究成果层出不穷，一时震动域内。所谓天时地利人和，当时几乎都已具备，可以称之为中国现代学术发展的黄金时代。不过，王国维对这种状况并不满意。相反他认为中国学术这种表面上的繁荣，究其然不过是又一次受动性文化接受过程，缺少对自身缺陷的深刻检讨。所谓

"受动"者，就是基本上只能被动接受而缺少主动选择和改造。鉴于当时中国学术的现状，王国维甚至以为"即谓之未尝受动，亦无不可也"。正是王国维的清醒认识，使他成为较早意识到与其被动接受西方，不如主动对传统学术理念进行改造并吸收西方学术思想的学者之一。而陈寅恪1919年留学哈佛时就已指出："中国之哲学美术，远不如希腊。不特科学为逊泰西也。……其言道德，惟重实用，不究虚理。……而救国经世，尤必以精神之学问（谓形而上学）为根基。"而且他直到20世纪30年代还认同王国维的看法，坚持认为那时的中国学术界依然没有根本性改变："西洋文学哲学艺术历史等，苟输入传达，不失其真，即为难能可贵，遑问其有所创获。社会科学则本国政治社会财政经济之情况，非乞灵于外人之调查统计，几无以为研求讨论之资。教育学则与政治相通，子夏曰士而优则学，学而优则仕，今日中国多数教育学者庶几近之。至于本国史学文学思想艺术史等，疑若可以几于独立者，察其实际，亦复不然。"至于原因，他们不约而同归因于国人的急功近利态度，从小处看是误把学术当作获取个人名利的工具，从大处看则是导致在引进西方学术时普遍采取的短视行为（王、陈如此说其实有针对胡适等人意图）。此外他们也看到，面对蜂拥而来的西方学术理念和治学方法以及不断问世的新史料，学术界出现了一些不好的倾向。借用另一位大师级人物黄侃的概括，就是："近人治学之病有三：一曰郢书燕说之病。一曰辽东白豕之病。一曰妄谈火浣之病。"上述三病出处都为古典，大致意思是治学中要么曲解原意，以讹传讹；要么穿凿附会，少见多怪，一味求新求怪，而无视事实真相。

针对这些状况，王国维、陈寅恪除坚持治学严谨、方法科学、考证严密外，也更加重视"发明"之学。王国维认为，当西方文明破门而入，我们唯一的出路就是"相互激荡，相互发明"。对于所谓的中西文化不合之说，王国维在《奏定经学科大学文学科大学章程书后》一文中，指出西洋哲学与中国哲学的关系，如同诸子之学与儒家的关系，"异日发明光大我国之学术者，必在兼通世界学术之人，而不在一孔之陋儒，固可决也"。在两年后发表的《哲学家与美术家之天职》一文中，王国维认为："天下有最神圣最尊贵而无与于当时之用者，哲学与美学是已。"又说："哲学与美学之所志者，真理也。真理者，天下万世之真理而非一时之真理也。其有发明此真理（哲学家）或以记号表之（美术）者，天下万世之功绩而非一时之功绩也。唯其为天下万世之真理，故不能与一时一国之利益合……"值得注意的是，即便是在"真理"一词前面王国维也是用"发明"而非"发现"真理，足见他对"发明"一词的格外看重。

至于陈寅恪，则一贯强调发明之学胜于发现。如他在为冯友兰的《中国哲学史》下册所写审查报告中，之所以对冯著给予肯定，原因就在"此书于朱子之学，多所发明"。其实在其早年留学海外所写之《与妹书》中，即已可窥见陈氏对"发明"之学的重视。该文原载于《学衡》第20期（1923年8月），是陈寅恪公开发表的第一篇论学文字。值得注意的是这样一段："我今学藏文甚有兴趣，因藏文与中文，系同一系文字。如梵文之与希腊拉丁及英德俄法等之同属一系。以此之故，音韵训诂上，大有发明。因藏文数千年已用梵音字母拼写，其变迁源流，较中文为明显。如以西洋语言科学之法，为中藏文比较之学，则成效当较乾嘉诸老，更上一层。"

不仅王国维、陈寅恪认为"发明"胜于"发现"，当时不少大学者亦持此种观点。如梁启超对王国维的评价是："此公治学方法，极新极密，今年仅五十一岁，若再延十年，为中国学界发明，当不可限量。"梁启超区分新旧史家的标准之一就是旧史家不能发明"公理"、指导国民之精神。他说："虽曰天演日进之公理，不得不然，然所以讲求发明而提倡之者，又岂可缓耶？"再如蔡元培，也是一向提倡"发明"之学。1917年，蔡元培在浙江一次讲演中就说"且就前人研究已到地步追迹探究，而为更进之发明，不故步自封，不墨守旧，故能精益求精，日有所发明"，显然认为学术研究重在"发明"。蔡元培还指出，所谓"大学"者，应以兼容思想治学，强调兼容是为了发明，向西方学习不是为了欧化，而是"必于欧化之中为更进之发明"。还有钱玄同，也是在褒赞他人时多用"发明"，如他在《〈左氏春秋考证〉书后》中就数次使用"发明"而非"发现"来称赞刘师培和康有为："我以为刘申叔发明的是：今之《春秋左氏传》系刘歆将其原本增窜书法凡例及比年依经缘饰而成者……""至康长素作《新学伪经考》而伪经之案乃定。康氏又接着作《孔子改制考》发明'托古改制'这一个极要极确之义，而真经中的史料之真伪又成问题。"

不过，胡适这方面的态度有些暧昧，他对于二者异同似乎无意进行辨析，他认为：所谓"新发现""新发明"，都是依据已知的学问，推演出一种未知的物事或未知的理论。正因为一切发明都是积聚下来的文化水平、学术基础。人们常说，"需要是发明之母"，这句话也只有一部分的真理。近世研究社会

207

进化的学者，如美国的乌格朋教授，都主张"一个时代的文化学术是发明之母"。若单有某种需要，而当时的文化太低，学术不够，那么人们只能梦想腾云驾雾，终不会发明气球飞机；知识，终不会防止传染病，减低死亡率。治病救死，岂不是东海西海同有的需要？岂不是千百世之上、千百世之下，人人同感觉的需要？然而一切医术医学的发明都不能不跟着每一个时代的文化学术一同发展。每一步的新发展（即是发明），都是前一个时代的文化总成绩的产儿，都不是偶然从天上掉下来的。普通的文化水平到了相当程度，某种学术的前人成绩到了相当地步，那么，才智的专门学者遇着当前的疑难时，自然会寻出相当的新解决。这个新解决（发明，或发现），有时只有一个人独自寻得，或先后不多时独立寻得。一人独得的发明，固然是他的时代的文化总成绩的恩惠；而那两人以上同时独立寻得同样的结果，更可以证明一切发明都含有时代的意义，都是"时代文化"的结果（以上原文载《胡适遗稿及秘藏书信》第一册）。又如他这样说："知足的东方人自安于简陋的生活，故不求物质享受的提高；自安于愚昧，自安于'不识不知'，故不注意真理的发见与技艺器械的发明；自安于现成的环境与命运，故不想征服自然，只求乐天安命，不想改革制度，只图安分守己，不想革命，只做顺民。"在这里发见（现）和发明为并列关系，只不过一个专指理论，一个专指科学技术，其实没有轻重之分。而另一位大师级人物顾颉刚作为胡适的得意弟子和"疑古"学派的中坚人物，似乎对"怀疑"一词更情有独钟，不过具体到"发现"与"发明"，他也是相对偏爱使用后者："怀疑不仅是从消极方面辨伪去妄的必要步骤，也是从积极方面建设新学说、启迪新发明的基本条件。对于别人的话，不经过思索，都不打折扣的承认，那是思想上的懒惰。这样的脑筋永远是被动的，永远不能治学。只有常常怀疑、常常发问的脑筋才有问题，有问题才想求解答。在不断的发问和解答中，一切学问才会起来。许多大学问家、大哲学家都是从怀疑中锻炼出来的。清代的一位大学问家——戴震，幼时读朱子的《大学章句》，便问《大学》是何时的书，朱子是何时的人。塾师告诉他《大学》是周代的书，朱子是宋代的大儒；他便问宋代的人如何能知道一千多年前著者的意思。一切学问家，不但对于流俗传说，就是对于过去学者的学说也常常抱怀疑的态度，常常和书中的学说辩论，常常评判书中的学说，常常修正书中的学说：要这样才能有更新更善的学说产生。古往今来科学上新的发明，哲学上新的理论，美术上新的作风，都是这样产生的。若使后之学者都是墨守前人的旧说，那就没有新问题，没有新发明，一切学术也就停滞，人类的文化也就不会进步了。"这里明显可以看出顾颉刚所受胡适的影响，那就是首先要发现"问题"，如何发现问题呢，当然是要敢于"大胆怀疑"，而最终解决问题本身就是"新发明"。

此外，同样是重视"发明"，若仔细分辨，似乎陈寅恪较之王国维更为强调"发明之学"的重要，对此不妨再看另一学术大师黄侃的观点。黄侃常喜欢说的就是"所贵乎学者，在于发明不在于发见。今发见之学行，而发明之学替矣"。由此，他认为王国维的学问不过是"发现之学"而给予轻视。1930年，他对来访的日本学者吉川幸次郎说："中国之学，不在发见，而在发明。"吉川幸次郎由此联想到，即使被日本学者奉为权威的罗振玉、王国维，如此看也不免有资料主义倾向。黄侃认为，罗振玉、王国维的"发现之学"的根本局限在于"经史正文忽略不讲，而希冀发见新知以掩前古儒先"。而且学风过于浮躁不正："国维少不好读注疏，中年乃治经，仓皇立说，挟其辩给，以炫耀后生，非独一事之误而已。……要之，经史正文忽略不讲，而希冀发见新知以掩前古儒先，自矜曰：我不为古人奴，六经注我。此近日风气所趋，世或以整理国故之名予之，悬牛头，卖马脯，举秀才，不知书，信在于今矣。"这里如果排除掉所谓的门户之见和过于偏激之词，则黄侃对罗、王的指责不能说全无道理。

而且，黄侃对发现与发明的看法甚至影响到他自己的著述。他之所以五十岁之前不著述，是因为他对著述特别是"作"看得太重，以为有所发明才能"作"。他认为："初学之病有四。一曰急于求解。一曰急于著书。一曰不能阙疑。一曰不能服善。读古书当择其可解者而解之，以阙疑为贵，不以能疑为贵也。"他既然如此看重"作"，则如果自认学术上没有什么重大发明，又怎能随意著述？这里我们且举一个黄侃小有"发明"的例子。南北朝时孔稚珪的《北山移文》之开头"钟山之英，草堂之灵，驰烟驿路，勒移山庭"，其中的"驰烟驿路"历来视为不可解，因为山灵勒移于山，何故先言驿路，且"烟"与"移"词类也不相对。黄侃认为，其实这一句应为"驰烟驿雾"，两句合起来，"止是飞檄二字之意"。至于原因则在于古人先是把"雾"讹为"露"，然后抄写中又烂脱为"路"，遂不可解。为此黄侃还以王勃《乾元殿颂》中的"绳幽驾险，驿雾驰烟"作为例证，并且说王勃还有"驰魂雾谷"等用法以为进一步佐证，结论当然令人信服。类似的例子在黄侃日记中还有很多，可惜黄侃过分看重著书立说的价值，致使他的很多有价值的观点见解都未能成书。

二　材料之新旧与方法问题

无论发现还是发明，显然都与材料有关，前者更是完全依赖新材料。针对当时历史学和文字学过分看重史料的风气（如傅斯年甚至提出"史学就是史料学"的口号），黄侃更有这样的断言："无论历史学、文字学，凡新发见之物，必可助长旧学，但未能推翻旧学，新发见之物，只可增加新材料，断不能推翻旧学说。"自然，黄侃在提及新发现之史料时偶尔也有意气之辞："自鸣沙石室书出，罗振玉辈印之以得利，王国维辈考之以得名，于是发丘中郎乘四处，人人冀幸得之。"说罗振玉投机得利也许不错，但说王国维是为了出名则显然过分。事实上，王国维根据当时所问世之新材料，确实做出很多新发现，而这些发现放在 20 世纪中国学术史甚至全部中国学术史上，又确实是属于填补空白或属于纠正谬误的新"发明"。由材料的"发现"到观点的"发明"，正是王国维的贡献。因此，黄侃对王国维的治学理念和方法的批评即便不是错误，至少也属不当。而且即便黄侃自己，后来也意识到新材料的价值，开始有意识搜集和利用出土的甲骨文材料，这在其日记中有很多记载，不赘。

其实黄侃并不是一味轻视发现之学，只是认为王国维等过分依赖新材料而有所不屑，潜意识中大概以为，如果自己也有罗振玉、王国维那样的千载难逢之机遇，掌握大量的新材料，不仅能做出如他们那样的新发现，而且"发明"也会更多。自然这纯属笔者臆测，不过黄侃一向自负，有如此想法当也自然。那么，对于晚清以来西方学术理念和方法的引进，黄侃又是什么态度呢？他认为："治中国学问，当接收新材料，不接收新理论。"由此可见黄侃之守旧立场，不过较之其师章太炎之拒绝承认甲骨文，已经是很开放态度。而且到了后期，黄侃对于"发现"与"发明"之态度，较之前期已经有所变化。今人杨晓、黄亚栋在《黄侃"在于发明，不在于发现"治学原则的创新意蕴》之文中对此有新的研究，他们认为后期的黄侃在治学中开始兼顾方法与事实两个方面，承认"发现新材料"也是一种替代性的"发明"研究，不再将"发现"与"发明"两者作严格对立。最终，黄侃认为"发现"与"发明"二者都是创新，只是形态不同，或者说两者居于创新的不同位置，改变了其对两种方法非此即彼的狭隘认识。黄侃并且重新论证所谓"作"的三层含义："一曰发现谓之作；二曰发明谓之作；三曰改良谓之作。一语不增谓之述。"这说明他不再纠结于新材料与旧方法，意识到对于学术研究而言，任何一种发现、发明，都是"作"，也都是学术创新。应该说黄侃对"发现"与"发明"的认识，至此更进一步。

纵观王国维的学术研究历程，大致经历三个阶段，从关注哲学到研究文学再到经史之学。无论哪个阶段，王国维都做出了开创性的贡献。除却其天才因素外，他所创立和使用的科学研究方法也起到关键作用。对此陈寅恪有这样精辟的总结："王静安先生……之学博矣，精矣，几若无涯岸之可望，辙迹之可寻。然详绎遗书，其学术内容及治学方法，殆可举三目以概括之者。一曰取地下之实物与纸上之遗文互相释证……二曰取异族之故书与吾国之旧籍互相补正……三曰取外来之观念与固有之材料互相参证……此三类之著作，其学术性质固有异同，所用方法亦不尽符会，要皆足以转移一时之风气，而示来者以轨则……此先生之书所以为吾国近代学术界最重要之产物也。"从王氏之具体实践，可以发现他在运用前两种方法时，因多使用新材料，所以多为新的发现。而运用第三种方法时，则主要体现为新的发明，也即材料往往还是旧的，但思想见解是新的。相对于王国维，陈寅恪似乎更看重新的发明，因为这更需要研究者有眼光有识见，而陈寅恪所使用的也很少是新材料，而是常见材料，甚至是旧材料。

　　至于王国维，其实他把自己所创立和使用的研究方法命名为二重证据法，本身就是一大发明："吾辈生于今日，幸于纸上之材料外，个别更得地下之新材料。由此种材料，我辈固得据以补正纸上之材料，亦得证明古书之某部分全为实录，即百家不雅训之言亦不无表示一面之事实。此二重证据法惟在今日始得为之。"将由考古发掘所得地下之新材料，和流传至今之古代典籍进行比较研究，这方法在今天看似乎是常识，但在王国维时代却具有划时代意义（对此只需提及章太炎不承认甲骨文这一事实）。二重证据法在陈寅恪的总结中大致属于第一种，第二种则在王国维和陈寅恪的敦煌学研究中得到表现。至于第三种方法，则两人都有重大成就，例如王国维运用叔本华学说对《红楼梦》的研究以及陈寅恪用亚里士多德悲剧说对《红楼梦》的评价以及运用西方哲学和现代语言学理论对中国语言中对偶特征的研究等。

在具体治学过程中，王国维和陈寅恪都有许多发现和使用材料的精彩例证。相比陈寅恪，王国维更加幸运，他开始治学之时恰逢各类新材料如甲骨文出土之日，对此他有这样的概括："自汉以来，中国学问上之最大发见有三。一为孔子壁中书，二为汲冢书，三则今之殷虚甲骨文字、敦煌塞上及西域各处之汉晋木简、敦煌千佛洞之六朝及唐人写本书卷、内阁大库之元明以来书籍档册。此四者之一，已足当孔壁汲冢所出。而各地零星发见之金石书籍，于学术有大关系者，尚不与焉。故今日之时代，可谓之发见时代。自来未有能比者也。"而对于陈寅恪来说，当他任教清华国学院之时，所能利用的新材料已经很少，尽管他所掌握的外语种类和现代西方学术方法可能比王国维更多，也更加纯熟，但"巧妇难为无米之炊"，如何在学术研究中"大有发明"，就需要研究者本人的视野开阔和眼光独到。所以陈寅恪更加注重从那些已经被视为老、旧的材料甚至伪材料入手，试图给予全新的解释并有所发明。对于如何识别材料真伪和利用材料，陈寅恪给出这样的见解："盖伪材料亦有时与真材料同一可贵。如某种伪材料，若径认为其所依托之时代及作者之真产物，固不可也。但能考出其作伪时代及作者，即据以说明此时代及作者之思想，则变为一真材料矣。中国古代史之材料，如儒家及诸子等经典，皆非一时代一作者之产物。昔人笼统认为一人一时之作，其误固不俟论。今人能知其非一人一时之所作，而不知以纵贯之眼光，视为一种学术之丛书，或一宗传灯之语录，而断断致辩于其横切方面。此亦缺乏史学之通识所致。而冯君之书，独能于此别具特识，利用材料，此亦应为表彰者也。"

陈寅恪更高人一筹的是，他不仅认为很多旧材料乃至假材料有利用和研究价值，而且认为即使前人的一些错误的见解和观点，也可以成为很有价值的材料："若推此意而及于中国之史学，则史论者，治史者皆认为无关史学，而且有害者也。然史论之作者，或有意，或无意，其发为言论之时，即已印入作者及其时代之环境背景，实无异于今日新闻纸之社论时评。若善用之，皆有助于考史。故苏子瞻之史论，北宋之政论也；胡致堂之史论，南宋之政沦也；王船山之史论，明末之政论也。今日取诸人论史之文，与旧史互证，当日政治社会情势，益可借此增加了解，此所谓废物利用，盖不仅能供习文者之摹拟练习而已也。若更推论及于文艺批评，如纪晓岚之批评古人诗集，辄加涂抹，诋为不通。初怪其何以狂妄至是，后读清高宗御制诗集，颇疑有其所为而发。此事固难证明，或亦间接与时代性有关，斯又利用材料之别一例也。"让我们看一个陈寅恪利用普通材料却能得出新见解的例证。

慕容廆（269—333），鲜卑人，慕容部首领慕容涉归之子，前燕建立者慕容皝之父。他在位四十九年，向往汉族文化，明智地终止与中原汉族的敌对状态，同时实施很多汉化措施，促进了鲜卑慕容部落的封建化进程。慕容廆之所以能够如此，首先在于他出生于一个倾慕汉文化的鲜卑部落酋长之家，而他与汉族一些文人名士的特殊关系则是另一重要因素。据《晋书》卷一〇八《慕容廆载记》，著名文学家张华作幽州 (治蓟县，今北京西南) 刺史时，兼领乌桓校尉。此间张华曾经晤过年方十四的慕容廆，并对他十分欣赏："君至长必为命世之器，匡难济时者也。"而与汉族另一位名士高瞻的交往，无疑也是促

215

其改变对汉族文化态度的重要因素。据《晋书》卷一〇八《慕容廆传》所附《高瞻传》记载：高瞻字子前，渤海蓨人也。光熙中，调补尚书郎。值永嘉之乱，还乡里。既而以王浚政令无恒，乃依崔毖，随毖入辽东。及毖奔败，瞻随众降于慕容廆。廆署为将军，瞻称疾不起。廆敬其姿器，数临侯之，抚其心曰："君之疾在此，不在余也。"但无论慕容廆如何善待高瞻，后者始终不为所动，总是以病为由拒绝合作，后终于忧郁而死。高瞻出身名门望族，连出身寒族的汉人他都歧视，遑论胡人？不过，高瞻如此态度反而使慕容廆对汉族文化有了更深刻的理解，从而为其以后实施汉化政策奠定基础。以上均见于《晋书》，当为寻常材料，但陈寅恪却能敏感地在阅读他书时将二者联系起来。在看了《北堂书钞》卷一六〇所引晋明岌临死前要求家人在其墓前刻上"晋有微臣明岌之冢"一则记载后，陈寅恪即指出"此条可与晋书壹佰捌慕容廆传附高瞻事相参考"，并得出结论说由此可证明慕容氏犹遥奉晋朝。但陈寅恪并未到此为止，而是进一步论述，认为那时"中原汉族流人之在辽者实多遗臣正士优秀分子，故能融合华夷以开后来隋唐统治阶级之先，非偶然也"。陈寅恪并进一步做出大胆猜测："高齐杨隋先世皆与燕有关，李唐以冒认西凉为祖，致令溯源不明，恐先世亦与燕有关也"。看来，陈寅恪之所以能够以种族与文化二者来概括中古文化发展主要脉络，当与其善于从普通材料中有所发明有直接关系。

综合陈寅恪上述观点及其运用材料的实例，可以看出他并不孤立静止地看待材料之新旧真假，认为新与旧、真与假都是相对的，关键在于研究者取何种角度。旧材料也曾经是新材料，但当时也许没有得到充分利用；而假材料若确认其假，则已经成为真的"假材料"，有其特殊的利用价值。对这些材料的研究正代表了那时的水平，反映了那一时代之研究者的思维方式和治学方法，这些对今人仍有借鉴意义。最后，这些材料前人虽已用过，但材料本身往往具有多个层次，或从不同角度看有不同的内在价值，可以进一步挖掘，从而可以做到"有所发明"，这在学术史上是屡见不鲜的。王国维和陈寅恪的治学理念和方法，整体看可谓同中有异，最终则是殊途同归。

最后要说的是，王国维、陈寅恪也好，黄侃也好，他们在那个时代之所以强调"发明"之学，其实就是为了早日实现中国现代学术的独立，这"独立"其实包含有两层意思：一个是相对于外来文化，要求实现中国学术体系和思想的独立。当然这并不意味着拒绝向西方学习，而是谋求建设有中国特色的学术体系；一个是针对来自意识形态方面的干扰，要求实现"为学术而学术"的独立，拒绝把学术研究沦为单纯为政治服务的工具。在这个意义上，他们的眼光和视野早已超越时代，至今仍有深刻的现实指导意义。

这么早就开始回顾了

——漫议新文化运动中北大师生分歧

一

1919 年 9 月，傅斯年写了《〈新潮〉之回顾与前瞻》一文，发表在当年 10 月出版的《新潮》第二卷第一号上，此时距离《新潮》问世不过才八个月。这么早就开始"回顾"确实令人惊讶——恰似不满周岁的婴儿已经开始回忆过往一切，即便确实有能力回顾，其父母也会"不胜惊诧"吧。就《新潮》而言甚至连"前瞻"也不该这么早出现，因为八个月前才出版的它，其实在《〈新潮〉发刊旨趣书》中已经对未来"前瞻"过了，而此文的执笔者就是傅斯年。

那么，促使傅斯年在《新潮》出版仅仅八个月就开始回顾的原因是什么？难道他已经预感到《新潮》之后会有什么重大变化吗？

迄今为止，学术界一直把《新潮》当作响应《新青年》而问世的刊物，此二者再加上《每周评论》，就构成人们对五四前后力倡新文化运动之最有影响刊物的基本认同。其中《新潮》是北大学生自己发起并主办，致使它一开始就具有鲜明风格，无论其内容还是编排形式也都和其老师主办的《新青年》及《每周评论》不同——尽管在主要观点和思想倾向上，三者整体言还是相互呼应并基本保持一致。由于《每周评论》的内容涉及时事政治更多，且在傅斯年写"回顾"一文时该刊已被查封，此处暂不论述。

傅斯年作为《新潮》的发起者和主办者之一，这么早就开始进行回顾，当然有具体原因：1919 年夏天，他北大毕业后考取庚子赔款的官费留学生，准备赴欧洲求学深造，离开之前对刊物有所总结也在情理之中。不过显而易见的是，傅斯年绝非仅仅回顾一个刊物，而是对刚刚过去的五四运动，以及当时中国知识界和北大师生这一时期的思想及行动进行反思。这从该文的以下内容即可看出："五四运动过后，中国的社会趋向改变了。有觉悟的添了许多，就是那些不会自己觉悟的，也被这几声霹雳，吓得清醒。北大的精神大发作。社会上对于北大的空气大改换。以后是社会改造运动的时代。……不过就最近两三个月内的情形而论，我们又生一种忧虑。这忧虑或者是一种过虑；但是如果人人有这过虑，或者于事业的将来上有益些。我觉得期刊的出现太多了，有点不成熟而发挥的现象。照现在中国社会的麻木，无知觉而论，固然应该有许多提醒的器具，然而厚蓄实力一层也是要注意的：发泄太早太猛，或者于将来无益有损。精神细密的刊物尤其要紧。"

傅斯年的这种担忧不是没有道理，其中蕴含有他对五四运动中学生某些过激行为的反思，这与陈独秀直接参与学生运动并亲自散发传单形成鲜明对比。而且，他的老师们似乎在此时也没有产生"期刊的出现太多了"这种担忧，如陈独秀在 1920

219

年1月1日出版的《新青年》之《随感录》中就极力推荐当时出版的《浙江新潮》《少年》等两个周刊，而钱玄同在稍早一点发表在《新青年》之《通讯》中也还是认为像《新青年》和《新潮》这样的刊物不是太多而是太少："'新'既很少，则更无'太'之可言。"显然，其背后彰显出的是学生辈的傅斯年与老师陈独秀、钱玄同等在思想观念上的差异，对此还可以从他们为刊物出版所撰写之"发刊词"中得到验证。

先看陈独秀为《青年》创刊所写的《敬告青年》以及后来改名为《新青年》时所写的《新青年》两文，它们虽非严格意义上的发刊词却明显具有"发刊词"之功能。首先是《敬告青年》中这样的表述："青年之于社会，犹新鲜活泼细胞之在人身。新陈代谢，陈腐朽败者无时不在天然淘汰之途，与新鲜活泼者以空间之位置及时间之生命。人身遵新陈代谢之道则健康，陈腐朽败之细胞充塞人身则人身死；社会遵新陈代谢之道则隆盛，陈腐朽败之分子充塞社会则社会亡。……准斯以谈，吾国之社会，其隆盛耶？抑将亡耶？非予之所忍言者。彼陈腐朽败之分子，一听其天然之淘汰，雅不愿以如流之岁月，与之说短道长，希冀其脱胎换骨也。予所欲涕泣陈词者，惟属望于新鲜活泼之青年，有以自觉而奋斗耳！"显然陈独秀把改造社会的重任放在青年肩上，所以才会说希望他们"自觉而奋斗"。接下来陈独秀对青年提出了六点希望，也即文中所说的"六义"：一、自主的而非奴隶的；二、进步的而非保守的；三、进取的而非退隐的；四、世界的而非锁国的；五、实利的而非虚文的；六、科学的而非想象的。不过等到为杂志更名而写《新青年》一文时，陈独秀对青年的要求已经是："青年何为而云新

220

青年乎？以别夫旧青年也。同一青年也，而新旧之别安在？自年龄言之，新旧青年固无以异；然生理上，心理上，新青年与旧青年，固有绝对之鸿沟，是不可不指陈其大别，以促吾青年之警觉。慎勿以年龄在青年时代，遂妄自以为取得青年之资格也。……倘自认为二十世纪之新青年，头脑中必斩尽涤绝彼老者壮者及比诸老者壮者腐败堕落诸青年之做官发财思想，精神上别构真实新鲜之信仰，始得谓新青年而非旧青年，始得谓为真青年而非伪青年。"至于具体要求，陈独秀提出两点：一个是当明人生归宿问题，一个是当明人生幸福问题。而第二点又分五个方面："吾青年之于人生幸福问题，应有五种观念：一曰毕生幸福，悉于青年时代造其因；二曰幸福内容，以强健之身体正当之职业称实之名誉为最要，而发财不与焉；三曰不以个人幸福损害国家社会；四曰自身幸福，应以自力造之，不可依赖他人；五曰不以现在暂时之幸福，易将来永久之痛苦。信能识此五者，则幸福之追求，未偿非青年正当之信仰。"比较之下，感觉陈独秀给青年一代开出的药方始终有些空泛而不切实际，究其原因，就是因为此时的陈独秀虽然基于启蒙救亡意识创办了《新青年》，但并未找到如何对现有制度和文化进行有效批判的突破口，致使创办初期的《新青年》较之同时期其他刊物，并未表现出多少独特性。其次，此时的陈独秀也不像以后那样激进和偏激，而是试图以渐进的文化启蒙方式，逐步改造国民思想，特别是青年一代。

值得注意的是在结尾，陈独秀明显透出一种悲观："予于国中之老者壮者，与夫比诸老者壮者之青年，无论属何社会，隶何党派，于生理上，心理上，十九怀抱悲观，即自身亦在诅咒之列。幸有一线光明者，时时微闻无数健全洁白之新青年，自绝望销沉中唤予以兴起，用敢作此最后之哀鸣！"也许这表述有些言过其实，但说其内心蕴含有悲凉之气大致不差。

纵观陈独秀两篇文章，感觉其始终将自己居于一老者或至少是过来人立场，然后大声呼吁青年一代觉醒和独立。——其实创办《青年》杂志时的他，不过才三十六岁。这种过早呈现出的"过来人"心态甚至是"老年"心态，在当时新文人群体中其实并非个案，鲁迅就是另一个很好的例证。

再看傅斯年为《新潮》创刊所写的《〈新潮〉发刊旨趣书》："《新潮》者，北京大学学生集合同好，撰辑之月刊杂志也。北京大学之生命已历二十一年，而学生之自动刊物，不幸迟至今日然后出版。向者吾校性质虽取法于外国大学，实与历史上所谓'国学'者一贯，未足列于世界大学之林；今日幸能脱弃旧型入于轨道。向者吾校作用虽曰培植学业，而所成就者要不过一般社会服务之人，与学问之发展无与；今日幸能正其目的，以大学之正义为心。又向者吾校风气不能自别于一般社会；凡所培植皆适于今日社会之人也；今日幸能渐入世界潮流，欲为未来中国社会作之先导。本此精神，循此途径，期之以十年，则今日之大学固来日中国一切新学术之策源地；而大学之思潮未必不可普遍中国，影响无量。……名曰《新潮》，其义可知也。"

相对于陈独秀为青年所陈之"六义"，傅斯年提出了"四事"，而所针对的读者对象却是"国人"而非仅仅"青年"，这就已经看出学生和老师所办刊物之不同，首先是他们心目中的读者群不同。此外，这"四事"的核心以及《新潮》的使命就是让国人明了世界大势特别是文化及学术发展大势："今日出版界之职务，莫先于唤起国人对于本国学术之自觉心。……宜最先知者有四事：第一，今日世界文化至于若何阶级？第二，现代思潮本何趣向而行？第三，中国情状去现代思潮辽阔之度如何？第四，以何方术纳中国于思潮之轨？持此四者刻刻在心，然后可云对于本国学术之地位有自觉心，然后可以渐渐导引此'块然独存'之中国同浴于世界文化之流也。此本志之第一责任也。"这当为第二个不同之处：《新青年》的宗旨在于思想启蒙，在于唤醒青年，把民族复兴和文化复兴的使命放在青年一代身上，而《新潮》显然更加注重对整个中华民族在世界文化以及现代思潮中的定位以及如何"与世界接轨"。这从刊物名称也可看出：两个刊名中都有"新"，但所修饰者一为"青年"一为"潮"，显示其宗旨和关注点自然不同。

第三个不同之处就是两个刊物实际的读者群固然有交叉但更有差异。《新青年》的读者群文化素质可能更高，更多为新知识分子群体关注，但一般年龄稍大；而《新潮》的读者则更多为大中学生，年龄层次更为年轻。

最后，此文比较微妙的也是结尾一段，其中暗含傅斯年不想《新潮》被外人看作是老师的传声筒而力争其独立性的意味："本志虽曰发挥吾校真精神，然读者若竟以同人言论代表大学学生之思潮，又为过当。大学学生二千人，同人则不逾二十，略含私人集合之性质；所有言论由作者自负之，由社员共同负之。苟有急进之词，当是社中主张，断不可误以大学通身当之。"实际上，《新潮》的创办虽然一开始就得到如陈独秀、李大钊、蔡元培和胡适等人的支持，但傅斯年、罗家伦等人并不想简单把杂志办成《新青年》的附庸，所以在栏目设置以及具体内容上总是力求和《新青年》拉开距离，以示区别。其中最明显的就是设置了"出版界评"和"故书新评"两个《新青年》没有的栏目，并在第一卷第一号由傅斯年亲自撰写了对马叙伦之《庄子札记》的批评，其语气之严厉，批评之尖锐令人震惊——因为无论如何马叙伦时为北大教授，又是著名的浙籍文人代表人物，背后站着蔡元培、章太炎等当时文坛掌门人等。傅斯年明明知道他这样批评马叙伦必然得罪人却还是敢写，其胆识令人佩服。而且与此文一起发表的还有傅斯年所写赞扬王国维之《宋元戏曲史》的评论，王国维一向被视为晚清遗老，而马叙伦则为浙籍文人群体中新式文人之一员，尽管不如钱玄同、鲁迅等那样激进。傅斯年如此一褒一贬，等于让马叙伦承受双重屈辱——一是来自学生的批评，一是自己的著作被当作衬托王国维著作的背景。可以想见这样的文章至少在当时的《新青年》不会发表，而马叙伦对傅斯年的批评也不会有好印象，后来还是撰文给予回击，刊登于 1919 年 1 月 18 日的《北京大学日刊》，尽管这回击限于马叙伦的"老师"身份看上去显得"大度"和"宽容"，但其中对傅斯年"别有一言相诤"，劝他"稍含廉愕"，"若乃悠情纵笔，偶成差失，已足招弹。往复相申，唐费时力"，字里行间对傅斯年的不满甚至愤怒还是可以体会出来。

事实上，当初傅斯年他们创办《新潮》就有对《新青年》不甚满意之想法在起作用，诚如罗家伦在《蔡元培时代的北京大学与五四运动》中所言："因为不甚满意于《新青年》一部分的文章，当时大家便说：若是我们也来办一个杂志，一定可以和《新青年》抗衡，于是《新潮》杂志便应运而生了。"虽然这里的"抗衡"并非对抗之意，而具有不会比《新青年》差的自命不凡想法却是事实。的确，自从有了自己的杂志，傅斯年和罗家伦等人就基本不再到《新青年》上发表文章，而且似乎在《新潮》中也很少提及《新青年》这个刊物名字。就傅斯年本人而言，虽然他在最初两期《新潮》上发表很多文章，却似乎只提到《新青年》这个刊物一次，还是和《甲寅》出现在同一文章之中。而在《新青年》这边，似乎对《新潮》也没有给予很多关注，倒是对其他一些刊物如《新生》的问世，胡适特意在《新青年》撰文表示欢迎。纵览1919年的各期《新青年》，仅有三次提到《新潮》，其中将《新青年》与《新潮》同时提及者仅有一次。尽管不排除新文化运动的领导者可能故意做出姿态，以免给外人以两个杂志互相呼应的"嫌疑"，但这样少的提及还是显示出双方的关系并不像人们想象的那样密切。

此外，应注意到五四前后新文化运动提倡者和参与者的"历史意识"或者说"历史感"，也就是说他们这些人——无论身份为教师还是学生，都已经凭借自己天才的认识或者敏感，有意无意地发现他们正在从事或参与的事情很可能成为中国现代史上的标志性事件，由此他们这些提倡者及参与者也必定会进入历史。既然如此，则如何让自己或者自己所在的群体在历史进程中彰显其独特性或重要性，就是这些当事者必然会努力尝试去做的，即便他们这方面意识不一定特别清晰。而作为学生，特别是接受了西方现代思想的傅斯年、罗家伦等人，对于来自陈、胡、钱、鲁等老师群体的影响，固然一方面无法完全拒绝和摆脱——毕竟他们自己对老师群体的思想观念整体上也赞同，但另一方面总想极力摆脱只是简单作为"回应及呼应"老师的身份尴尬，而试图把自己一些独立的思想观念呈献给社会。哈罗德·布鲁姆在其名著《影响的焦虑》中曾经对当代诗人如何试图摆脱前人影响的现象给予精彩分析并将这种现象命名为"影响的焦虑"，我以为在五四时期以傅斯年、罗家伦等参与《新潮》的北大学生中，应该也具有这种对个人身份的"焦虑"，如此才可以解释新文化运动群体中北大教师和学生之间维系的一种张力——即在根本立场上的保持一致和在某些具体问题上的分歧甚至对立。但至少表面上，他们的这些分歧并未扩大到导致全面分裂的程度，只是为后来的分裂埋下了种子。

二

对于《新潮》在某些方面表现出的标新立异，《新青年》同人已有所觉察，鲁迅就曾为此写信给傅斯年，却得到傅斯年不卑不亢的婉拒。此事发生于五四前夕，当年 4 月 16 日鲁迅写了《对于〈新潮〉一部分的意见》，其中明确指出《新潮》关于所谓宣传"纯粹科学"的文章不能太多，即便是这样的文章也要注意思想性和批判性，"无论如何总要对于中国的老病刺它几针。譬如说天文忽然骂阴历，讲生理终于打医生之类。……现在偏要发议论，而且讲科学。讲科学仍发议论，庶几乎他们依然不得安稳，我们也可告无罪于天下了。"鲁迅以为在当时最紧要的就是思想和文化批判，至于普及民众什么是科学之类还是可以暂缓一下。不过傅斯年对此显然有些不以为然，在答复鲁迅此信时虽然也认为"此后不有科学文则已，有必不免于发议论；不这样不足以尽我们的责任"，但随后还是强调"平情而论，我们正当求学的时代，知识才力都不充足，不去念书，而大叫特叫，实在对不起自己"。这说法实际上否认了在当时学生有大发议论的必要，主张学生就是要安心读书。傅斯年和鲁迅的这次微妙论争，实际上已经显示出他们思想观念方面的分歧，以及鲁迅与傅斯年背后的胡适之间的分歧，这分歧演变到1926年的傅斯年笔下，周氏兄弟在他看来已经是"通伯与两个周，实有其同处，盖尖酸刻薄四字，通伯得其尖薄（尖利轻薄），大周二周得其酸刻。二人之酸可无待言，启明亦刻，二人皆山中千家村之学究（吴学究之义），非你们绍兴人莫办也。仆虽不才，尚是中原人物，于此辈吴侬，实甚不敬之"。

如此，再看傅斯年此文中的所谓前瞻，才会明白他为何要求《新潮》同人："我希望同社诸君的是（一）切实的求学，（二）毕业后再到国外读书去，（三）非到三十几岁不在社会服务。中国越混沌，我们越要有力学的耐心。"后来傅斯年毕业后到欧洲留学，也正是这一思路的延续。也因此，傅斯年在此文中力主《新潮》不能办成研究社会问题的刊物："《新潮》的将来大约也是宣传文艺思想，人道主义的，不是个专研究现时中国社会问题的；也是各人发挥各人的主张的，不是有一致的主义壁垒整严的。这可从我们同社的情性，品质，知识，兴趣上断出。"

此外，一向主张宽容的蔡元培等人对于《新潮》一些文章中表现出的激烈也日感不安，因为他已经为此承受了很大压力。1919年3月26日，当时的教育总长傅增湘写信给蔡元培，信中指出"自《新潮》出版，辇下耆宿，对于在事员生，不无微词"，劝告蔡元培应给予约束，不然此种"隐忧"可能酿成大祸："时论纠纷，喜为抨击，设有悠悠之辞，波及全体，尤为演进新机之累。"对好友兼上司之劝告或警告，蔡元培自然不能置之不理。既然傅增湘所指责之事源于《新潮》，则他索性让傅斯年代为撰写回信——对此已不清楚究竟是蔡氏让傅斯年来写此信还是傅斯年主动要求代写，恐怕是前者可能性更大。在回信中，傅斯年采取的策略是先为《新潮》辩护："办此杂志初心，原以介绍西洋近代有益之学说为本，批评之事，仅属末节。但批评原无可虑，所虑乃在出乎其位，牵及感情之言。"对此傅斯年同意今后当"如尊示所云，由当事诸生加之意也"，事实上等于向蔡元培和傅增湘承认了过错。不过，傅斯年当然不会就此罢休，他说其实北大不仅有《新潮》，还有《国故》杂志，"新旧共张，无所缺琦"，"然若持《新潮》《国故》两相比较，则知大学中笃念往昔。为匡掖废坠之计者，实亦不弱于外间耆贤也"。傅斯年在这里以蔡元培一直主张的"兼容并包"为挡箭牌，把《国故》这一主张复古保守的杂志也可以在北大获得支持作为《新潮》可以继续坚持其思想特色的理由。但实际上，《新潮》一开始问世就获得陈独秀、李大钊等人的支持以及北大校方经济上的资助，后来才有《国故》等刊物的问世，而他们从北大获得之经济资助其实没有《新潮》多，对此蔡元培当然心知肚明。另一方面，其实蔡元培和傅斯年之间，早在《新潮》创办前夕就有过对如何办大学理念上的分歧。1918 年 10 月 8 日，傅斯年在《北京大学日刊》上发表了标题为《傅斯年致校长函件》

的书信，其中最重要内容在于傅斯年反对把哲学与文学、史学都"统为一科，而号曰文科"，"文科之内，有哲学门，稍思其义，便生'瓠不瓠'之感也"，建议将哲学门纳入理科，理由是"为使大众对于哲学有一正确之观念，不得不入之理科；为谋与理科诸门教授上之联络，不得不入之理科；为预科课程计，不得不入理科"。如果这样做确实有困难，至少也应让哲学独立为一科。而在具体学制上，傅斯年则提出最低限度应将文科的预科分为两类，一个是为哲学门而设立，一个为文学史门设立。作为对中国传统文化和学术有深刻理解者，在接受西方近代文化和学术理念后，傅斯年能够意识到传统的"文史哲"一家对中国知识分子的思想观念的束缚和由此带来的各种弊端以及对其进行改革的必要性和紧迫性，这应该说极为难能可贵。特别是由此可以推及对中国古代哲学的全新阐释。不过，具体到傅斯年给出的几个理由，则多少有些牵强。例如，把哲学划入理科是为了加强与理科教授的联系之类，也因此傅斯年的建议遭到蔡元培的反驳也就毫不奇怪了。蔡元培在此信结尾以"附识"方式写道：如果哲学归入理科，"则所谓文科者，不益将使人视为空虚之府乎？"而且，如果说"治哲学者不能不根据科学，即文学、史学，亦何莫不然。不特文学、史学近皆用科学的研究法也"。如果哲学归于理科，那么所有的文科既然都与科学有关联，是否就都要归于理科了？如果分别设立文科、理科和哲学科，"则彼此错综之处更多"。蔡元培最后给出的解决方案是"以上两法似皆不如破除文、理两科之界限，而合组为大学本科之为适当也"。蔡元培深受德国教育思想影响，故在掌北大后对其教学体系和行政管理等进行了一系列改革，认为大学中最重要者为文理两科，它们是其他应用型学科的根本，后来又取消文理界限，学生两科均可选学，这和蔡元培在"附识"中所言是一致的。

傅斯年等《新潮》诸人与其老师的分歧如上所述，主要表现为与陈独秀、蔡元培和鲁迅等人在一些问题上的认识不同，而对于同样为老师的胡适，则基本上没有什么大的分歧，而是坦承胡适是对他们影响最大者，而胡适也正是《新潮》的指导教师。在傅斯年等人眼中，他们和胡适之间是一种"亦师亦友"的关系，从后来发展看，这种关系基本上一直得以维持。就胡适而言，《新潮》给他的印象自然很好，以至于多年以后在提及《新潮》时，胡适仍然对其大加称赞，甚至认为《新青年》在很多方面其实远不如《新潮》："这份《新潮》月刊表现得甚为特出，编写皆佳。互比之下，我们教授们所办的《新青年》的编排和内容，实在相形见绌。"据笔者所知在《新青年》同人中，这似乎是唯一认为《新青年》无论形式还是内容都不如《新潮》的评价。此外，就对于"五四"的认识与反思而言，似乎胡适与傅斯年、罗家伦之间有极为深刻的相互影响，而他们最后的意见又都统一在认为五四运动的出现导致新文化运动出现偏差，最后让学生走向过于关注政治而忽视学业的歧路，这也是他们最后不约而同呼唤"多谈些问题，少谈些主义"和"整理国故"的原因。

不过同样是指导教师的周作人后来受到傅斯年的非议而胡适却没有，其中奥妙颇耐人寻味，因为周作人后来在与鲁迅决裂后，其思想倾向已经倒退。不过周氏兄弟五四前后在北大学人中的影响以及北大师生对他们的评价与演变过程，可能是一个很有意思的话题，由此可以看出北大师生以及《新青年》后来走向分裂的种种症候。尽管周氏兄弟在北大学人中并不属于核心人物（对此周作人曾多次强调，因为鲁迅在北大不过是兼职讲师，周作人则相对参与北大事务更多一些，但从未进入决策层），不过他们的思想观念在当时所产生的影响其实并不下于陈独秀、胡适等人。而傅斯年、罗家伦等人对他们如何从赞美到非议，由此引出的他们所受胡适影响以及北大师生之间的微妙关系，确实还有待进一步研究。至于他们之间的观点异同是否与其师承和门派之争有关，具体而言就是以陈独秀、胡适等皖籍文人与周氏兄弟、钱玄同等浙籍文人之间，应该有或明或暗的争斗。尽管他们自己内部，也并不是在思想观念上总是一致，例如陈独秀和胡适最后反而是分道扬镳，但在某些问题上，师承、同乡与同门关系，对学者之间的一些论争依然可以产生深远影响，这方面例证其实很多，而对其进行认真辨析，则依然任重而道远。

第三辑　在书斋与红尘之间

近现代是大师辈出的时代，也是中国文化遭受外来文化进入，中西文化开始大融合的过渡时代。这个时代事实上到今天还没有完结，海峡两岸的学人有责任有义务尽快完成这个过程，并尽早开启中国文化重现辉煌的新的篇章。

平生受益"一部半"书的大师毛子水

　　阅读文化名人的生平和著作，有时感觉像是饮一杯烈酒，当时令人亢奋，过后也就消失殆尽，这通常说明你和这名人大概没有多少缘分。但有些名人不是这样，读他们的人生就如同饮一杯淡淡的绿茶，滋味虽淡，却能沁人心脾，回味无穷。他们的生平虽然没有大起大落的坎坷，没有叱咤风云的业绩，却凭其高尚的人格魅力和渊博的学识，让每一个阅读他的人都能如沐春风，受益匪浅。已故著名国学大师毛子水先生，无疑就是这样一位可以影响读者一生的文化大师。说到对他的评价，有这样两句话可以概括：在研究科学的人中他的国学根基最好，在研究国学的人中他的科学根基最深，因此毛子水生前被台湾学术界尊称为"通人""通儒"，认为是极少可以把中西之书都读"通"了的人。他的好读书和善读书，使他成为兼具西方科学和中国文化双重修养的文化大师，又被称为五四时代的"百科全书式学者"。胡适作为毛子水的老师，曾称赞毛子水为"东南图书馆"，可见毛子水读书之多。

　　毛子水（1893—1988），名准，谱名延祚，字子水，浙江江山石门镇清漾村人，系清漾毛氏第五十六世后裔。要说这清漾毛氏可是大名鼎鼎，因为蒋介石的生母毛氏和毛泽东的祖先都可溯源至此，所以有人开玩笑说，一部民国史，不过是清漾毛氏的家史而已。

且说 1913 年，毛子水考入北京大学，与傅斯年、顾颉刚、杨振声被称为"胡（适）门四大弟子"。1918 年 12 月，"新潮社"成立并出版《新潮》杂志，毛子水是发起人之一。1920年毛子水毕业留校任教，后赴德国留学。在德求学期间，毛子水与傅斯年、陈寅恪、罗家伦、俞大维、赵元任等在一起切磋学习，堪称群英荟萃。有关陈寅恪和俞大维是留学生当中最有希望的读书种子这话，就是傅斯年告诉毛子水的。所以后来毛子水才会说"寅恪、元任、大维、孟真都是我生平在学问上最心服的朋友，在国外能晤言一室，自是至乐"；"我的许多关于西方语言的见解，则有从寅恪得来的"。在一篇回忆录中，毛子水提到他当年在德国留学时和陈寅恪的交往，说有一件事给他印象很深。一次，他看到陈寅恪在读一本很老的英语语法书，那时一些更新更好的语法书已经出版，毛子水就问陈寅恪既然有新的为何还要读老的。陈寅恪的回答是"正因为它老的缘故"才值得读。毛子水认真思考后，才明白陈寅恪这句话并非玩笑。无论哪一种学问，都有几部好的老的著作。尽管后来的著作可能更好更新，但老书因为出自大家手笔，有些说法和观点不会过时，即便有失误也能引人深思，所以值得阅读。陈寅恪和毛子水在这里所涉及的，其实就是一个学术传承问题。任何学术的发展都如同河流，有它的源头和上游，然后广纳百川、博采众长后，逐渐成为滔滔大河，其中每一滴水，都多多少少蕴藏有前人的聪明才智。

此外，毛子水兴趣广泛，曾旁听爱因斯坦讲课，当时爱因斯坦正讲授"科学原理",毛子水就听了几节,认为收获很大,"的确精彩极了。尤其难得的是他说话比著书还要浅近,学生都很容易接受。是个能言善道,又能舞文弄墨的科学天才"。除此之外,作为精通国学的毛子水,居然还翻译过《几何原本》,那一代学人的兴趣之广泛和才华横溢,的确不是我们这些人所能想象。

1929 年,毛子水回国后在北大任教并兼任北大图书馆馆长。抗战期间,毛子水与著名历史学家陈寅恪一同南下,沿途经历了无数波折,他随身所带的箱子也被人偷去,历尽千难万险方到昆明,与陈寅恪等人同任西南联大教授。抗战胜利后毛子水返回北平,仍任北大教授兼图书馆馆长。1949 年,毛子水去了台湾,一直在台湾大学、辅仁大学任教。即使是 1973 年退休后,毛子水仍受聘于台湾大学、辅仁大学,直到九十三岁高龄。其学术代表作《论语今注今译》系倾其一生心血而成,是当今海峡两岸最权威的《论语》诠释本之一。1987 年,九十五岁的毛子水与著名国画家张大千、著名摄影家郎静山三人,获台湾当局颁发的文化奖。1988 年 5 月 10 日,毛子水病逝,享年九十六岁。毛子水逝世后,台湾大学为纪念毛子水,决定编辑出版《毛子水全集》,并由台静农教授负责组成编辑委员会。后台静农教授去世,由著名学者吴大猷接任,终使《毛子水全集》于 1992 年 4 月正式出版。迄今为止,有关毛子水生平及学术思想的研究,已引起海峡两岸学者的高度重视。

任何一位文化大师的出现,既有偶然,更有必然。既仰仗先天之才华,更得力于后天之刻苦。按照毛子水自己的说法,他的成功得益于他一生中一直阅读研究的"一部半"书:一部

《几何原本》和半部《论语》，前者启发了他的逻辑思考能力和高度的分析能力，后者则教他如何做人处事。宋初宰相赵普靠半部《论语》治天下的故事很多人都熟悉，那《几何原本》属于自然科学经典，对毛子水这样主要从事人文科学的学者又是如何产生影响的呢？且让我们慢慢道来。

1913年，毛子水考入北京大学预科。当时的北大预科分文、理两部，毛子水的选择是理科的预科，原因就在于他当年读书时深受章太炎"学术万端，不如说经之乐"的影响，想进大学专攻经学。但那时的北大本科没有经学门，而预科入学时必须填报读大学本科的科别，毛子水只好填报"天算科"，这其实也与毛子水在中学时最爱好几何有关。说到他与《几何原本》的缘分，则要上溯到其入学北大之前。当时他购买了金陵书局刻的《几何原本》和《则古昔斋算学》二书，在精心阅读后激发了对算学的兴趣。也正因为如此，1917年毛子水北大理预科毕业后，就升入北大本科数学门学习。青年时代的毛子水对数学情有独钟，期望成为一个数学家，以其成果造福祖国和人类文明，为此那本欧几里得的古希腊文《几何原本》成了他一生钟爱之物。本来，在北大预科毕业后，他的认识有所改变，专攻数理的理想在严峻的社会现实面前逐渐消退。在即将升入本科时，好友傅斯年也力劝毛子水认清自己的长处改学文科，希望毛子水在国学方面有所贡献。但毛子水以"学数学奠定逻辑基础，将来可以做明事理的普通读书人"而拒绝，最终坚持入数学系，并且留学德国时还是研究数理、科学史。

原来，毛子水自觉才学不够，既不能成为天算家，也成不了国学家，大概只能做一个普通读书人。他认为，既然如此，就应该多知道一些逻辑知识，而多学习数学，则学逻辑时就有稳固的基础。孰料为了这个基础，他一生和欧几里得的《几何原本》结下深厚缘分。留学德国时，毛子水四处搜集它的重要版本，并为研究这部书，选修了第三门外语——古希腊文。他的设想是根据自己搜集的若干版本和各种字典，在退休后校订前人旧译，完成一本符合现代学术体系的《几何原本》，将西方学术界有关该书的最新研究成果介绍给国人。虽然他最后没有实现这一愿望，但对《几何原本》的研究使其受益终生，却是事实。这也给今天的人文学者以有益的启示：是否也该适当阅读了解一些现代自然科学知识，以使自己的眼界更加开阔和思想更加自由呢？更有甚者，《几何原本》一书所显示出的严谨逻辑推理和思维方式，更是国人一直较为缺乏且轻视者，这恐怕也是毛子水对该书极为看重的原因。

不过，毛子水虽然专业为理科，却对国学一直很有兴趣。早在青少年时代，他看到《新民晚报》上梁启超的文章，即非常佩服。当时正是梁启超的"新民体"风靡一时之际，很多青年学子都迷恋于此，所以毛子水爱好读梁启超也不足为怪。后来有同乡从日本带给他一本《章谭合钞》，并说章太炎先生的文章比梁启超更好。毛子水读后认为同乡所言不虚，便又搜遍章氏的每一篇文章认真阅读，从此章太炎成为在治学方面对他影响最大者之一（另一位自然是胡适）。所以在北大期间，他常与好友一起去听章太炎在北京被袁世凯软禁时开设的国学讲堂。说到国学，则不能不提及毛子水的一个贡献，就是在当年胡适倡导"整理国故"时，第一次提出"国故学"概念的就是毛子水。在1919年4月撰写的《国故和科学的精神》一文中，他就提出："古人的学术思想，是国故；我们现在研究古人的学术思想……这个学问，应该叫做'国故学'：他自己并不是国故，他的材料是国故。"这一概念和解释很快被胡适所接受，他不仅随即在《论国故学——答毛子水》一函中加以运用，而且还在后来的《〈国学季刊〉发刊宣言》中对此重新给予诠释，他解释说："'国学'在我们的心眼里，只是'国故学'的缩写。中国的一切过去的文化历史，都是我们的'国故'；研究这一切过去的历史文化的学问，就是'国故学'，省称为'国学'。"

毛子水在国学研究上虽然成就斐然，但最为人们称道的是其《论语》研究，他是两岸学术界公认的《论语》研究权威。他的《论语》研究不光是匡正他人的研究失误，而且是发前人所未发，提出很多自己的独到见解。按照大学者黄侃的意见，学术研究是"发明"重于"发现"，所谓"发现"是之前本没有，一旦有新材料问世，则新观点自然出现，而"发明"则是主要针对旧材料而言，是对早已熟悉之材料产生新的见解，所以更难也更重要。如此，则毛子水之解读《论语》，确实有很多可以称为是其独到的发明。例如《论语》中记述了孔子的"朝闻道，夕死可矣"，后人一般都把这个"道"诠释成真理之类，但毛子水认为它含有"天下有道"之"道"，全句近于"天下太平"的意思。因为孔子一生周游列国，晚年致力于讲学，所期望的只是"天下太平"。毛子水认为，世界各民族古代圣贤中抒发这样忧世忧民之情怀者，当以孔子这句话最为显著。由此，他认为《论语》确是世界上宣扬仁爱的首部经典，从人文的立场讲，自应为人间第一书。他的《论语今注今译》于 1975 年由台湾"中华文化复兴运动推行委员会"审定，台湾商务印书馆出版。出版之后，一时轰动，连续六次重印再版，纯学术书如此，当为罕见。1989年，该书以《论语今译》为名由中国文史出版社出版，也引起大陆学术界的广泛关注。

不过，毛子水虽然在国学研究方面大有发明，却不是只知读古书的书呆子。早在五四时期，毛子水就是胡适的得意门生，与罗家伦、傅斯年等人积极参与新文化运动，是五四思想启蒙的先驱者之一。又如对于1926年"三一八"事件中段祺瑞镇压进步学生之事，几十年后谈起来他依然义愤填膺。抗战期间，毛子水听说胡适有赴美写作哲学史的计划，就写信给胡适，表面赞同胡适著述，但却认为国难当头，胡适也许应该做一些更有利民族之事："然天下纷纷，高谈性命，岂所谓作《易》者其有忧患乎？深冀开门户著书之暇，肯以我中华民族当今最需要之事，内告同胞，外示友邦，庶几仁人之言，百世被其福利也。"1949年2月去台湾后，毛子水先生一方面潜心研究，培育后人；一方面关注着两岸关系的变迁，并对肆意散布"台独"言论者严加驳斥"稍能思想的人，都知道台湾是决没有脱离祖国而独立的理由的"，其对中国文化的热爱和盼望两岸统一的心情溢于言表。毛子水先生还是一位优秀的教育家。当年在北大任教时，他对北大的希望，就是北大能够请到好教授，教出好学生。他把能否罗致优秀人才来教育学生，作为判定一个校长是否合格的先决条件。在他看来，"得天下英才而教之"是平生的最大快乐，也展现出他总是以建设现代中国文化、促进国家文明进步为己任的博大胸怀。

作为一个深受中国传统文化影响的学者，毛子水对中国文化精神有着自己的理解并能化为自己的具体行动。1948年北平解放前夕，国民党与共产党展开争夺人才的"抢救大陆学人计划"，胡适、陈寅恪和毛子水等均被列入其中，胡适后来和陈寅恪乘同一架专机离开北京，后辗转去了美国，陈寅恪却选择留在了广州中山大学，直至"文革"中被迫害去世。据其后人介绍，1949 年 2 月，毛子水决定去台湾，并在赴台前夕特意返回江山清漾老家，算是完成一次文化祭奠。据说快到家乡时，毛子水对弟弟毛延武说："弟弟，我们下车走一程回家的路。"说罢竟然泣不成声。孰料此次探亲回家，竟成永别。十年"文革"期间，毛子水虽然是隔岸旁观，内心却为传统文化遭劫忧心忡忡。他知道自己在大陆的故居难逃劫难，但总是告知家人不忘"恕"道，并多次提及孔子的"己所不欲，勿施于人"。可喜的是，如今孔子这句名言，已经作为中国文化的精华和代表，被悬挂在联合国纽约总部的大厅内，为实现世界和平指引方向。

作为胡适的得意门生，毛子水终生对胡适极为敬仰，是胡适学术思想的最佳阐释者之一，为胡适思想的广泛传播做出很大贡献，而胡适也对他极为器重和信任。50 年代，胡适在美国立下"遗嘱"，即指定毛子水与哈佛大学教授杨联陞为"遗嘱"执行人。作为胡适的学生同时也是其同时代人，毛子水对胡适在中国现代文化史上的地位和意义有独特深刻的认识。在《胡适之先生给我们的遗产》一文中，他对胡适思想的价值给予极高评价。他说，如果说富翁捐款办一所大学可以帮助许多贫困学生的话，那么胡适对中国文化的贡献，则可以惠及国家、民族和整个社会。具体说来，这种贡献可以分为以下六个方面：

第一，胡适提倡的白话文运动，不但对国民教育大有好处，而且还使我们的文学有了健康的身体与健康的精神。

第二，胡适的《中国哲学史大纲》为大家提供了一种新的科学的研究方法，从而改变了中国传统的"知其然而不知其所以然"的治学道路。

第三，胡适介绍的实验主义教人要懂得怀疑，不要盲目迷信现成答案。

第四，胡适提倡的"社会不朽论"，是为了让每一个人明白自己对于国家、社会以及人类文明的责任。

第五，胡适提倡的理性，是指无论讨论或处理什么事情，都要依据事实或证据才能作决定。

第六，胡适崇尚民主，是因为"民主是人类在政治上最进步的方式"；胡适崇尚自由，是因为"自由是人类文明进步的原动力"。正因为如此，他认为民主和自由是人类幸福的源泉，我们建立国家，就是为了实行民主、拥护自由、增进人民的幸福。

1962 年，胡适在台湾去世，毛子水满怀悲痛，为胡适写了堪称经典的墓志铭：

这个为学术和文化的进步，为思想和言论的自由，为民族的尊荣，为人类的幸福而苦心焦思，敝精劳神以致身死的人，现在在这里安息了！

我们相信，形骸终要化灭，陵谷也会变易，但现在墓中这位哲人所给予世界的光明，将永远存在。

毫无疑问，只有真正的大师才有这样的概括力对另一位大师给予盖棺论定的高度评价，而语言又是这样的精练、简明、意蕴深刻。

毛子水的时代，是大师辈出的时代，也是中国文化遭受外来文化进入，中西文化开始大融合的过渡时代。这个时代事实上到今天还没有完结，海峡两岸的学人有责任有义务尽快完成这个过程，并尽早开启中国文化重现辉煌的新的篇章。在这个意义上，重温毛子水这样的文化大师的文字，跟随他们的思想进入那个逝去的时代，以追溯历史发展的脉络，为今天中国学术的发展寻找契机，该是很有意义的。毛子水曾经写过一篇题为《蔡元培—胡适—傅斯年》的文章，在其结尾，他这样概括三位大师特有的人格魅力：在行为的小节上，蔡、胡、傅三先生可能是不十分相同的人。但在做人的大节上，——如居心的正直，对国家的忠贞，"民胞、物与"的胸怀，"无我、无私"的风度，"仁以为己任"的抱负——这三位先生可以说是一样的。窃以为将这样的评价移来概括毛子水先生，也极为合适。

腐心桐选祛邪鬼，切齿纲伦斩毒蛇

　　这作为题目的两句诗，作者是本文谈论的主人公钱玄同。一个世纪前的五四新文化运动，以反帝反封建、批判旧文化提倡新文化为宗旨，钱玄同诗中所提及之"桐选"和"纲伦"就是封建文化的代表，"桐选"即钱玄同最早概括的"桐城谬种、选学妖孽"，而"纲伦"则指传统文化中的三纲六纪等伦理道德观念。

　　1917年，陈独秀、胡适等开始在《新青年》上发表文章提倡新文化、鼓吹文学革命。但一开始影响不大，少有知名学者呼应。此时钱玄同挺身而出，为《新青年》投稿，与胡适、陈独秀通信等，不仅为新文学运动大唱赞歌，更是以极端激烈态度对传统文化进行全方位攻击批判，其中尤其以他概括的"桐城谬种、选学妖孽"影响最大。钱玄同还提出"应烧毁中国书籍"，认为"旧小说中十分之九，非诲淫诲盗之作，即神怪不经之谈。否则以迂谬之见，造前代之野史"。而最激进的就是他甚至提出要"废除汉文"，他说："欲废孔学，不得不先废汉文；欲驱除一般人之幼稚的野蛮的顽固思想，尤不可不先废汉文。"一时文坛震动，新文化运动也在一些守旧派的反对声中得以深化。对此鲁迅的评价极为中肯。他说："钱玄同先生提倡废止汉字，用罗马字母来替代。这本来也不过是一种文字革新，很平常的，但被不喜欢改革的中国人听见，就大不得了了，于是便放过了比较平和的文学革命，而竭力来骂钱玄同。白话乘了这一个机会，居然减去了很多敌人，反而没有障碍，能够流行了。"

钱玄同以章门弟子和著名古文大家的身份，公开支持白话文运动和新文学革命，自然给予胡适、陈独秀等极大鼓励。陈独秀在与钱玄同的通信中写道："以先生之声韵训诂学大家而提倡通俗的新文学，何忧全国之不景从也。可为文学界浮一大白。"而胡适直到晚年回忆当年提倡白话文时，还热情赞赏钱玄同支持他们的意义："钱氏原为国学大师章太炎（炳麟）的门人。他对这篇由一位留学生执笔讨论中国文学改良问题的文章（指胡适的《文学改良刍议》，引者注），大为赏识，倒使我受宠若惊。"

说到钱玄同对于白话文和新文化运动的贡献，还有两件大功不能不说。一是他和刘半农唱了一出"双簧"，他化名为王敬轩，把自己扮作新文化运动的反对派，历数新文化运动的罪状来攻击《新青年》。而刘半农则以《新青年》记者的身份，对王敬轩所提问题针锋相对地给予驳斥。这样一骂一反驳，就可以唤起社会舆论关注。果然他们这"双簧"一唱，真的激怒了保守一派，如林纾等就按捺不住写小说和给蔡元培等写信攻击新文学，正好引起新文化运动阵营的反击，这场文学革命才没有夭折。

钱玄同的第二件大功是劝鲁迅写白话小说，也即是说"鲁迅"这个伟大名字之诞生，实际上钱玄同是它的"助产婆"。对于钱玄同如何多次做鲁迅的"思想工作"，劝其写白话小说，鲁迅曾在《呐喊·自序》中有生动具体的回忆：

"我想，你可以做点文章……"

我懂得他的意思了，他们正办《新青年》，然而那时仿佛不特没有人来赞同，并且也还没有人来反对，我想，他们许是感到寂寞了，但是说：

"假如一间铁屋子，是绝无窗户而万难破毁的，里面有许多熟睡的人们，不久都要闷死了，然而是从昏睡入死灭，并不感到就死的悲哀。现在你大嚷起来，惊起了较为清醒的几个人，使这不幸的少数者来受无可挽救的临终的苦楚，你倒以为对得起他们么？"

"然而几个人既然起来，你不能说决没有毁坏这铁屋的希望。"

是的，我虽然自有我的确信，然而说到希望，却是不能抹杀的，因为希望是在于将来，决不能以我之必无的证明，来折服了他之所谓可有，于是我终于答应他也做文章了，这便是最初的一篇《狂人日记》。从此之后，便一发而不可收……

再如，今天我们用的标点符号、阿拉伯数字及汉字横排，等等，都是钱玄同首先提出，都是他"提倡白话文的努力"的结果。总之，钱玄同在新文化运动中的卓越功绩不容忽视，其言辞之大胆偏激更是令人印象深刻。

钱玄同这些激烈态度自然与其年轻气盛有关，更与深受其老师章太炎有关学说影响有关。他和鲁迅都曾留学日本，也都是在日本期间拜入章太炎门下，尽管他们后来多少背弃了章太炎的学说，但章太炎的影响其实贯穿他们一生。1898 年后，中国学生到日本留学极为流行。这当中，父子、夫妇、兄妹等共同赴日者也不少，如陈寅恪就是和其长兄陈衡恪一起赴日，同船者就有鲁迅。而钱玄同家族以其留学时间之早、人物之多（全家皆去），以致有学者认为他们家族堪称清末留日第一家。那是在 1899 年，钱玄同的大哥钱恂赴日任湖北留日学生监督，随后妻子单士厘和两个儿子钱稻孙、钱樾孙以及大儿媳包丰保等也赴日本。钱稻孙与钱樾孙进入庆应义塾，包丰保则进入一所女子学校。1901 年钱家的女婿董鸿祎也赴日，进入早稻田大学政治科学习，至此钱恂一家有四人均在日本学习。而钱恂之弟钱玄同于 1905 年第一次赴日，之后回国结婚，1906 年 9 月再到日本留学。一家有如此多人同在日本留学，且完全是自费，在那时确实罕见。

在留学日本的中国同学中，钱玄同和鲁迅的交往比较密切，这不仅因为是浙江老乡，更因为都是章门弟子且为入门最早的一批。也正是这些缘由，钱玄同才会在新文学革命初期频繁去周氏兄弟住处，鼓动他们参与新文化运动，并最终促成鲁迅开始创作白话小说和周作人写白话诗以及鼓吹“美文”等，中国现代文学史上最重要的兄弟组合就此产生。尽管这个组合后来关系破裂，但周氏兄弟在 20 世纪中国文学史上的重要地位，迄今也没有人能够替代。而钱玄同作为“伯乐”的功绩自然也不容抹杀。

钱玄同生于 1887 年，原籍浙江吴兴，曾用过不少其他名字，最为人所知的是一个“夏”字，意思是“中国人”。五四运动前改名玄同，号疑古，有时自称为疑古玄同。其父名振常，

247

是同治年间举人，曾任绍兴书院院长。当年蔡元培在书院读书时，常受到他的赞许。钱玄同是其父六十二岁时所生，所以与其兄钱恂相差三十四岁而与其侄子钱稻孙年龄相同，故钱恂对他如同对待自己子女，钱玄同视大哥大嫂也如同父母一般敬重。钱恂曾历任中国驻日、英、法、德等多国的公使或参赞，与很多中外政治家有密切交往。他对自己一生评价中最常提及的功绩就是"始创派遣留学之议，以日本为初步"。其夫人单士厘也是赫赫有名，是最早裹着小脚走向世界的中国女性之一，著有《癸卯旅行记》和《归潜记》等，是了解当年中国人走向世界具体情况的绝佳材料，曾由钟叔河编入著名的《走向世界丛书》。

由于是老年得子，钱玄同之父对钱玄同既疼爱又严格，钱玄同四岁就开始读书，每天都要站在书架前读他父亲贴的一张张纸条，上面写满了《尔雅》词义等。由于站立时间过长，钱玄同往往到傍晚时两腿僵硬无法走路，家人不得不抱他下来。如此严格的读书生活，为其日后学术事业奠定了坚实基础，也弄坏了身体。钱玄同晚年时曾告诉朋友和弟子，说他之所以害怕走路，就是因为小时候站着看书看坏了。看书没有看坏眼睛却看坏腿脚，也算是罕见之事吧。1902 年钱玄同十六岁，原本要参加科举考试，因母亲去世而放弃。1903 年钱玄同开始接触章太炎的著作，从此萌生反清排满的革命思想，不久他即剪掉辫子以示"义不帝清"之决绝态度。1904 年他和几个朋友办了一份白话小报，封面上不愿写"光绪三十年"而欲写成"黄帝纪元四千六百零二年"，但这样写肯定无法出版，只好写为"甲辰年"，总之就是不愿用清朝年号纪年。此后因其兄钱恂在日本担任外交使节，钱玄同也在 1906 年入东京早稻田大学师范科学习。就家庭关系而言，钱玄同十二岁时父亲去世，四年后母亲也去世，此后对他最有影响的家族成员就是长兄、长嫂。钱玄同此后留学日本，回国任教、任职，多得钱恂的提携和帮助，而单士厘对钱玄同生活也多有照顾。对于钱玄同和兄嫂的关系，钱玄同的老朋友黎锦熙这样说：提倡"新文化"打破"旧礼教"以后，他对于他哥哥，还是依旧恭顺，他总怕他哥哥看见了《新青年》，他哥哥后来还是看见了，对他也并没有说什么；他极端反对阴历，并表示不再行拜跪礼，但他哥哥逝世前几年，他还是于阴历年底带着妻子到他哥哥家里去拜祖先；他常陪着他哥哥和嫂嫂同到德国饭店去吃饭，只因为他哥哥爱吃西餐。从钱玄同这些与其言论矛盾的行为中，可以发现五四时期那些新文化运动的代表人物，其内心之复杂与深邃。

钱玄同到日本后，最初两年去早稻田大学上课较多，但成绩平平，基本以不补考为目的，为此还在考试中作弊。以下摘录钱玄同1907年2月22日、23日的日记，可见他的留学生活：

22日　"考算术，五题：（一）小数乘除；（二）分数加减；（三、四）四则；（五）分数题。"

23日　"考历史，四题：（一）宗教改革之结果；（二）荷兰与支那、日本交通之事迹；（三）美国之起源；（四）波兰之衰亡。当时觉得脑中空极，不能掏出一二，幸伯匋犹能记忆，因向之窃取，草草交卷，乏味之至。

在日本期间，钱玄同主要和一些浙江老乡交往，当时大成中学与《民报》社的人员也多是浙江籍。也许是注定要和章太炎有不解之缘，钱玄同到东京时正好章太炎出狱来到东京，在其兄钱恂介绍下，钱玄同得以在《民报》社见到章太炎，随即拜其为师，此为1906年秋天。不久他就在章太炎介绍下加入同盟会，正式参与反清革命活动。1908年，章太炎特意为许寿裳、周氏兄弟和钱玄同等八人开设小班讲学，钱玄同是其中最活泼好动的一个，也是最喜欢提问题的一个。由于他们是席地而坐，钱玄同常在席子上爬来爬去，所以鲁迅送他一个外号"爬来爬去"，有时还叫他为"爬翁"，弟子之间的和谐融洽和听课情景可见一斑。周作人后来曾在回忆录中对那段听课经历有极为生动的描述：

一总是八个听讲的人。《民报》社在小石川区新小川町，一间八席的房子，当中放了一张矮桌子；先生坐在一面，学生围着三面听，用的书是《说文解字》，一个字一个字的讲上去，有的沿用旧说，有的发挥新义，干燥的材料却运用说来，很有趣味。太炎对于阔人要发脾气，可是对青年学生却是很好，随便谈笑，同家人朋友一般。夏天盘膝坐在那席上，光着膀子，只穿一件长背心，留着一点泥鳅胡须，笑嘻嘻的讲书，庄谐杂出，看去好像一尊庙里哈喇菩萨。

1910年，钱玄同回国，先后在浙江海宁、湖州、嘉兴和其家乡吴兴担任中学国文教员。1911年，拜见今文经学大师崔适，从此赞同康有为、崔适等今文经学的观点，实际上是在学术上背叛了章太炎。不过，就钱玄同而言是抱着"吾爱吾师，吾更爱真理"的态度对待此事。而在治学过程中，他是兼通今古文又对它们皆不满，认为应该用古文家的话来批评今文家，用今文家的话来批评古文家，以撕破他们的假面目。为此钱玄同还举了一个生动的例子，说《聊斋志异》上一段故事中有一个桑生，先后接纳了两个奔女，一个叫莲香，一个自称姓李。结果莲香指责李姓女子为鬼，李女则说莲香为狐。桑生最初怀疑她们是出于嫉妒而互相指责，但后来发现莲香果真为狐，而李姓女子也果真是鬼。今文经学和古文经学就如同此二女子，既然她们都不是人，则互相说对方非人也不错。钱玄同认为他的责任就在于辨明两派真伪，然后剔除错误后接受他们的结论。

钱玄同不仅在思想上非常激进，日常生活中也是如此。他曾有一个非常激烈的观点，说人如果到了四十岁都应该除掉，不然他们就会倚老卖老，既固执又专制，也不符合社会发展规律。结果等到他四十岁时，一些朋友就和他开玩笑，纷纷写诗撰文，说他已到该死的年龄，应该"成仁"了，还曾打算在《语丝》上专门发一期"钱玄同先生成仁专号"，后怕引起误会才没有刊行。不过，有些名人写的"悼念"之诗文很幽默风趣，如鲁迅就写了这样幽默的诗句嘲讽他："作法不自毙，悠然过四十。何妨肥猪头，抵挡辩证法。"（因钱氏很胖，故戏称其为猪头）他四十四岁那年，就说要出一本书，名字就叫《四四自思辞》，五个字都是叠韵。有人问那么五十五岁怎么办，他说就出一本《五五吾悟书》，六十六岁则叫《六六碌碌录》，而七十七岁时所出还可叫《七七戚戚集》，由此可见其幽默乐观性格。这种性格如果体现在学术研究上，如果不是写那些论战性文章，则很自然会体现为诙谐、生动。

1932 年，章太炎到北平讲学，因听讲者多为北方人，而章太炎的浙江口音很多人听不懂，所以每次讲学大都是太炎先生先讲一段，然后钱玄同再用国语转讲给听众，如此使用国语还要翻译，确实少见。当时据说是刘半农写黑板，钱玄同翻译，而黄侃负责倒水，一个先生讲学倒有三四个弟子服侍，堪称佳话。著名历史学家钱穆当年曾听过章氏讲学，对此颇为艳羡，直到晚年还专门写到此事：

太炎上讲台，旧门人在各大学任教者五六人随侍，骈立台侧。一人在旁作翻译，一人在后写黑板。太炎语音微，又皆土音，不能操国语。引经据典，以及人名地名书名，遇疑处，不询之太炎，台上两人对语，或询台侧侍立者。有顷，始译始写。而听者肃然，不出杂声。此一场面亦所少见。翻译者似为钱玄同，写黑板者为刘半农。玄同在北方，早已改采今文家言，而对太炎守弟子礼犹谨如此。半农尽力提倡白话文，其居沪时，是否曾及太炎门，则不知。要之，在当时北平新文化运动盛极风行之际，而此诸大师，犹亦拘守旧礼貌。则知风气转变，亦洵非咄嗟间事矣。

中国文人的所谓尊师重教，所谓师生之间的和谐关系，正可从钱玄同及其弟子对待其师的态度上得到验证。他们固然可以批判旧学、弘扬新学，固然可以不同意为师的学术思想，甚至如周作人和鲁迅还对章太炎思想上的倒退给予批判，但在尊敬师长方面，还是恪守古德，这在师生关系大为倒退的今天不是还有启示意义吗？

钱玄同不仅是大学者、大文学家，而且是坚定的爱国主义者。1931年"九一八事变"发生后，曾经留日的他就决定与日本人断绝交往，这和他好友周作人的行为形成鲜明对比。1936年，为抗议日本帝国主义的侵略，他又在北平文化界提出的抗日救国七条要求上签名。北平沦陷之后，钱玄同因病未能随学校撤离。为表达早日驱赶日寇、光复祖国之意，他恢复使用自己的旧名"钱夏"，意思是说他是"夏"人而非"夷"人，他此时的一些笔名如"逸叟、师黄、德潜"等，也都蕴含爱国主义思想。当时周作人还没有担任伪职，所以钱玄同也还保持与周作人的交往，并与周作人一起，参与帮助解决李大钊后人生活困窘并帮助他们去延安，表现出鲜明的爱国主义气节和对友人之后的关爱之情。

可惜，钱玄同的身体一直不好，而国家民族的空前危机以及身边好友的南下和生活上的巨大变化等，更是给其身体带来巨大的刺激。1939年1月17日，外出归家后不久，钱玄同即感觉头晕，不久即昏迷过去，在送医院后被确诊为脑溢血，当晚不幸逝世，仅仅五十二周岁。具有讽刺意义的是，就在钱玄同去世前五天，他的同门周作人开始"下水"——接受伪职，此举遭到钱玄同的非议和不满，曾特意写信阻止。可惜钱氏很快去世，使得周作人失去一个他称为"畏友"的人，否则周作人的投敌生涯也许不会如此之早吧！当然，无论钱玄同曾经怎样影响周作人，周作人走向担任伪职之路毕竟是他自己决定的。如果钱氏不死，周作人可能会晚一点投敌，却不大可能不会投敌，对此当时很多周作人的朋友都十分清楚。不过对于钱玄同的去世，周作人倒是真正有一种兔死狐悲之感。由其特意撰写的挽联可见一斑：

戏语竟成真，何日得见道山记；

同游今散尽，无人共话小川町。

　　钱玄同逝世后，限于形势，并未在学术界举行盛大的悼念活动。直到当年 5 月 5 日，国立北平师范大学才在陕西城固西北联合大学内举行了"钱玄同先生追悼会"，并于事后出版了以黎锦熙先生的《钱玄同先生传》为主要内容的纪念文集。一代文化大师，英年早逝，不亦悲夫。

人散后，一钩新月天如水

　　如果问民国时期浙籍文人中的全才是哪一位，恐怕很多人都会说——丰子恺；如果问弘一法师李叔同最得意的弟子是哪一位，很多读者也会脱口而出——丰子恺。的确，丰子恺不仅在佛学造诣方面深得李叔同真传，而且是民国时期浙籍文人中在文学、绘画、音乐和翻译领域均做出极大贡献的艺术家，他多方面的才华大概可以媲美另一位早逝的天才——苏曼殊。和苏曼殊一样，在人才济济的浙籍文人中，丰子恺显得有些另类或者说卓然不群——这很大程度应归因于其老师李叔同。对此丰子恺曾这样评价后者："就学问讲，他博学多能，其国文比国文先生更高，其英文比英文先生更高，其历史比历史先生更高，其常识比博物先生更富，又是书法金石的专家，中国话剧的鼻祖。"由此可见李叔同在丰子恺心目中的崇高地位。所以当李叔同出家皈依佛门被众人不解时，只有丰子恺能够表示出"理所当然"的理解，且以此感悟出人生之三层境界：一层是物质生活，二层是精神生活，三层是灵魂生活。第一层无须多谈，他将"专心学术文艺"的人归属于第二层，比如"智识分子""学者""艺术家"，全身心寄托于文艺的创作与欣赏，填补暂时欲求的虚空，他也将自己放在这一层。然而第三层是

"探求人生的究竟"，追究灵魂的来源、宇宙的根本，这时人的欲求已经是踏进宗教的领地，他认为李叔同就是已经站在这一层。而他自己，则还是只能"心向往之"而"不能"——此"不能"非客观之"不能"，而是主观之"不能"也。不是不能做，而是做不到，按我的理解就是，出家之事人人可以为之，但如果心灵不能"出家"，则即便肉身出家也是徒有虚名，不能获得心灵的自由和解放。

丰子恺是幸运的，得以师从弘一法师李叔同，在某种程度上，他们既为师生也是好友。丰子恺认为自己对于艺术的理解和所获得成就，其实源自恩师的指点和启示。在 20 世纪中国文化史上，这样亦师亦友的大师级人物不多，如果还要说出几个，那么王国维和陈寅恪是如此，陈寅恪和吴宓也是如此吧。

暂且不说丰子恺的文学成就，先看看他在其他领域的成就。说到丰子恺的漫画，很多读者印象最深刻者恐怕就是那幅《人散后，一钩新月天如水》，此画源出北宋谢逸《千秋岁》，原词之"人散后，一钩新月天如水"描写的是歌舞散后的幽恨；而丰子恺的画中空无一人，表演者也好，观赏者也好，都已散去，桌面上只留几只孤苦伶仃的茶杯，夜空中唯有一弯新月。丰子恺的这幅画天才地改造了古人的词意，传达出一种"千里搭长棚，没有不散的筵席"之空荡、寂寥意境，深得佛家之禅味。这幅画创作于 1924 年，最初发表在《我们的七月》杂志上，郑振铎看到后很是激动，认为"虽然是疏朗的几笔墨痕，画着一道卷上的芦帘，一个放在廊边的小桌，桌上是一把壶，几个杯，天上是一钩新月，我的情思却被他带到一个仙境，我的心上感到一种说不出的美感"。郑振铎当即决定让丰子恺继续创作漫画，准备发表在他主编的《文学周报》上，并命名为"子恺漫画"，从此丰子恺的漫画开始为世人所知。在这个层次上，可以说丰子恺由于一幅画而开始了不一样的人生。

　　说到丰子恺的翻译，则不能不提到他翻译的日本文学巨著《源氏物语》，还有那部鲁迅也翻译过的《苦闷的象征》，其他如屠格涅夫的《初恋》《猎人笔记》等，都是大名鼎鼎的杰作。《苦闷的象征》是日本学者厨川白村的文艺理论名著，1924年在日本出版。当时，中国"五四"以来的新文学作品有不少都是抒写觉醒知识分子的众多苦闷，如郁达夫的《沉沦》等。而《苦闷的象征》所宣扬的主要观点就是这题目——艺术就是苦闷的象征，这一说法恰恰是对新文学中这一思想倾向的理论总结，所以鲁迅、丰子恺翻译《苦闷的象征》，其实就是当时中国知识分子心灵郁闷的写照。当初丰子恺翻译此书时还是文坛新人，而鲁迅早已是大师，所以鲁迅和丰子恺的两个译本由两家出版社同时出版后，鲁迅让出版社把他的译本推迟上市，他担心如果同时上市，会影响丰子恺译本的销路。丰子恺后来多次提及此事，感谢鲁迅当年对他的扶持。1927年11月27日，丰子恺去景云里拜访鲁迅，当谈到《苦闷的象征》一书的中译本几乎同时问世时，丰子恺说："早知道您在译，我就不会译了！"鲁迅却对丰子恺说："哪里，早知道你在译，我也不会译了。其实，这没什么关系的，在日本，一册书有五六种译本也不算多呢。"鲁迅认为同一本外国名著可以有几个译本同时存在，以互相补充。鲁迅这么一说，丰子恺才如释重负，之前的担忧消除了。也许，真正的艺术家之间心灵都是相通的吧。再如丰子恺曾经请俞平伯为《子恺漫画》作跋，从未见过丰子恺的俞平伯这样写道:"我不曾见过您,但是仿佛认识您的,我早已有缘拜识您那微妙的心灵了。"人与人的相遇如此,人与文字的相遇也是如此奇妙而神秘。从那以后,他们即成为知心好友。

那么鲁迅和丰子恺的翻译,究竟谁的好一点呢?丰子恺曾说鲁迅的理解和译笔远胜于自己,这当然是客气和谦虚。事实上不少读者和批评家认为在翻译技巧和手法方面,鲁迅不如丰子恺,但鲁迅的译文无疑是大家手笔。一般认为丰子恺的译本"既通俗易懂,又富有文采",而鲁迅由于坚持他的"硬译"理论,致使其译文诘屈聱牙,难以理解,不过由此倒是营造了一种格外别致的味道。此外,与鲁迅不同的是,丰子恺选择翻译此书,部分原因还在于他认为译者与作者的心灵能够达到某种程度的默契。丰子恺指出:"文艺是苦闷的象征。文艺好比做梦,现实上的苦闷可在梦境中发泄。这话如果是对的,那么我的文章,正是我的二重人格的苦闷的象征。"这二重人格指的是成人之后具有了世俗的虚伪、冷酷、势利与天真、热情、不通世故的双面性格。实际上,他认为这种二重性格正是每个平凡人心理的折射,然而他的反省却是高于众人,因为他意识到现实的苦闷可以发泄于文艺创作之中,因此丰子恺骨子里暗含着厨川白村式的压抑。只是丰子恺对于苦闷的发泄乃至心神存有某种"佛性",与王国维的欲求之解脱存在差异。王国维将人生苦痛之根源归咎于叔本华之钟摆理论下的欲念,故此欲念似乎只得通过皈依佛门(即出家)这一道路实行,其他途径都无法获得解脱。丰子恺则不同,他认为人生苦闷的根源在于童年时期自由奔放的性情被长大之后受世事的压抑而未能发展,在他看来,成人的一切行为都在泯灭过去的童性,因而在他笔下时常出现各种儿童的至真至诚的性情，他的漫画也都时常选择儿童作为对象。由此我想到一个问题，在目睹敬爱的老师出家后，丰子恺的更多走向儿童或者说更多以儿童为创作题材，是否有借此挽救自己灵魂在尘世堕落的用意呢？

　　说到丰子恺的音乐成就，则首先要提及的就是他的《音乐入门》。1914年，丰子恺考入浙江省立第一师范学校，跟随李叔同学习钢琴，游学日本时又重点学小提琴。回国后开始教书生涯，所授科目即是绘画和音乐。这期间他撰写了大量的音乐著作，其中一部分被中小学校用作教科书和课外辅导材料，如《开明音乐讲义》《开明音乐教本》和《音乐入门》，而《音乐入门》就是丰子恺音乐著作中流传最广、影响最大的一部。该书于1926年出版后，曾再版三十三次之多。该书文字通俗，生动形象地阐释了音乐的基本特点和规律，丰子恺次子丰元草说："《音乐入门》的浅显通俗，是其写法不同一般，使用文学的、形象的笔法。如在讲上行、下行音阶时，把上行的'1351'说成是'乘风破浪、排山倒海'，而把下行的'1531'说成是'雨过天晴、烟收云散'。"的确，这样形象的解释很容易让少年儿童理解接受。事实上中国很多音乐家都是在丰子恺著作影响下开始音乐历程的，如聂耳当时学音乐的教材就是《音乐入门》，可见丰子恺对我国现代音乐启蒙作出的卓越贡献。此外，丰子恺也谱写了很多乐曲，常把自己喜欢的古诗词画成漫画，同时为它们谱曲，如李白的《菩萨蛮》、温庭筠的《更漏子》等。他还为很多学校谱写校歌，如著名的春晖中学、桂林师范学校等。据不完全统计，丰子恺作词谱曲的作品有二十余首，虽不算多，却都是精品佳作。

作为身兼作家和画家的丰子恺，对自古风景如画且人文历史景观众多的杭州情有独钟，他这样叙说他与杭州的交情——"老家在离开杭州约一百里的地方，然而我少年时代就到杭州读书，中年时代又在杭州作'寓公'，因此杭州可说是我的第二故乡"。丰子恺写过许多关于西湖的散文，也喜爱在西湖边品茶、绘画以及和好友相聚，畅谈人生。请看他的诗意哲理文字：

　　我从青年时代起就爱画画，特别喜欢画人物，画的时候一定要写生，写生的大部分是杭州的人物。我常常带了速写簿到湖滨去坐茶馆，一定要坐在靠窗的栏杆边，这才可以看了马路上的人物而写生。湖山喜雨台最常去，因为楼低路广，望到马路上同平视差不多。西园少去，因为楼高路狭，望下来看见的有些鸟瞰形，不宜于写生。茶楼上写生的主要好处，就是被写的人不得知，因而姿态很自然，可以入画。马路上的人，谁仰起头来看我呢？（《杭州写生》）

　　自然，丰子恺最为人们所熟悉也是成就最大者，还是其文学创作，特别是他的散文，开创了现代散文中独特的一派，其文字淡而有味，禅味悠然，且画面感极强，尤善风景描绘，苏轼评王维所谓"诗中有画、画中有诗"在丰子恺散文中得到最好的表现。他的文章大都题材简单却内蕴深刻，哲理意味浓郁，如《实行的悲哀》《西湖船》《湖畔夜饮》等所表现的西湖美景与刹那间之人生感悟，结合得天衣无缝，正如其素描和漫画一样洁净透明，真实自然。也许是艺术家的眼光和我们不同的缘故吧，丰子恺对于西湖美丽风光就有其特殊的视角和看法，认为再好之美景也是"近看不如远观"，且看其《实行的悲哀》中这样一段：

人事万端，无从一一细说。忽忆从前游西湖时的一件小事，可以旁证一切。前年早秋，有一个风清日丽的下午，我与两位友人从湖滨泛舟，向白堤方面荡漾而进。俯仰顾盼，水天如镜，风景如画，为之心旷神怡。行近白堤，远远望见平湖秋月突出湖中，几与湖水相平。旁边围着玲珑的栏杆，上面覆着参差的杨柳。杨柳在日光中映成金色，清风摇摆它们的垂条，时时拂着树下游人的头。……我们从船中望去，觉得这些人尽是画中人，这地方正是仙源。我们原定绕湖兜一圈子的，但看见了这般光景，大家眼热起来，痴心欲身入这仙源中去做画中人了。就命舟人靠平湖秋月停泊，登岸选择坐位。以前翘首遐观的那个人就跟过来，垂手侍立在侧，叩问"先生，红的？绿的？"我们命他泡三杯绿茶。其人受命而去。不久茶来，一只苍蝇浮死在茶杯中，先给我们一个不快。邻座相对言笑的人大谈麻雀经，又给我们一种罗唕。凭栏共眺的一男一女鬼鬼祟祟，又使我们感到肉麻。最后金色的垂柳上落下几个毛虫来，就把我们赶走。匆匆下船回湖滨，连绕湖兜圈子的兴趣也消失了。在归舟中相与谈论，大家认为风景只宜远看，不宜身入其中。现在回想，世事都同风景一样。世事之乐不在于实行而在于希望，犹似风景之美不在其中而在其外。身入其中，不但美即消失，还要生受苍蝇、毛虫、罗唕，与肉麻的不快。世间苦的根本就在于此。

打开丰子恺的散文集子，类似的佳作比比皆是，令人有"从山阴道上行，山川自相映发，使人应接不暇"之感。如果硬要比较的话，则周作人的散文淡而有味，鲁迅的散文则深邃曲折，而丰子恺的散文是淡中有浓，于自然平白的描述中透出对人生的深刻感悟，以及对当下美好事物把握不住的惋惜，恰如天边的白云，无论如何变幻形状，最终还是归于消逝，这大概归因于作者的深厚佛学造诣。

除了李叔同，另一位对丰子恺影响很大的人就是夏丏尊。《子恺漫画》是丰子恺的得意之作，他在卷首语中提及夏丏尊对他的鼓励："有一次，住在我隔壁的夏丏尊先生偶然吃饱了老酒，叫着'子恺！子恺！'踱进我家来，看了墙上的画，嘘地一笑，'好！再画！再画！'我心中私下欢喜，以后描的时候就觉得更胆大了。"丰子恺坦言，"以往我每写一篇文章，写完之后总要想：'不知这篇东西夏先生看了怎么说。'因为我的写文，是在夏先生的指导鼓励之下学起来的。"夏丏尊后来离开师范，在老家上虞创办了一所中学，这就是日后大名鼎鼎的春晖中学。校长为经亨颐，朱自清、朱光潜、丰子恺等都被聘请过来。对此朱光潜有这样深情的回忆："同事夏丏尊、朱佩弦、刘薰宇诸人和我以及丰子恺都是吃酒谈天的朋友，常在一块聚会。我们吃饭和吃茶，慢斟细酌，不慌不闹，各人到量尽为止，止则谈的谈，笑的笑，静听的静听。酒后见真情，诸人各有胜慨，我最喜欢子恺那一副面红耳热，雍容恬静，一团和气的风度。"从历史上看，中国文人很是看重文人的聚会交往，为此还产生了一个词汇就是"雅集"。无论是当年的"竹林七贤"还是五四时期的《新青年》同人群体，他们之间的亲密互动不仅留下很多感人的逸闻趣事，而且在潜移默化中对各自的文学活动确实产生了深刻而复杂的影响。也正是在春晖中学，产生了著名的"白马湖派"散文群体，而丰子恺就是其中杰出的一位。所谓"物以类聚、人以群分"其实就说明志同道合者在一起，对其中的每一个人都会产生巨大而深远的影响，制约着他们在相同或相近的创作或学术道路上前进。

毋庸讳言，所有天才的艺术家都有一颗童心，因为他们知道相对于成人，儿童反倒容易发现日常生活中的美丽和诗意。所以要创造感人的作品，就要像儿童那样观察和体验世界，就要保有一颗"赤子之心"。丰子恺和朱自清同样写过一篇名为《儿女》的散文，无论他们作为父亲，其教育方法如何不同，然而有一点他们都认同：保留孩子的童心。丰子恺在《儿女》中顿悟：儿童能撤去世间事物的因果关系的网，看见事物的本身的真相。他们是创造者，能赋予生命于一切的事物。他们是"艺术"的国土的主人。唉，我要从他们学习！丰子恺也意识到，孩子有着独具一格的创造力和想象力，这正是成人之后被逐渐消磨去的纯真与趣味。朱自清也感慨说，孩子的将来怎样，也都是将来的事情，目前所能够做的也只是培养孩子的基本力量——胸襟与眼光，未来的事，光辉也罢，倒霉也罢，平凡也罢，让孩子们各尽各的力去。两位父亲的肺腑之言，都是他们自己所未能完全做到而寄望于自己子女的吧。

此外，丰子恺作品所带给人们的领悟，无论是文学还是绘画，都是那种挥之不去的人生忧郁和令人体会无穷的诗意禅思，让读者在欣赏之余，会油然而生"咫尺天涯"之感和"刹那永生"之惑。这就与朱自清等当年赞赏的"刹那主义"有异曲同工之妙，且看朱自清笔下的"刹那之间"：

> 每一刹那有每一刹那的意义和价值！每一刹那在持续的时间里，有它相当之位置；它与过去、将来固有多少的牵连。但这些牵连是绵延无尽的！我们只顾"鸟瞰"地认明每一刹那自己的地位，极力求这一刹那里充分的发展，便是有趣味的事，便是安定的生活。——安定并不指沉寂。

朱自清的"刹那主义"实际上是一种自我的实行，是对过去与未来的否定，注重眼前，并尽可能地使这一时刻的作用力发挥至最大。因此，他主张在行为上实行一种"日常生活的中和主义"。此外，朱自清的"刹那主义"很容易使人联想到俄国作家蒲宁的"永恒的刹那之美"，在某种意义上，刹那也是永恒。只是他们所承载的价值立足点是两种层面。蒲宁的"刹那"是对短暂瞬间所展现的永恒的生命之美丽的感触，而朱自清的"刹那"则是一种务实的行为，一种做人的处事方式，更多是针对"五四"落潮后知识分子怅惘心态的一种反馈，是一种积极主动的答复。或许，生活在杭州西湖，本就是消磨人的意志力与上进心的。例如郁达夫迁居杭州后，曾致信上海的杜衡述说在杭州的心境："自到杭州之后，习于疏懒，什么都写不出来，不知是否因为少了刺激。"郁达夫的自省不是没有道理，与上海的车水马龙相比，西湖的山水人文似乎都是停留在宁静的时空中，和谐安谧。当年徐志摩陪伴访华的泰戈尔一路来到杭州，畅游西湖时，竟然在一处海棠花底下通宵达旦地作起诗来，以至于梁启超作了一首联句："临流可奈清癯，第四桥边，呼棹过环碧；此意平生飞动，海棠花下，吹笛到天明。"说来说去，基本上所有的浙籍作家对杭州对西湖，都有无尽的喜爱，大概只有鲁迅对杭州西湖没有多少好印象，所以才会说出雷峰塔的倒掉是"活该"的话。不过鲁迅这样说是出于其反专制的目的，有情可原。而且他当年和许广平从上海来杭州，在西湖边度过一生中最美好的三天假日，也说明面对西湖美景，他还是缺少免疫力——其实本来就不需要如此。

当然，再美丽的风景，也不能成为懒惰的借口，唯一让一位作家最终放弃创作、放弃讴歌自然赞美人生的原因，只能是他认为自己确实看破了人生也看破了生死。如果说在此之前他认为唯有艺术创造可以拯救人类也拯救他自己的话，则等到他意识到一切都是虚无、连艺术也要坠入虚无的深渊之中时，则艺术创造的必要性就已经散失殆尽。当年兰波是如此，后来的川端康成、茨威格和海明威等也是如此，而朱自清最后终于从"刹那主义"中走出，不是他已经超脱，而是他最终走向了现实。至于丰子恺，他本来就有丰厚的佛学资源可以依靠，还有弘一法师的精神寄托在，他当然于人生之境中能进能出，最终成为真正的大家。也许唯有在这个意义上，我们才能理解丰子恺其人以及他的所有创作。

日出国中之游子
——鲁迅笔下的日本

说到鲁迅对日本的印象，恐怕很多人会马上想到那篇著名的《藤野先生》。这确实是一篇经典散文，单单开头一段，就不但有对日本樱花的出色描绘，更有对当时中国一些赴日留学生醉生梦死生活的巧妙讽刺：

东京也无非是这样。上野的樱花烂熳的时节，望去确也像绯红的轻云，但花下也缺不了成群结队的"清国留学生"的速成班，头顶上盘着大辫子，顶得学生制帽的顶上高高耸起，形成一座富士山。也有解散辫子，盘得平的，除下帽来，油光可鉴，宛如小姑娘的发髻一般，还要将脖子扭几扭。实在标致极了。

中国留学生会馆的门房里有几本书买，有时还值得去一转；倘在上午，里面的几间洋房里倒也还可以坐坐的。但到傍晚，有一间的地板便常不免要咚咚咚地响得震天，兼以满房烟尘斗乱；问问精通时事的人，答道，"那是在学跳舞。"

当年没有看过樱花的时候，不太明白樱花何以"像绯红的轻云"，后来看过了，才知道鲁迅这一比喻的准确与巧妙。不过鲁迅从来不是单纯写景，接下来对于中国留学生头上辫子堆积起来如同富士山的比喻，讽刺意味就极为强烈。"樱花"和"富士山"可谓日本文化的代表，在鲁迅笔下呈现出丰富的反讽意味，字里行间散发出一位中国留学生初到异国他乡的复杂情感。回过来再看开头的"东京也无非是这样"，才能体会到这"无非"用得巧妙之极。如果再想到鲁迅本人对自己家乡从来没有好印象，甚至连"西湖十景"在他看来也不过"平平"而已，则这里的"无非"二字就更加意味深长。

　　1902 年 3 月 24 日，鲁迅从上海赴日本留学，4 月下旬入东京弘文学院普通科学习，开始了长达七年的留学生活。《藤野先生》开头所写，应该就是鲁迅初到东京时的印象。对于乘船到日本的旅途感受和初到日本的印象，据周作人回忆，鲁迅曾经写有日记《扶桑纪行》，周作人看后认为内容"颇有可观"，还特意抄录了一份，可惜该日记至今没有找到。对于赴日留学，鲁迅曾经说道："维新有老谱，照例是派官出洋去考察，和派学生出洋去留学。我便是那时被两江总督派赴日本的人们之中的一个。"鲁迅是以"南洋矿路学堂毕业生奏奖五品顶戴"的身份获得留日资格，所以他还是官派公费留学生。

　　鲁迅所进的这所弘文学院是家私人学校，为日人嘉纳治五郎所办。他本是东京高等师范学校校长，深受中国文化影响，抱着"即使为自己国家的利益计，也应为清国尽力"的想法创办了弘文学院，主要招收中国留学生。所授课程为日语和西方科学知识，目的是为中国培养人才。这所学校对儒家文化极为尊重，不但允许中国学生"尊孔"，还规定 10 月 28 日为"孔子诞辰"，让中国留学生去孔庙行礼。对此鲁迅大为吃惊，他想就是因为对孔子和他的学说绝望才到日本留学，没有想到来日本后还要尊孔，这不是很有讽刺意味？

所以鲁迅当然不会局限于在学校学习，而是积极参与各种活动如同乡会、听讲座和参加爱国集会，与此同时他还开始跟随日人嘉纳治五郎学习柔道。柔道是日本武术的一种，其活动特点是不用任何武器，而是借用对方的力量设法将对方按住、压倒或打倒取胜。这嘉纳治五郎是日本现代柔道的创始人，据说他从小聪明却身体虚弱，为了健身而对武术产生兴趣。他到东京上大学期间，就找人练习传统柔术，并研究如何利用对方的体重与力气，使得弱小者也能把大汉背起来抛出去，也就是"柔能克刚"。同时他还整理出练习柔道的一套规范化指导方法，并且发明以色带的方式区分段位，至今柔道还是用嘉纳的方法来区分学员的功力。大学毕业后，嘉纳一方面创办弘文学院，一方面为普及现代柔道而设立柔道馆，所以日本人称他为"柔道之父"。嘉纳认为柔道不但可以增强人的体质，而且有益于精神意志的训练，可以提高人的自信心和意志力。他说中国文人一向不重视体育，所以很多文人身体柔弱，而练习柔道则有益健康。至于鲁迅学习柔道之目的则不仅在于健身，更是为了以后从事革命活动。他说"复仇观念强烈，在日本的课余习些武艺，目的就在复仇"。鲁迅以后写过复仇题材的《铸剑》，除了受中国传统文化影响，应该也和接受日本人这种复仇观念的影响有关。自然，鲁迅身材矮小，他学习柔道除了复仇之外，应该也有以后不怕被他人欺负的想法吧。后来有学者特意查到鲁迅当年学习柔道时签署的誓约，总共有五条：

第一条，今入贵道场接受柔道教导，绝不任意中辍。

第二条，绝不做一切玷污贵道场声誉之事。

第三条，未经许可，绝不泄露机密或向外人显示。

第四条，未经许可，绝不擅自传授柔道。

第五条，进修期间，自当坚守各项规则，并在取得许可证书之后，从事传授时，绝不违反各项规约。

鲁迅在此五条誓约下面签上自己的名字，在三十三名留学生中名列第二，第一个签名者是鲁迅的浙江老乡海宁人张邦华。鲁迅的终生好友许寿裳也和鲁迅一起学习柔道，自然也在这个三十三人名单之中。至于鲁迅的柔道水平，据说他已经熟练掌握了中拂、内服、站力摔、诱摔、擒拿技等多种技法，是当时三十三人中的佼佼者。不过其柔道水平究竟如何，笔者孤陋寡闻，既没有看到鲁迅自己说过，也没有看到其亲友这方面的回忆。

也就在鲁迅开始学习柔道不久，他做了一件让人吃惊的事情，就是剪掉辫子。这事发生在 1903 年 3 月 20 日左右，鲁迅为此还特意拍照以示纪念。当时清政府要日本政府将剪掉辫子的中国学生驱逐出境，而鲁迅在班中第一个剪掉辫子，确实勇气可嘉。这多少也和练习柔道有关，因为带着辫子练习总是很不方便。后来鲁迅把自己这张照片寄给好友许寿裳，又附上诗歌一首，就是那首著名的《自题小像》："灵台无计逃神矢，风雨如磐暗故园。寄意寒星荃不察，我以我血荐轩辕。"大约也是在这个时候，鲁迅与许寿裳的友谊日益加深，他们开始探讨如何启蒙救国的大问题，其中经常讨论的就是三个相互关联的问题：

一，怎样才是理想的人性？

二，中国国民性中最缺乏的是什么？

三，它的病根何在？

从上述三个问题可以看出，青年鲁迅所思考问题之深刻和眼光之开阔，已远远超过当时一般中国留学生，对于中国文化未来和中华民族命运的思考，对于很多留学生和国人"哀其不幸、怒其不争"的评判，都说明鲁迅的留学绝非为个人，而是为中华民族的未来寻找救赎之道。这样的鲁迅绝对不会满足学习日本文化和普通的西方文化知识，更不会满足于过衣食无忧的留日生活。很快鲁迅就对在东京的学习生活感到厌倦，决心到外地看看，而去仙台学医就成为鲁迅的下一个选择。

1904 年 4 月，鲁迅从弘文学院毕业，面临着下一步学习什么专业的问题。本来两江总督派鲁迅来日本留学，就是让他继续学习矿业。只是当时的政府管理混乱，学生一旦派出就没人管了，所以鲁迅的选择还是相对自由。不过，彼时的鲁迅尽管在弘文学院期间学了一些自然科学课程并撰写了《中国地质略论》和《说鉝》等科学普及文章，却已经对今后所学专业有了明确认识，那就是学医——这自然与其父亲死于中医有关，也和当时西医在中国的影响日益扩大以及鲁迅到日本后对西医的了解加深有关。其实早在国内鲁迅就通过阅读一些绍介日本的图书，知道日本的维新变革发源于西方医学，对学习医学有了浓厚的兴趣。1904 年 9 月 12 日，作为"唯一"（事实上并非唯一，详见后文）一个来自中国的学生，鲁迅参加了仙台医学专科学校的新生入学式，开始学习医学。由于鲁迅是该学校第一个外国留学生，仙台医专给予鲁迅免收学费的优待。鲁迅看学校不收费，笑称"彼既不收，我亦不逊"，也就不再坚持，用这笔钱买了一只怀表，算是一个意外收获吧。

作为致力于学习他国先进文化思想，以实现启蒙救亡之目的的中国留学生，鲁迅对于日本和日本文化的认识力求全面和深刻。初到仙台不久，鲁迅就在写给同乡兼好友蒋抑卮的信中这样表达对日本青年的认识："近数日间，深入彼学生社会间，略一相度，敢决言其思想行为决不居我震旦青年上，惟社交活泼，则彼辈为长。以乐观的思之，黄帝之灵或当不馁欤。"

至于课程学习方面，鲁迅还是非常努力，特别是人体解剖学，由于有尸体解剖实践，鲁迅曾担心自己看到那些尸体被解剖是否能够忍受，好在鲁迅的生理反应虽有，但并未影响正常饮食，这也让鲁迅感到欣喜不已。解剖学既然可以接受，则其他课程就更不成问题。不过，鲁迅在仙台医专的学习成绩，除了解剖学这一门我们通过《藤野先生》知道成绩为中等外，其他各科也不是很好。不妨看一下他各科成绩：解剖学 59.3 分，组织学 72.7 分，生理学 63.3 分，伦理 83 分，德语 60 分，物理学 60 分，化学 60 分。142 人中列为第 68 名。

作为外国学生，鲁迅考得最好的一门伦理学不过 83 分，而各科平均 65.5 的分数在全部 142 人中列第 68 名，中等偏上一点。作为当时仙台医专"唯一"的中国留学生，鲁迅记笔记、考试答卷全都用日语。而且仙台医专没有教科书，图书馆里的医学书籍和杂志也不可以轻易借阅，所以才有藤野先生要看鲁迅的课堂笔记并给予订正的事情。鲁迅与 141 个日本学生相比获得中等，这成绩应该不算优秀，但说得过去。至于后来有人认为鲁迅之所以弃医从文就是因为他学医成绩太差，这说法似乎有些牵强，因为如果这样继续学习下去，鲁迅顺利毕业应该没有问题。

鲁迅弃医从文的原因，他自己有解释，就是所谓的看幻灯受了刺激。不过，显然并非看一张幻灯片那样简单。在《藤野先生》中鲁迅这样说："第二年添教霉菌学，细菌的形状是全用电影来显示的，一段落已完而还没有到下课的时候，便影几片时事的片子，自然都是日本战胜俄国的情形。但偏有中国人夹在里边：给俄国人作侦探，被日本军捕获，要枪毙了，围着看的也是一群中国人；在讲堂里的还有一个我。"这件事显然对鲁迅影响很大，他在《呐喊·自序》中也曾提及。这里提到的"电影"就是今天的幻灯，日本的鲁迅研究者，把这一事件称为幻灯事件。当年日俄战争爆发后，日本各地都有观看战争幻灯的风气，仙台的报纸就经常报道举办幻灯会的事，而且当时学校放映幻灯还会受到教育部门鼓励。日本的中川教授从 1906年 1 月开始给鲁迅这一年级讲细菌学，据鲁迅同班同学铃木回忆："幻灯的解说由中川教授亲自进行，也许有中国人被日本军杀死的场面，学生大体却是静静地看着。后来才听说这件事成了周树人退学的理由，当时周树人却没有说过这件事。"其实，根据后来"仙台鲁迅事迹调查会"的报告，那张日本士兵把为俄国间谍带路的中国人砍头的幻灯片，在当时细菌学课堂间并没有放映，1965 年在日本东北大学医学部细菌学教室找到的幻灯片中，也没有发现这样的内容。不过日本学者指出，当时报纸杂志上刊登了不少相似的照片，如 1905 年 7 月 28 日《河北新报》上就有"俄探四名被斩首"的报道，其中有"旁观者照例是男女老幼五千多清国人"的描述。看来鲁迅在《藤野先

272

生》中这样描写，要么是记错，要么是故意如此，毕竟这是一篇文学作品。

但鲁迅终其一生，对于"看客"始终给予批判态度，而且那憎恨甚至超过对于凶手的愤怒，这也是事实。这其实与鲁迅所坚持的对国民劣根性之批判有关，更与他对国人"哀其不幸、怒其不争"的立场有关。鲁迅的弃医从文，从根本上看当然是为了寻找更为有效的启蒙救亡方法，而运用文学特别是小说开启民智，本来就是自康梁变法失败后一代中国文人志士的选择，如梁启超等大力提倡的"小说界革命"等。鲁迅的选择一方面源于他留日后个人思想意识的变化，也与受梁启超、章太炎等上一代中国知识分子影响有关，而更深处恐怕还是与他所受西方和日本近代文化思潮影响有关。

自然，在仙台学习期间，鲁迅所直接受到老师方面的影响以藤野先生最大。不过，人们似乎夸大了藤野对鲁迅的影响。其实这种影响恐怕更多还是在于医学知识和藤野严肃认真的教学方式以及对鲁迅诲人不倦的态度。几年前，曾有日本学者在鲁迅博物馆发表了他们这方面的研究成果。我们都知道在《藤野先生》结尾，鲁迅说藤野先生给他改正过的课堂笔记，被钉成三厚本珍藏，"将作为永久的纪念"，但不幸在搬家途中丢失，实际上后来在鲁迅的绍兴亲戚家中发现了。从现存北京鲁迅博物馆的笔记看，这六册是鲁迅所听讲的仙台医专的全部课堂笔记，分别是脉管学、有机化学、五官学、组织学、病变学、解剖学。藤野先生批改最多的是他亲自讲授的脉管学，鲁迅的笔迹为黑色，藤野先生修改的部分为红色，全部笔记都经过修改。藤野先生特别注意鲁迅没有听懂而写错以及漏记的部分，常常加以补充，同时也注意改正他日语语法方面的错误，这对当时日语还不熟练的鲁迅而言，无疑很有帮助。《藤野先生》中提到藤野曾指出鲁迅把一根血管画错了位置，这本来是鲁迅有意为之，因为鲁迅小时候喜欢摹写小说插图，具有较好的美术功底。根据笔记，鲁迅此文对这件事的描述大致不错，但细节有误，原文说的是胳膊下部的解剖图出现血管错位，但从鲁迅笔记可知，此图是大腿部的解剖图，因为旁边正好有藤野先生的批语。

尽管藤野对鲁迅如此关爱，却有学者通过对这些笔记的研究，认为藤野先生教学水平不高，没能把日本的近代学术思想传授给鲁迅，他在笔记上修改的主要是些语法修辞问题，而且有些过于严格。因为鲁迅想要得到的，不只是知识技能，而是欧洲意义上的近代学术思想和科学精神及方法——不过这种说法有些牵强，因为那时的鲁迅大概也清楚，不会指望从一个专业教师那里获得近代学术思想吧，除非这教师就是讲授欧洲思想史或哲学史之类，但鲁迅在仙台感觉有些不满意应该大致不差。总之，鲁迅觉得在仙台医专不能学到什么，最终决定退学。作为佐证，可以看到鲁迅在写给朋友的信中，就曾抱怨仙台医专的教学方法过于死板，整天让学生死记硬背，使他头昏脑涨，鲁迅甚至担心如此下去，"四年而后，恐如木偶人矣"。

由于鲁迅这篇《藤野先生》影响巨大，使得藤野先生不但成为中日友好的代表人物，也成为影响鲁迅成为"鲁迅"的重要人物，成为师生友情的代表人物。不过，对于鲁迅究竟从仙台和藤野那里学到什么以及是否有不满之处，我们却很少思考，因为我们往往只是以鲁迅的视角来看日本，其实这是回忆性散文，由于当时鲁迅所处的环境，导致他写作时有很多情感因素的渗入，必然有对藤野先生特殊情感的流露。事实上，这篇文章中所写并不完全符合事实。如《藤野先生》一文中鲁迅说他留学仙台时是当地唯一的中国留学生："仙台是一个市镇，并不大；冬天冷得利害；还没有中国的学生。"但事实是当时还有一位叫施霖的中国学生也在仙台学习。此外藤野先生作为教师，看到有中国学生在学习上有困难，给予一些帮助，说明他是一位负责任且对中国有好感的教师。不管他教学水平如何，仅凭他对鲁迅的关爱，就值得成为中日友好的代表人物。然而他本人对和鲁迅交往这件事很清醒，认为自己对鲁迅的帮助其实"微不足道"，后人把这件事给夸大了，希望读者把作为文学形象的"藤野先生"和他本人加以区别。

有意思的是，有关这段中日友好佳话，日本作家太宰治写过一篇名为《惜别》的传记小说，这题目用的正是藤野先生写在他送给鲁迅那张照片背面的字。该文 1945 年由日本讲谈社出版，目的却是为了宣传大东亚的"独立和睦"。作者在阐述创作意图时说："打算描写仅仅作为一位清国留学生的'周先生'。不卑视中国人，也绝不进行浅薄的煽动，打算用所谓洁白的、独立亲睦的态度对年轻的周树人进行正确的、善意的描写。怀有的意图是让现代中国的年轻知识人阅读、让他们产生'日本也有我们的理解者'这种感怀，在日本与支那的和平方面发挥百发子弹以上的效果。"显然，作者有意借写鲁迅与藤野交往这件事，宣传所谓的大东亚和平共睦，客观上起到为当时日本军国主义辩护的效果。不过，小说中很多描写还是非常感人。例如当"我"询问藤野先生对与周树人交往的感想时，藤野先生答道:"一言以蔽之,就是不要欺侮支那人。仅此而已。"这回答又表现了人与人交往、民族与民族之间就要平等相待、友好相处的思想,还是难能可贵。考虑到有些读者很难看到这篇日本作家所写和鲁迅有关的小说,不妨摘录几段:

同学:支那不错啊!

周(即鲁迅):支那不如日本,又迷信又落后,还是日本好。

同学:不对不对,支那的文化好啊,儒教大国。

周:支那不是儒教大国,支那的核心是道教思想,追求长生不死得道成仙……日本的核心是"忠",是忠于国家……日本真是充满了清洁感啊……

同学:可是……

这是小说中鲁迅与一位对中国很友好的日本同学的对话,从中可以看出作者对鲁迅确实有一定了解,例如鲁迅一直认为中国文化的核心不是儒家而是道家思想,等等。当然,最重要的是关于看幻灯片的一段。当幻灯片放映时,周夺门而出,同学追上,对话大致内容如下:

周:我就知道你会追过来……

同学:……

周:……日本为了支那的独立在与俄国奋战,支那人却如隔岸观火一般,好似别人的事情……居然还帮敌国……为了金钱,做出这种耻辱的事情……围观的国人如此麻木……

不过，这里周的话不太像是鲁迅，或者说不是小说语言，倒很像是鲁迅杂文的风格。看来太宰治写鲁迅，正如今人写屈原、写李白一样难以写好，所谓"形似容易神似难"吧。何况太宰治没有来过中国，有些地方只有凭借想象，所以描写显得不够自然。

至于作者太宰治，在日本文坛虽然名气很大，却比不上其生活经历更为出名，因为他本人生活简直就是一部情节离奇的小说。他曾参与左翼运动，反抗地主家庭，后与一个叫田边的女招待恋爱，相约在镰仓海岸殉情。结果田边死了他却侥幸获救，后因协助他人自杀遭到起诉，此事也给他造成终生难忘的心理负担。后来他又结识了一位叫小山初代的艺伎，因无法正常结合而同居，后两人相约吃安眠药同时自杀，结果没有成功。俗话说事不过三，但他却还有第三次，这次却是与另一位情人山崎富荣相约投河，终于"成功"，双双死于非命，此是在1948年。他自杀是在该年6月13日，尸体被发现却是在19日——当天恰恰是他的生日。此人爱得如此波澜壮阔、惊心动魄，不正是极好的情爱小说题材？

总之，日本作为鲁迅唯一去过且留学多年的国家，给鲁迅以深刻的多方面的影响，而不仅仅表现为对其文学创作的影响，这一点确切无疑。从《鲁迅全集》中可知，鲁迅一生中直接交往的日本友人多达160人，其中不少人对鲁迅影响至深至巨，除却藤野先生，人们广为知道的大概还有内山书店的老板内山完造、鲁迅笔下常常出现的日本友人增田涉，等等。如果说早年鲁迅对日本文化的了解可能还有些片面，则到晚年，鲁迅当然就已形成对日本民族和文化的全面认识，例如他曾对内山完造这样说：日本人的短处姑且不说，我主要在想日本人的长处，日本人的长处在于，他们凡事不是大把抓，正所谓认准一件事、倾尽所有精力和心血去做的认真精神。鲁迅还认为日本人善于反思，常常对自己的不足进行深入检讨，如厨川白村就曾猛烈地批判自己祖国的"国民性"。鲁迅由此发出这样的感慨："然而，在著者身后，他的全集六卷已经出版了，可见在日本还有几个结集的同志和许多阅看的人们和容纳这样的批评的雅量；这和敢于这样地自己省察，攻击，鞭策的批评家，在中国是都不大容易存在的。"如果我们了解鲁迅对日本文化的深刻认知后，再读他的文章应该就会容易把握其深刻意蕴了吧。"读懂鲁迅"很难，但读进去其实不难。

根底里带有一种温润
——周作人的日本情结

　　五四文学革命时期，周作人的一大功绩就是介绍日本文学。在当时很多人认为近代以来的日本，在向西方学习方面值得中国学习和借鉴，而日本文化对西方文化的学习和模仿，对中国文化更有参考价值。对此，周作人认为，日本的成功很大程度归因于其模仿的彻底性，而且这种模仿中还有创造，因此，把它称为"创造性的模仿"。而近代以来的中国之所以日趋落后衰败，就在于尽管接受了西方文化并愿意学习西方，却总是端着架子，致使模仿不够彻底。清末民初的很多中国知识分子一直认为，日本文化无论怎样，只不过是先对中国后对西方的模仿，但周作人却以为日本文化自有独特的性格，因而不能不给予重视。为此，周作人和鲁迅均认为，有必要从日本文化特别是文学中，寻找可资参考的例证。所以他不但与鲁迅共同翻译出版了《现代日本小说集》，更注意对日本文学的全方位的介绍，例如对俳谐、俳文、狂歌、俗曲和落语等文体的翻译和偏爱。

　　在大的方面，例如运用文艺的手段对国人进行启蒙等，周氏兄弟的意见当时完全一致，但在具体的文学偏爱方面，兄弟两人其实还是不同。相对于鲁迅，周作人似乎更偏爱日本的民间文艺和通俗文学体裁，这种偏爱甚至持续一生。那么，这一偏爱的形成之最早根源，就与其初到日本时的学习生活有关了。

不妨看一下周作人笔下的日本及日本文化：

"我们去留学的时候，一句话都不懂，单身走入外国的都会去，当然会要感到孤独困苦，我却并不如此，对于那地方和时代的空气不久便感到和谐，而且还觉得可喜，所以我曾称东京是我的第二故乡，颇多留恋之意。一九一一年春间，所作古诗中有句云，远游不思归，久客恋异乡，既致此意，时即清朝之末一年也。"

"我很爱好日本的日常生活……主要原因在于个人的性分和习惯……可是此外还有第二的原因，这可以说是思古之幽情……我们在日本的感觉，一半是异域，一半却是古昔。"

"日本房屋我也颇喜欢……我喜欢的还是那房子的适用，特别便于简易生活……但是关于房屋，至少是燕居的房间，我还是觉得以日本旧式的为最好。"

"日本生活里的有些习俗我也喜欢，如清洁、有礼、洒脱。"

"日本国民性的优点据我看来是在反对的方向，即是富于人情……这种心情正是日本最大的优点，使我们对于它的文化感到亲近的地方。"

"至于日本虽是外国但其文化的基本与中国同一……因为这些缘故我对于日本常感到故乡似的怀念，却比真正的故乡还要多有游行自在之趣。"

从上面的引文来看，周作人对日本的喜爱源自对其日常生活的认同感，那种闲适情调（其实已经被周作人多少美化了）与他的性格非常契合，周作人在了解日本日常生活风俗的同时，这些虽然来自异国却让他感到温暖的风俗自然令他又惊又喜，以致他认为真正的中国文化已经不在中国而是在日本，当然这里所指的是中国古代优秀的文化传统。这里必须注意的是，人们对一些事物的第一印象往往成为影响其一生的重要判断尺度，即便后来发生了与第一印象完全不同的事情，也很难改变这第一印象，何况周作人后来还娶了日本女人为妻呢。

也正是这个原因，当1906年周作人跟随鲁迅去日本，对于日本文化和文学，他的印象和评价与鲁迅不一样也就可以理解了。

且看周作人在《知堂回想录》中所记下的到日本时第一印象："我初次到东京的那一天，已经是傍晚，便在鲁迅寄宿的地方，本乡汤岛二丁目的伏见馆下宿住下，这是我和日本初次的和日本生活的实际的接触，得到最初的印象。这印象很是平常，可是也很深，因为我在这以后五十年来一直没有什么变更或是修正。简单的一句话，是在它生活上的爱好天然，与崇尚简素。"爱好天然和崇尚简素，就是日本给周作人的最初印象和最深印象，那么造成这一印象的是什么事情呢？

原来，周作人在其住处遇到的第一个日本人，就是馆主人的妹妹，一个十五六岁的少女，而且是赤着脚走来走去的少女。虽然江南水乡的女性也有时赤足走路，但这个日本女孩子却是在房间内赤着足走来走去，这让周作人感到亲切和自然，感觉到了日本人的清洁和洒脱。大约二十年后，周作人在《日本之再认识》一文中再次重申了他这第一印象："日本生活里的有些习俗，我也喜欢，如清洁，有礼，洒脱。洒脱与有礼这两件事一看似乎有点冲突，其实却并不然。洒脱不是粗暴无礼，他只是没有宗教的与道学的伪善，没有从淫佚发生出来的假正经，最明显的例如是对于裸体的态度。"周作人的散文风格一向是"淡而有味"，此处也散发出隐隐的对假道学伪道学的批判意味，不过这里明显受到日本文化的影响。所以尽管周作人承认自己尚不敢赞美裸体以免过于骇俗，但却声称日本民间赤脚的风俗极好。一个人对某个地方或者某个初次遇到的事物，其第一印象往往影响其一生，周作人也不例外，不仅如此，甚至很多年后写《知堂回想录》时他依然对这第一印象感叹不已，并引经据典地写了很多和女子赤足、天足有关的文字。更有意思的是，周作人还写过一篇名为《初恋》的散文，虽然写的是他少年懵懂时期的一次爱情萌动，对象也是家乡的女孩，但当年初次看到的日本少女，一定还在其脑海中留有深刻印象。不然的话，那字里行间不会有如此真切而细致的描写："我不曾和她谈过一句话，也不曾仔细的看过她的面貌与姿态。大约我在那时已经很是近视，但是还有一层缘故，虽然非意识的对于她很是感到亲近，一面却似乎为她的光辉所掩，开不起眼来去端详她了。在此刻回想起来，仿佛是一个尖面庞，乌眼睛，瘦小身材，而且有尖小的脚的少女，并没有什么殊胜的地方，但在我的性的生活里总是第一个人，使我于自己以外感到对于别人的爱着，引起我没有明了的性的概念的对于异性的恋慕的第一个人了。"除了那中国女孩子特有的小脚，此处的其他描写都是可以用在那位日本女孩子身上的。

　　周作人之所以对日本人的生活方式和衣食住行等习惯感兴

趣，是因为他知道要了解一个民族的文化和人的性格，就应该从日常生活方面入手。此外，他还认为自己对日本这种崇尚天然之生活方式的欣赏，带有发"思古之幽情"因素，也就是从日本，他看到了真正的唐代时期的中国和中国文化，这怎么能不让他欣喜万分？彼时的周作人还是一个民族革命信徒，赞同推翻清朝统治，坚信清朝之前的中国才是真正的中国，最好的中国。如今他在日本看到了他所梦想的中国，这样就自然产生对日本的好感，而且终生也没有改变。由此想到周作人的"下水"即出任伪职，固然必须批判，固然有其他因素特别是政治上的原因，但这种对日本的第一印象可能也多少起一定作用吧。其实造成周作人一开始就对日本有好感的原因，还在于他刚到日本时由于语言不过关，所以很多杂事都是鲁迅出面，周作人实际是作为一个旁观者和旅游者来看日本，得以避免很多可能产生的麻烦，所以注意到的大都是日本好的一面。特别是日本人的待人接物之礼貌和客气，相对于国人，就很容易给周作人留下好印象。

对此不妨看一位日本学者木山英雄的评价："或许周作人的那种意识（指民族意识——引者注）丝毫也不逊色于他人，不过，与具有浪漫气质的郭、郁两人相比，周作人的民族意识显示出一种强烈的民族自我批判，或他所说的'自我谴责'倾向，这一点与鲁迅毫无二致。而且这一点也越发加深了周作人对于日本文化某方面的个性上的爱好。虽然日本从中国吸取了各种各样的东西，但唯独没有吸收缠足、宦官、鸦片、八股文，周作人从心底里热爱日本文化这种推崇'简素''自然'的倾向，无论其思想如何变化，终其一生憎恶产生上述弊端的中国文化。"

这里不妨再看一个例子，中国文人一向对生死问题有自己的看法，但无非是悲观和达观——这里的达观与乐观不同，骨子里仍有悲观，但因能看破生死，将生死问题置之度外，故可曰"达观"。中国文人这方面最为达观者当为陶渊明和苏轼，例如陶渊明的《形影神》和《闲情赋》以及苏轼的《前赤壁赋》等，都是这种"达观"思想的集中体现。而追根溯源，恐怕要上溯到道教的鼻祖老庄。

明代的李笠翁（李渔）撰有《闲情偶寄》，力倡"生活的艺术"和"艺术地生活"，对后世文人影响极大，周作人和林语堂即为代表。林语堂更是在其名著《吾国吾民》中认为该书是"中国人生活艺术的指南"。周作人很看重生死问题，曾写有《死之默想》《死法》等文章专门探讨，有兴趣的读者不妨将这些文章与鲁迅的类似文章如《死》等做一些比较，应该很有意思。且说周作人曾在《笠翁与兼好法师》这篇散文中由"生死"之主题提及日本的一本著作《徒然草》，从中可看出他所受日本文化影响至深。《徒然草》的作者是日本 14 世纪的一个和尚即兼好法师。从此文看，周作人不仅赞同兼好的观点，亲自选译了其中部分内容，而且把他与中国的李渔进行比较，认为他们都是能够看破生死和了解生活者。周作人在为翻译该书所写"小记"中这样评价道："只就《徒然草》上看来他是一个文人，他的个性整个地投射在文字上面，很明了地映写出来。他的性格的确有点不统一，因为两卷书里禁欲家与快乐派的思想同时并存，照普通说法不免说是矛盾，但我觉得也正在这个地方使人最感到兴趣，因为这是最人情的，比倾向任何极端都要更自然而且更好。《徒然草》最大的价值可以说是在于它的趣味性，卷中虽有理知的议论，但决不是干燥冷酷的，如道学家的常态，根底里含有一种温润的情绪，随处想用趣味去观察社会万物，所以即使在教训的文字上也富于诗的分子，我们读过去，时时觉得六百年前老法师的话有如昨日朋友的对谈，是很愉快的事。《徒然草》文章虽然是模古的，但很是自然，没有后世假古典派的那种扭捏毛病，在日本多用作古典文入门的读本，是读者最多的文学作品之一。……我们想到兼好法师是中国元朝时代的人，更不能不佩服他的天才了。"这里我们不妨摘录一点周作人在这篇散文中亲自翻译之片段：

倘阿太志野（墓地之名——引者注）之露没有消时，鸟部山（火葬场所在地——引者注）之烟也无起时，人生能够常住不灭，恐世间将更无趣味。人世无常，倒正是很妙的事罢。……
遍观有生，唯人最长生。蜉蝣及夕而死，夏蝉不知春秋。倘若优游度日，则一岁的光阴也就很是长闲了。如不知餍足，虽过千年亦不过一夜的梦罢。在不能常住的世间活到老丑，有什么意思？语云，"寿则多辱"。即使长命，在四十以内死了最为得体。过了这个年纪便将忘记自己的老丑，想在人群中胡混，到了暮年还溺爱子孙，希冀长寿得见他们的繁荣：执着人生，私欲益深，人情物理都不复了解，至可叹息。

不知晚年的周作人在"文革"时期面临被红卫兵批斗抄家之时，是否想到了这篇散文，是否想到那句"寿则多辱"，是否醒悟当年不该对日本有什么好印象或者觉得鲁迅的早已逝世其实是一件幸事？

从"中华帝国"到"中华民国"

提及"中华民国",有两位伟大历史人物为这个名称的产生做出巨大贡献:一个是孙中山,一个是章太炎。首先必须确认,"中华民国"这个国号是由孙中山先生最早提出。1904年,孙中山在美国用英语发表《中国问题之真解决》演讲时,用了"中华民国"一词的英文:National Republic of China。1906年12月2日,同盟会在东京召开纪念《民报》创刊一周年大会,孙中山先生在演讲时第一次用汉语提出"中华民国"这个名称。次年,为宣传反清排满革命思想,大学问家兼大革命家章太炎在《民报》第17号上发表《中华民国解》一文,"中华民国"这一名称从此为更多人所了解。为了证明此国号名称之"名正言顺",章太炎引经据典,广征博引,从历史文献中找到很多直接和间接材料,指出只有"中华民国"这个称号才是最好最恰当的国号,是独一无二的最佳选择。所以,在选择和宣传"中华民国"这个称号的问题上,应当说孙中山和章太炎都立下了汗马功劳。一个是最早提出且从法理上给予论证,一个是从历史文献和文化渊源中寻找理论支撑,使其进一步合法化和获得文化上的正统性。也可能是由于这个原因,当年鲁迅于1936年写作的《关于太炎先生二三事》一文中，曾经这样说过："至于今，唯我们的'中华民国'之称，尚系发源于先生（指章太炎）的《中华民国解》，为巨大的纪念而已，然而知道这一重公案者，恐怕也已经不多了。"这里的"发源"一词，鲁迅使用得十分恰当，并没有说是"最早"，而是着眼于其文化和历史的渊源考证意义。那么，孙中山为什么将他创建的共和国不取名为"中华共和国"，而取名为"中华民国"呢？我们还是看他自己的解释吧。1916年7月，孙中山在上海作题为《中华民国之意义》的演讲时说："诸君知中华民国之意义乎？何以不曰'中华共和国'，而必曰'中华民国'，此'民'字之意义，为仆研究十余年之结果而得之者。欧美之共和国创建远在吾国之前，二十世纪之国民，当含有创制之精神，不当自谓能效法于十八、九世纪成法而引以为自足。"原来，孙中山根据自己多年对西方主要资本主义国家政治体制的研究，认为共和国体虽然是当时盛行于欧美的代议政体，但仍有其弊病。他要在中国实施直接民权，强调人民是国家的主人这一点，所以要定名为"民国"而非"共和国"，而其英文的表述则为：National Republic of China。显然，孙中山要坚持共和国的根本原则——即国家主权属于全体国民所有的人民主权原则，并希望借鉴瑞士、美国等国发展民主的经验，来补充代议制民主政体的不足："更有进者，本党主张之民权主义，为直接民权。国民除选举权外，并有创制权、复决权及罢免权，庶足以制裁议会之专制，即于现行代议制之流弊，亦能为根本之刷新。"由此，这"中华民国"中的"民"字绝对是核心内容，不可不用。

　　1923年10月20日，孙中山在广州为全国青年联合会所作演讲中，再次提及这个问题："中华民国这个名词，是兄弟从前创称的，这个名词到底是什么东西呢？诸君自然知道中华民国和'中华帝国'不同，帝国是以皇帝一人为主，民国是以四万万人为主。"孙中山认为，从中国的领土、人民和国家主权的同一性和历史连续性来看，中华民国是与中华帝国相联系和相比较而存在的。中华民国的领土、国家主权仍然是中华帝国原来的领土和国家主权，但这些过去属于皇帝个人，所谓"普天之下，莫非王土"是也；而中华民国的领土则是"普天之下，莫非民土"，中华民国的人民则是"率土之滨，莫非国民"了。最后，中华帝国的国家主权属于皇帝个人，而中华民国的国家主权已经属于全体国民，人民是国家的主人。

孙中山的伟大和有别于历史上的农民起义领导人就在于，他决心把不从根本上改变君主专制制度的纯粹改朝换代的革命，转变为以建立共和制度、从根本上将国家主权归还于全体国民所有的民主革命。他在《三民主义与中国前途》一文中说："中国数千年来都是君主专制政体。这种政体，不是平等自由的国民所堪受的。要去这政体，不是专靠民族革命可以成功。试想明太祖驱除蒙古，恢复中国，民族革命已经做成，他的政治却不过依然同汉、唐、宋相近。故此三百年后，复被外人侵入，这有政体不好的原故，不是（做）政治革命是断断不行的。……我们推倒满洲政府，从驱除满人那一面说是民族革命，从颠覆君主政体那一面说是政治革命，并不是把来分作两次去做。讲到那政治革命的结果，是建立民主立宪政体。照现在这样的政治论起来，就算汉人为君主，也不能不革命。"因此，孙中山在辛亥革命成功之后，在维护与保持了中华文明和国家主权的历史连续性之后，也就获得了把中华帝国的国号改变成为中华民国国号的合法权力。而且，从"中华帝国"到"中华民国"的改变，说明孙中山不但是一个维护继承中华文明和国家主权的爱国者，而且还是一个没有帝王野心，只为结束专制帝制并创建民主共和制度的革命家。对于孙中山关于建立中华民国思想的深刻和伟大，其实不须论证，只要看看袁世凯的复辟帝制是如何遭到全国人民的反对而迅速失败即可。

孙中山在政治上和法理上的贡献如上，回过头再说章太炎的《中华民国解》。

按柳诒徵在《中国文化史》中所言，吾国之名为"中国"，始见于《禹贡》："中邦锡土姓。"《史记》："中国锡土姓。"（郑康成曰：中即九州也。）孙星衍曰："史迁'邦'作'国'者，非避讳字，后遇'国'字率改为'邦'，误矣。是《禹贡》'邦'字，当从《史记》作'国'。"

后世遂沿用之。如《左传》僖公二十五年，仓葛曰"德以威中国，刑以威四夷"。《礼记·王制》："中国戎夷五方之民，皆有性也，不可推移。"在《诗经》中，则有"惠此中国，以绥四方"之句，《毛传》解曰："中国，京师也。四方，诸夏也。"

也因此，章太炎在《中华民国解》中对"中国"一词是这样解释的："中国之名，别于四裔而言。印度亦称摩伽陀为中国，日本亦称山阳为中国，此本非汉土所独有者。就汉土言汉土，则中国之名，以先汉郡县为界。然印度、日本之言中国者，举中土以对边郡；汉土之言中国者，举领域以对异邦，此其名实相殊之处。"

不过，柳诒徵似乎不完全同意章太炎的解释，认为"中国"一词，乃文明之国之义，非仅指方位、界域和种族。"是实吾国先民高尚广远之特征，与专持种族主义、国家主义、经济主义者，不几霄壤乎！"为此他以《公羊传》隐公七年中有关文字为例："不与夷狄之执中国也。"何休曰："因地不接京师，故以中国正之。中国者，礼义之国也。"此外，韩愈在《原道》中也有："孔子之作《春秋》也，诸侯用夷礼则夷之，进于中国则中国之。"之所以称为"中国"，柳诒徵的解释是，唐、虞之时所以定国名为"中"者，盖其时哲士，深察人类偏激之失，务以中道诏人御物。如《论语》："尧曰：'咨！尔舜！允执厥中。'舜亦以命禹。"

《礼记·中庸》："舜其大知也欤！择其两端，而用其中于民。"柳诒徵认为，唐、虞时之教育，专就人性之偏者，矫正而调剂之，使适于中道也。以为非此不足以立国，故制为累世不易之通称。一言国名，而国性即以此表见。其能统制大宇、混合殊族者以此；其民多乡原，不容有主持极端之人，或力求偏胜之事，亦以此也。按中国民性，异常复杂，不得谓之尚武，亦不得谓之文弱；不得谓之易治，亦不得谓之难服。推原其故，殆上古以来尚中之德所养成也。然中无一定之界域，故无时无地，仍不能免于偏执。唯其所执，恒不取其趋于极端耳。按照柳诒徵的说法，则"中国"之"中"不仅指地域处于世界之中，而且指先祖行事之取"中庸"而非偏激之意，则无论如何改朝换代，历代帝王都不能不用之。

至于"华"字之用，当见于春秋之时，如《左传》定公十年："夷不乱华。"而"华夏"之说，按照章太炎的解释，谓

"华"取自华山；"夏"取自夏水。在《中华民国解》中，章太炎写道："诸华之名，因其民族初至之地而为言。世言昆仑为华国者，特以他事比拟得之，中国前皇曾都昆仑与否，史无明征，不足引以为质。然神灵之胄，自西方来，以雍、梁二州为根本，宓牺生成纪，神农产姜水，黄帝宅桥山，是皆雍州之地。高阳起于若水，高辛起于江水，舜居西城（据《世本》，西城为汉汉中郡属县），禹生石纽，是皆梁州之地。观其帝王所产，而知民族奥区，斯为根极。雍州之地，东南至于华阴而止；梁州之地，东北至于华阳而止。就华山以定限，名其国土曰'华'，则缘起如此也。其后人迹所至，遍及九州，至于秦、汉，则朝鲜、越南皆为华民耕稼之乡，'华'之名于是始广。'华'本国名，非种族之号，然今世已为通语。世称山东人为'侉子'，'侉'即'华'之遗言矣。正言种族，宜就'夏'称，《说文》云：'夏，中国之人也。'或言远因大夏，此亦昆仑、华国同类。质以史书，'夏'之为名，实因夏水而得。……'夏'本族名，非都国之号，是故得言'诸夏'。……下逮刘季，抚有九共，与匈奴、西域相却倚，声教远暨，复受'汉族'之称。此虽近起一王，不为典要；然汉家建国，自受封汉中始，于夏水则为同地，于华阳则为同州，用为通称，适与本名符会。是故'华'云，'夏'云，'汉'云，随举一名，互摄三义。建'汉'名以为族，而邦国之义斯在；建'华'名以为国，而种族之义亦在。此'中华民国'之所以谥也。"

章氏之言，过于艰涩，总而言之，"华"为国名，"夏"为族名，与"汉"字之名，三义互通。因此，"华夏"连称，按照其弟子许寿裳的解释，就是对民族主义最好的解释，就可以为孙中山的"民族主义就是国族主义，在中国是适当的，在外国就不适当"之说做出最有力的证明。而"中华"之称，既具庄严肃穆之状，又与历史上的"中华帝国"文脉相承，因此，"中华民国"，就是最好最恰当的国号。

总之，笔者以为，在解释为何使用"中华民国"这个称呼为"国号"方面，孙中山和章太炎各自做出了伟大的贡献。具体而言，孙中山着重解决的是为何要用"民国"而非"共和国"，是侧重于其革命性和民主性；而章太炎着重解决的是"中华"二字的文化渊源，是为新生的共和国寻求文化和传统意义上的支撑，显示其合法性和正统性。

从"中华帝国"到"中华民国"，虽然仅仅是一字之差，却有着天翻地覆的改变。中华民国的成立，标志着古老的中国，开始了现代化的历史进程。而孙中山和章太炎等为此设计和奋斗一生者，理应得到后世永久的纪念。

至于这"中华帝国"之名称，则在中华民国成立之后又有使用，那是 1915 年 12 月 12 日，袁世凯宣布接受帝位，推翻共和，改中华民国为"中华帝国"，改民国五年（1916）为"洪宪元年"，史称"洪宪帝制"。他的年号之所以用"洪"，是因为朱元璋推翻元朝后建立明朝，年号"洪武"。袁世凯试图利用民间的反清复明心理，让自己的复辟名正言顺，即所谓"绾洪合武"。"绾"者，盘绕打结之意，引申为联系，让人们由"洪"字联想到"明朝"。而使用"宪"字，是为了有别于以往历代王朝，因为表面上还是立宪君主制。所以这个"洪宪"年号，确实含义非同寻常。

当初袁世凯在设计年号时，有人主张用"武"字，也有人主张用"文"字，但最后则是主张"洪"字者占了上风，因为他们说成立帝国是"得见天地之心，原本《洪范》，历察谶纬，洪字历历如贯珠，故帝业纪年，洪字先行决定，再拟他字"。所谓《洪范》，是《尚书》中《周书》的一篇，是古代以原始五行说解释自然和社会的重要文献。相传周兴十有三年，武王访于箕子，于是箕子乃作《洪范》，以教武王，但近人怀疑它可能是战国时期的作品。"洪范"意思是大法，该文以建立统治秩序为中心，提出治理国家的九条根本大法，称作"洪范九畴"。其中以五行居首，用天象、人事、刑政、吉凶、祸福等自然现象和社会现象比附于"五行"，以论证软硬兼施、刚柔并用的为政之道，为维护和延续最高统治权力服务。显然，这样的解释更能让袁世凯以为他复辟帝制真的是顺应天意。而且从历史上看，使用"洪"字为年号者也确实很多。

不过章太炎还有他的解释，据此可以看出其知识渊博和见解过人之处。他说"力不足者，必营于机祥小数，所任用者皆蒙蔽为奸，神怪之说始兴。以明太祖建号洪武，满清独太平军为劲敌，其主洪氏也。武昌倡义者黎元洪，欲用其名以压塞之，是以建元洪宪云"。章太炎的意思是，袁世凯也知道自己"称帝"底气不足，但在手下小人的吹捧下忘乎所以才敢称帝，为此就要求救于一些歪门邪道说法为自己打气。在他之前，不仅朱元璋年号为"洪武"，而且太平天国之首领洪秀全、武昌起义之领导人黎元洪都有一个"洪"字，且后者曾在袁世凯手下担任中华民国的副总统，袁世凯对他始终视为对手，担心他会取而代之。因此他必然会用"洪"字为年号，用这个名字来"压塞之"，就是让黎元洪永远不能翻身。不能不说，章太炎这样的解释确实很有新意。当时他正被袁世凯软禁于京城，大概正是由于失去自由，才让章太炎更能看破这"洪宪"年号背后的真实意图吧。

　　具有讽刺意味的是，袁世凯称帝仅仅八十一天就失败，接替他任大总统的恰恰正是黎元洪。不知那袁世凯在九泉之下是否有些后悔？

陈寅恪与敦煌学

一

1930 年，陈寅恪在为陈垣《敦煌劫余录》所作序中指出：
"敦煌学者，今日世界学术之新潮流也。"自此，这个新生的学
科有了专有名称。

"敦煌学"这一名称命名者为陈寅恪，此已为中国学术界
认同。尽管 1925 年 8 月日本学者石滨纯太郎在大阪怀德堂讲
演时，使用过"敦煌学"一词。但其提出时间虽早却并未产生
学术影响，特别是对中国学术界等于没有任何影响。直到 1930
年，陈寅恪为陈垣先生编《敦煌劫余录》所作序中概括提出
"敦煌学"之概念，才引起学术界极大反响并导致该学科迅速
发展成为显学。在此前后，英文中也出现了 Tunhuangology 这
个新词。敦煌学渐趋成为一门国际性的显学。据此，当称陈寅
恪先生为"敦煌学"的真正开创者。陈寅恪不仅提出此一重要
学科名称，而且身体实践，在敦煌学研究中做出很多重要发明。
在此篇序言中，陈寅恪针对有人认为当年北平图书馆所藏之
八千余轴敦煌文献不过是"当时唾弃之剩余，精华已去，糟粕
空存。则此残篇故纸，未必实有系于学术之轻重者在"的观点，

给予针锋相对的驳斥，并进而提出这些珍贵史料的价值至少体现为唐史研究、佛教教义研究、小说史及文学史研究、佛教故事研究、唐代诗歌研究、中亚文字比较及佛经翻译研究等多个学术领域，国人如果好好利用这些珍贵史料，必能"襄进世界之学术于将来"。事实上，在利用这些珍贵史料进行学术研究方面，陈寅恪做出了杰出表率，特别是在中国古代小说史、文学史发展与佛经翻译、传播及佛教故事演变关系的研究中，陈寅恪展示了其深刻渊博的学术功力和精湛的考证研究方法，充分运用这些史料，做了很多开创性的工作，很多见解至今仍有不可替代价值。

首先，对于中国古代小说的发展演变过程中如何受到外来文化特别是佛教影响的问题，陈寅恪进行了深入探讨。中国古代所谓"四大名著"中，以善于幻想、想象力出色而论则《西游记》最佳。但不可否认的是，《西游记》中主要人物的设置及性格特色的描写等，按照陈寅恪根据敦煌文献的研究，都程度不同受到佛教文化特别是佛经故事的影响。这自然与印度民族特性及印度文学特色有关："印度人为最富于玄想之民族，世界之神话故事多起源于天竺，今日治民俗学者皆知之矣。自佛教流传东土后，印度神话故事亦随之输入。"例如敦煌文献中的《贤愚经》，本为当时僧人听讲的笔记，其内容不外乎一些印度故事的杂记。陈寅恪认为当时说经，为通俗易懂，说经者常引用故事阐述经义。这一做法本源于印度，后伴随佛教流传进入东土。在这一初步传播过程中，则故事内容及传播方式也随之变异，如一故事衍生为两个，或混为一谈，等等。陈寅恪指出"若能溯其本源，析其成分，则可以窥见时代之风气，批评作者之技能，于治小说文学史者倘亦一助欤？"

　　且看陈寅恪的精彩分析。大闹天宫故事是《西游记》中极为精彩部分，也是对孙悟空性格特征的最佳展示，其故事梗概及人物性格原型，则来自印度的《贤愚经》《顶生王故事经》等有关内容。在印度佛教故事中，顶生王与猿猴为两个故事中人物，这两个故事本来各自独立、互不干涉，只是讲经者有意无意之间将两个故事拼接在一起，使得闹天宫和猿猴故事逐渐合而为一。陈寅恪指出，其实印度虽然很多猿猴故事，但"猿猴而闹天宫，则未之闻。支那亦有猿猴故事，然以吾国昔时社会心理，君臣之伦，神兽之界，分别至严。若绝无依籍，恐未必能联想及之"。对于佛教文化传入中国后对中国文学的影响，鲁迅也有所关注，在《中国小说史略》中，鲁迅指出："魏晋以来，渐译佛典，天竺故事亦流传世间，文人喜其颖异，于有意或无意中用之，遂蜕化为国有。"而且鲁迅也极为重视敦煌残存文献的价值以及佛经与中国古代小说的关系："清光绪中，敦煌千佛洞之藏经始显露，大抵运入英法，中国亦拾其余藏京师图书馆；书为宋初所藏，多佛经，而内有俗文体之故事数种，盖唐末五代人钞……，惜未能目睹，无以知其与后来小说之关系。"陈寅恪此文发表于1930年，而鲁迅的《中国小说史略》在此之前已出版，所以陈寅恪才会说自己有关敦煌文献之考证"于治小说文学史者倘亦一助欤"。这似乎可以认为陈寅恪是以自己的研究向当时从事中国古代小说研究成就最高者鲁迅、胡适等人提供佐证，不过陈寅恪并未直接点名，而是间接做出回应。不然就不好理解陈寅恪在数篇有关敦煌文献与中国古代小说关系研究的论文中，为何几乎都有类似的说法。如《须达起精舍因缘曲跋》一文，陈寅恪以"以供治小说考证者采览焉"之句结尾。在《敦煌本唐梵翻对字音般若波罗蜜多心经跋》之结尾又说："因并附记之，以供治小说考证者采览焉。"

具体到孙悟空这个人物，鲁迅认为其原型当来自民间传说，并举出李公佐小说中的怪兽淮涡水神无支祁为证，但也认为其最早源头可能与佛教有关，不过鲁迅因没有接触第一手资料，并未进行具体考证。而另一位中国古代小说研究者胡适却有不同意见。大致而言，胡适认为孙悟空之原型来自印度，并在印度最古老史诗《罗摩衍那》中找到一个神猴哈奴曼，认为这才是孙悟空最早的原型。显然，这几位当时研究中国古代小说最著名者，都注意到佛教文化对中国小说发展的影响，只是在具体研究中有一些不同意见。就陈寅恪而言，由于他既有机会接触到敦煌文献等第一手史料，又有能力以其渊博的学识对其进行考证，例如，陈寅恪在引用敦煌文献时，常常辅之以其他文字的佛经文献进行对比考证，使得这些考证都建立在极为可靠的史料基础上，所作出结论自然令人信服。

陈寅恪不仅考证出孙悟空之原型源自印度佛经故事，而且还考证出其两位师弟八戒和沙僧之原型，同样出自佛经故事。

首先是八戒这个人物，陈寅恪指出，根据义净译《根本说一切有部毗奈耶杂事》卷三《佛制苾刍发不应长缘》中内容，猪八戒原型来自佛经故事中的牛卧苾刍。此人时在憍闪毗国，住在水林山出光王园内猪坎窟中参悟教义。一次出光王在阳春三月之时到园中游览，感觉疲劳就睡着了。而其妻子爱好花果，遂在院内继续游览。牛卧苾刍当时发须很长，穿得破破烂烂坐在树下，宫女看见大为吃惊，以为是鬼。出光王得知后拔出剑来，让宫女领着找到牛卧苾刍，问他是人是鬼，后者答曰：是佛门中人。但出光王连续问他几个佛教问题，都答不上来。出光王即断定为普通凡人，嘱咐手下说：此是凡人，犯我宫女，可将大蚂蚁填满他住的地方，蛰蟹其身，以为惩罚。不料此言被一居住附近的天神听到，认为牛卧苾刍将来必当归于佛教，自己必须救他。就自己变化为一头大猪，从这洞窟中跑出。出光王见后即骑马追赶，待众人远去，牛卧苾刍才急忙带着衣钵，趁机逃走。那么这牛卧苾刍又是如何变为中国小说中的猪八戒的呢？以下陈寅恪的分析十分精彩：既然印度神话中并未有猪类招亲故事，而《西游记》中八戒高老庄招亲事，也并非全部出于中国人想象杜撰，则此故事必然为杂糅而成。从佛经故事得知出光王认为从洞窟中跑出之大猪为牛卧苾刍，而事实上此猪为住在洞窟旁之天神为救助牛卧苾刍所变之形。久而久之，后世讲经人即将二者混为一谈。此外，又因为憍闪毗国之"憍"与"高"音相近，遂变为高老庄之"高"，八戒招亲故事随之慢慢定型。陈寅恪更进一步指出此类传说演变的大致趋势："然故事文学之演变，其意义往往由严正而趋于滑稽，由教训而变为讥讽，故观其与此原文之相异，即知其为后来作者之改良。"实际上，这样的归纳性总结极具概括性，几乎适用于所有此类故事演变历程。

至于沙僧之人物原型，同样源自佛经故事。据《慈恩法师传》，法师至蜀地，见一病人身疮臭秽，衣服破烂，遂施与衣服食物。病人十分感激，即拜入门下，受《般若心经》等，常常诵习。后他们来到沙河，此地上无飞鸟，下无水草，有众多恶鬼绕他们前后，纠缠不已。他们先念观音菩萨，却不能令他们散去。最后只好诵《般若心经》，众鬼乃散。陈寅恪指出，这就是沙僧之人物原型出处，且同样也是杂糅而成。

综合上述，《西游记》玄奘弟子之原型演变流变过程，陈寅恪总结出几个规律。首先是人物原型主要源自一个佛经故事，而稍微有所变化，其事实极为简单，演变过程则为纵贯式，沙和尚故事就是如此。其次为虽然人物原型出自一个佛经故事，但其内容并不十分简单，中间多有变化糅合，而其演变过程大致仍为纵贯式，八戒故事即为如此形成。第三则为人物原型形成源自两个故事，其内容本来绝无关涉，却因某些偶然机会混合为一。其故事内容更加复杂，其演变过程则为横通式。孙悟空形象形成就是如此。本来顶生王升天与天帝争位事，以及工巧猿猴助罗摩造桥渡海事各自独立，却混合为一，逐渐演变为孙悟空形象了。陈寅恪并进一步指出，孙行者、猪八戒与沙和尚三人之本领高低有分，实与其故事构成时取材范围广狭有关，此论可谓深刻。它事实上告诉我们，小说中人物性格及形象的是否丰满，与其素材来源有关，沙和尚是师徒四个人中性格特征最不突出的人物，追根溯源当与原始素材过于简单有关，而吴承恩等显然也缺乏对他加工改造的兴趣和才能。在我看来，沙僧形象之所以不够生动丰满，与其没有一个恰当生动的动物形象有主要关系，悟空的猴子形象和八戒的猪形象，其人物性格和相对之动物形象极为符合，遂显得格外生动活泼。

此外，《西游记》中小白龙（白马）这个形象看来与佛经故事无关，因为"龙"这个动物原型本来就源自中国古代神话。但白马之"马"的外型是否与佛经故事有关，可能还须进一步考证。总之，在上述人物形象形成演变过程中，不可否认会受到中国传统文化和文学的影响，也不可否认作者和众多民间传说传播者的才华和天才想象作用。陈寅恪在此只是考察这些人物最初的原型出处与佛经流入我国的关系，意在说明每当外来文化传入我国时，常常会使得旧有文化焕发活力，重现辉煌，所以真正伟大的文化传统，并不会害怕和拒绝任何外来文化，而是在对其优秀品质进行吸收改造后，为我所用，从而为中国文化和文学的发展提供动力和借鉴。

陈寅恪不仅考证出一些中国古典小说中人物情节源于佛经，而且能从演变过程中发现中外文化上的差异所造成的小说发展之不同状况。他指出："尝谓吾国小说，大抵为佛教化。六朝维摩诘故事之佛典，实皆哲理小说之变相。假如后来作者，复递相仿效，其艺术得以随时代而改进，当更胜于昔人。此类改进之作品，自必有以异于感应传冥报记等滥俗文学。惜乎近世小说虽多，与此经有关系者，殊为罕见。岂以支那民族素乏幽渺之思，净名故事纵盛行于一时，而陈义过高，终不适于民族普通心理所致耶？或谓禅宗语录并元曲中庞居士及其女灵照故事，乃印度哲理化之中国作品，但观其内容，摹拟过甚，殊有生吞活剥之嫌，实可视为用中国纺织品裁制之'布拉吉'。东施效颦，终为识者所笑也。"中国古代小说虽然种类繁多，但哲理小说甚少且流传不远，原因何在？陈寅恪此处以民族文化心理差异来解释，联系早在五四时陈寅恪与吴宓所谈中外文化之异同，可以见出其一贯立场："中国哲学美术，远不如希腊。……其言道德，惟重实用，不究虚理。其长处短处均在此。长处即修齐治平之旨，短处即实事之利害得失，观察过明，而乏精神远大之思。"时至今日，中国文学中哲理小说一类仍不发达，陈寅恪之论断应是极具远见。而且从中我们应当体会出，为何现实主义文学在中国一直受到重视，而浪漫主义佳作却少之又少。以往有人把作品中的局部想象、抒情也视为浪漫主义，其实是一种善意的误解，一个一向重实用轻抽象更蔑视玄想的民族，其浪漫主义必定不甚发达。

陈寅恪充分运用敦煌文献研究中国古代小说演变的另一成就在于指出章回体小说和弹词体小说的出现与佛经及佛经故事的关系："佛典制裁长行与偈诵相间，演说经义自然仿效之，故为散文与诗歌互用之体。后世衍变既久，其散文体中偶杂以诗歌者，遂成今日章回体小说。其保存原式，仍用散文诗歌合体者，则为今日之弹词。"为了佐证此种观点的正确性，陈寅恪不仅以佛经中维摩诘经文殊师利问疾品演义作为例证，而且引用中国古代旧有材料如《古杭梦余录》《武林旧事》等辅助证明。不过陈寅恪并不满足于此观点，更进一步论述了此种演义文体与出家居士和在家居士之间争夺地位高下的关系，这只有在充分占有并理解敦煌文献及大量佛教经典及佛教历史的基础上才有可能。且看陈寅恪的精彩论述：当初佛教刚产生之时，教徒仅限于出家之僧侣，后来才逐渐出现在家之居士，但当时一般仍认为出家得道较之在家较为容易，例如两人去同一目的地，一位年轻且骑马，一位年老且步行，自然前者容易到达，而后者较难。所以出家得道即如青年，在家得道即如老人。不过到后来情况出现变化，出现了在家的居士道行远远高于出家居士的情形，例如维摩诘就是如此，因为他神通道力远高于诸位菩萨，致使佛遣弟子前往问候时，众人皆不敢往。陈寅恪指出，《维摩诘经》如此褒赞在家居士，其作者一定也是在家居士，所以才会对出家居士极尽玩弄游戏之能事。当维摩诘故事传入中国后，原本没有眷属的维摩诘，逐渐被有父母妻子姓名的维摩诘取代，并各有其生平事迹，这就等于中国社会中一姓之家传，"而与今日通行小说如杨家将之于杨氏，征东征西之于薛氏，所记内容，虽有武事哲理之不同，而其原始流别及变迁孳乳之程序，颇复相似。若更推论之，则印度之顶王经月上女经，六朝之佛譬喻经思惟三昧经等，与《维摩诘经》本经之关系，亦犹说唐小英雄传小五义以及重梦后传之流，与其本书正传之比。虽一为方等之圣典，一为世俗之小说，而以文学流别言之，则为同类之著作"。上述陈寅恪的论述，实际上已经属于比较文化和比较文学的内容，如果不是对中外文化与文学发展有深刻理解把握者，不可能得出如此融会贯通之精深见解，所以陈寅恪才会有"然此只可为通识者道，而不能喻于拘方之士也"的感慨。

此外，陈寅恪还注意到中国古代长篇小说产生与佛经中感应冥报传记的关系。佛经中如《金光明经》，其原本与其他译本卷首都有感应冥报传记，敦煌写本也有。陈寅恪认为这种结构"实为西北昔年一时风尚。今则世代迁移，当时旧俗，渺不可稽，而其迹象，仍留于外族重翻之本"。陈寅恪指出这种卷首传记，在体裁上当为中国长篇小说之先声，因为中国长篇小说，"往往为数种冥报传记杂糅而成"，而冥报传记"本为佛教经典之附庸，渐成小说文学之大国"。以陈寅恪此论验证于中国古代之长篇小说，不能不认为他此言的确为我们提供了极有价值的线索。

所谓冥报传记，其内容不外乎宣扬因果报应，鲁迅对于这些宣扬因果报应类作品极为反感，并指出其与佛教的联系："以意度之，则俗文之兴，当由两端，一为娱心，一为劝善，而尤以劝善为大。""当神魔小说盛行时，记人事者亦突起……大率为离合悲欢及发迹变态之事，间杂因果报应，而不甚言灵怪。"鲁迅还指出这种写轮回报应的小说可从古代印度中找到渊源，并指出《鸯堀摩罗经》就是一例。不过他没有注意到中国哲理小说贫乏与因果报应小说泛滥之间的关系，没有借此来展示中国传统思想之不足。另一方面，中国古代小说之作者不能借佛经中深妙之哲理，来提高其小说之思想性，而只学来什么因果报应，用在作品中导致结构上的重复老套和大团圆式的结局，对此陈寅恪与鲁迅是都看到的，不过二人的着眼点不同：鲁迅由中国人之喜好大团圆结局进而批判国民的劣根性，陈寅恪则从"东施效颦"中发现了中外文化传播与吸收时的适当与否及加工改造问题。一与思想史之批判有关，一与中外文化交流及比较有关。

对此，不妨再看另一位古代小说研究者胡适的观点。胡适研究中国古典小说其出发点是为白话文学寻根，所以他主要考证白话小说。他把传统小说分为两类，一是经历代演变而来的历史小说，一是由个人独立创作的小说。他的研究由于重在把小说当作历史材料处理，因此对作品艺术形式方面分析较少，更重要的是由于他对佛教评价甚低且认为佛教传入中国是中国文化发展的大不幸（恰与陈寅恪观点相反），所以他也就不会想到佛教的深奥哲理应当被中国小说家用来写作哲理小说，而只会把那些讲因果报应的滥俗文学视为佛教之流毒的产物了。而且胡适此种看法直至晚年仍未改变："我对佛家的宗教和哲学两方面皆没有好感。事实上我对整个的印度思想从远古时代，一直到后来的大乘佛教，都缺少尊崇之心。我一直认为佛教在全中国'自东汉到北宋'千年的传播，对中国的国民生活是有害无益，而且为害至深且巨。"出于为白话文寻根的需要，胡适把《水浒传》等视为文学价值极高之作品，不能说不正确，但只重其语言形式，却相对忽视思想内容中因果报应等消极因素的批判，可见其实用主义倾向。另外，胡适一方面极力称赞《水浒传》《西游记》等，一面又责备中国文学中"只有短篇，没有布置周密，论理精严，首尾不懈的长篇"。可见他已意识到中国小说哲理性缺乏、结构松懈，名为长篇，实为短篇之集合的缺陷，可惜由于胡适此类研究常先带偏见，就很难深入客观地研究。

二

陈寅恪的治学方法历来博得人们称赞，只因其能真正做到"洋为中用，古为今用"，不仅善于运用常见材料甚至旧材料和伪材料的能力令人赞叹，其提出的"了解之同情"之说更是对从事中国古代文化研究者的指导性见解："凡著中国古代哲学史者，其对于古人之学说，应具了解之同情，方可下笔。盖古人著书立说，皆有所为而发。故其所处之环境，所处之背景，非完全明了，则其学说不易评论，而古代哲学家去今数千年，其时代之真相，极难推知。吾人今日可依据之材料，仅为当时所遗存最小之一部，欲借此残余断片，以窥测其全部结构，必须备艺术家欣赏古代绘画雕刻之眼光及精神，然后古人立说之用意与对象，始可以真了解。所谓真了解者，必神游冥想，与立说之古人，处于同一境界，而对于其持论所以不得不如是之苦心孤诣，表一种之同情，始能批评其学说之是非得失，而无隔阂肤廓之论。否则数千年前之陈言旧说，与今日之情势迥殊，何一不可以可笑可怪目之乎？"人们常说学术研究重在能够举一反三，以小见大，从常人未能发现之处有所发明创获，始为真正的研究。陈寅恪在运用敦煌文献中就是如此，其能于常人不注意之处发现问题并解决问题的例证很多，每读至该处，常会令人发出"我怎么没有想到"的感慨，这就是大师与一般学者的区别吧。如在《敦煌本唐梵对字音般若波罗蜜多心经跋》一文中，陈寅恪不仅运用此材料与其他材料比较考证出玄奘与此经的关系，而且运用陆游《入蜀记》中有关记录，考证出当时西蜀确实有梵文之《般若心经》并有僧徒以梵音诵之，所以玄奘当年在成都接触到梵文心经之事，未必不可信。一般而言，考证至此已经算是较为完美，但陈寅恪并未到此为止，他指出："此本心经序文，历叙姻缘，盛谈感应，乃一变相之冥报传。实考证玄奘取经故事之重要材料，殊未可以寻常经典序文目之也。"这就是在已有材料基础上得出的结论，而此结论显然关涉到玄奘取经等重大学术问题。不仅如此，陈寅恪更由此解决了《太平广记》中某些内容之来源问题。原来在《太平广记》中有不少谈因果报应的内容，如这一条："宋释慧庆，广陵人，出家止庐山寺。学通经律，清洁有戒行，诵法华经十地思、益维摩，每夜吟诵，常闻空中有弹指赞叹之声。曾于大雷遇风涛，船将覆没，庆惟诵经不辍。觉船在浪中，如有人牵之，倏忽至岸。于是笃励，弥复精勤矣。"但这些文字最初出处已不可考。

陈寅恪认为其实这些故事"当皆取自金刚经、法华经、观音经卷首之序文而别行者",然后被《太平广记》之作者或搜集者拿出来独立为单篇文字了,这对于研究中国古代小说发展演变与佛教文化关系,应有重要价值。由一简单序文,能够有如此深刻分析论述并得出对中外文化交流和中国小说发展演变有启迪价值的结论,这充分显示了陈寅恪对史料的把握分析能力和以小见大的学术功力。

更有意思的是,此文末陈寅恪以"附记"形式,又给读者一个意外惊喜,同时也是"了解之同情"的一个典范例证。原来俞樾在《春在堂随笔》中曾经对此心经中一段话有异议,心经原文为:"色不异空,空不异色。色即是空,空即是色。"俞樾认为既然说二者无异,就不必再说二者为一,太重复了。对此陈寅恪指出,根据心经梵文原本,这几句内容在原文中实际上有六句,玄奘译为四句已经是省略。其实宣传宗教,不厌重复,佛经中常有重诵三遍的说法。俞樾固然精通训诂章句之学,却没有了解佛经宣传方式,囿于中文范围,才有此误解。显然陈寅恪是在告诉我们,在接触和研究外来文化时,一定注意其特殊的存在和传播方式,不能简单以本国既有规律解读。

在另一寥寥数百字的论文《敦煌本维摩诘经问疾品演义书后》中,陈寅恪更是以极精简方式,对一佛经中常见术语"骨仑"给出正解。在此演义中有"狮子骨仑前后引"之句(原文为"金冠玉佩辉青目,云服珠璎惹翠霞,狮子骨仑前后引,翻身却坐宝莲花")。陈寅恪说自己当初读到此处时对"骨仑"一词不能理解,后根据两则史料才知"骨仑"即为"昆仑"之另一译法,并引《太平广记》中有关文字给予佐证:"夜梦一老人骑大狮子，狮子如文殊所乘。毛彩奋迅，不可视。旁有二昆仑奴操辔。"由此陈寅恪认为文殊之骑狮子本就有两个昆仑奴作为侍从，如此则"狮子骨仑前后引"即很好理解了。事实上，"骨仑"是一个联绵词，关于其意义，今人蒋礼鸿在《敦煌文献语言词典》中也认为："'骨仑'即'昆仑'之异译，自无待言。……'昆仑'在古代泛指中印半岛南部及南洋诸岛各国或其国人。古代豪门富家常畜南海国人为奴，称'昆仑奴'或省称'昆仑'。"此论文区区数百字，却体现了陈寅恪的考证功力，而且陈寅恪为写此文很早就在读书笔记中关注此点。查陈寅恪读书札记中有关敦煌史料部分，有关于"骨仑"一词的详细论述，为充分佐证"骨仑"一词意义，陈寅恪除了引用其他佛经文字以为例证外，还引用南宋著名哲学家、永嘉学派集大成者叶适的哲学著作《习学记言》中有关记录："寇准初相，仓猝奉上以行，当时相传毕士安有相公交取鹘仑官家高蹑，有此处好唤宰相吟两首诗之语，其为策略可见矣。"叶适之《习学记言》也许不是难寻史料，但陈寅恪的联想能力确实非同一般。而且陈寅恪不满足于此，还能用文学作品给予进一步验证。在其读书笔记中即有引《西厢记》中文字"鹘伶绿老不寻常"，"此指红娘眼睛漓波而言，似与此处言狮子之腾动较适合"。中国古代写女子眼睛，当以《诗经》中之"巧笑倩兮，美目盼兮"为始祖，《西厢记》此处形容红娘眼珠流动为"鹘伶绿老不寻常"，应也是精彩之极（鹘伶本是一种目光尖锐的鸟，后以此形容眼神明快、灵活）。看来，在短短数百字论文写作背后，陈寅恪的有关学术准备却极为充分，这也为后人如何从事学术研究做出了表率。

当然，陈寅恪有关敦煌学研究所论述问题毕竟是多年前所存在，有些经过后人的接续研究，陈寅恪所作之考证可能已经被修正或深化，陈寅恪根据当时已有材料所做出之结论有些可能也已经过时，对此本文限于篇幅，并未进一步阐释。但在研究过程中陈寅恪所体现的渊博学识、认真的治学态度、精湛的学术考证以及善于从旧有材料中有所发明的治学理念，依然值得今天有志于学术者格外关注。

后　记

　　冬日的阳光总是给人过于灿烂的感觉，前提是待在房间内，感受不到外面的凛冽，自然以为天气并不严寒。不过无论如何，新的一年已经到来——曾经认为 2019 年是很远才会到来的年份，其实它已是眼前的现实。恍惚之中，我突然意识到自己已无可挽回地走向终点。马一浮临终前曾有"临崖挥手罢，落日下崦嵫"的悲凉之语，此刻觉得他的心境我已能体会，悲夫！

　　不过，还是不能"坐以待毙"，总还要做点什么才是。这就有了编辑此书的念头——这些年来毕竟又写了不少文章，可以成为一个集子吧。说起来这工作比较容易，不过如何把这些年新写文章构成一个相对有机的整体，也还是几次让我踌躇，毕竟有些内容似乎放在哪里都合适，也就等于放在哪里都不合适，还有极个别的文字，内容上略有重复之处，诸如此类。而我最后的决定往往是，暂且如此、暂且如此吧——倘有不当交由编辑处理好了，这当然算是偷懒的想法。但有些工作还是要自己来做，例如对一些史实做必要的订正和表达上的润色，再就是有些文字在风格上还是要进行一些调整，以与本书体例保持一致。

有人说，判断一个人是否变老，就看他是否开始了回忆——那么就我而言，可是很多年前就开始回忆了呢。原因无他，只因为眺望未来看不到什么，也就自然地回头张望起来。相对于眺望未来，感觉回望过去似乎更加自然，也更加舒服。不过这也说明我不但不会有什么进步，能不退步也就谢天谢地了。

这些年去了不少地方，感觉那些地方无论如何美丽，总不能让我有安心长住的想法，最后比较来比较去，还是杭州让我住得惬意。只是杭州这些年也开始有雾霾，算是这所谓"人间天堂"的一个败笔。不过像我这把年龄，大概早已练就百毒不侵之身，也就不再担心——其实我知道再担心也没有用处，所以不想担心。

接下来文章多少还是要写的，至于计划是没有的，走着看吧。不过，2019年是五四运动一百周年，应该有所表示才是。同时，今年也是陈寅恪先生去世五十周年，自己也还是要做点什么吧。

本书能够出版，自然要感谢九州出版社。特别是该书的责编李黎明老师，为该书的问世付出了很多劳动。在图书出版不够景气的今天，本书得以面世其实从经济上看应该不太划算，也因此必须对出版社方面再次表示由衷的敬意。

2019 年 3 月 4 日，于杭州

博采雅集，文苑英华

《大观丛书》

第一辑

《活在古代不容易》（史杰鹏 著）

《快刀文章可下酒》（邝海炎 著）

《时光的盛宴：经典电影新发现》（谢宗玉 著）

《你不知道的日本》（万景路 著）

第二辑

《私家地理课》（赵柏田 著）

《壮丽余光中》（李元洛、黄维樑 著）

《一心惟尔》（傅月庵 著）

《悦读者》（祝新宇 著）

第三辑

《民国学风》（刘克敌 著）

《文坛三杰》（黄维樑 著）